Thomas Wagner

Die Einmischer

Wie sich Schriftsteller heute engagieren

Argument Verlag

Bibliografische Information der Deutschen Nationalbibliothek
Die Deutsche Nationalbibliothek verzeichnet diese Publikation in der Deutschen Nationalbibliografie; detaillierte bibliografische Daten sind im Internet über http://dnb.d-nb.de abrufbar.

Deutsche Originalausgabe

Glashüttenstraße 28, 20357 Hamburg
Telefon 040/4018000 – Fax 040/40180020
www.argument.de
Satz: Iris Konopik
Umschlaggestaltung: Martin Grundmann, Hamburg
Covergrafik: »take up thy pen« © Kit Malo
Druck: Fuldaer Verlagsanstalt
Gedruckt auf säure- und chlorfreiem Papier
ISBN 978-3-88619-487-2
Erste Auflage 2010

Die kanadische Illustratorin **Kit Malo** tummelt sich in der Kunstszene von Montreal. Eigentlich ist sie stur mit ihrem Bleistift liiert, kann aber Herausforderungen schlecht widerstehen, was zu Experimenten mit interaktiver, Live-Action- und Animationskunst, Sensor-Installationen und kuratorischen Tätigkeiten (Pop-Festivals, Visual Art Blogs) führt.
Von Natur aus analysierwütig, ist ihr Thema die subversive und humoristische Verarbeitung alltäglichen Lebens, wie es sich dokumentieren und neu dokumentieren lässt, um herrschende Vorstellungen von Realität, Wahrheit und Perspektive zu konfrontieren und herauszufordern.

www.lambsamongwolves.com

Inhaltsverzeichnis

Worum es geht

Wenn Literaturwissenschaftler Märchen erzählen, dann hört sich das so an: Es war einmal eine Zeit, in der sich die Schriftsteller ins politische Geschehen einmischten. Seit dem Zusammenbruch des Sozialismus in Europa sei dieses Engagement allerdings passé. Seitdem habe man sich nur noch gewundert, dass die Autoren der Linken fernblieben. Heute fehle selbst die Verwunderung darüber. Die Ursache der Misere sei schließlich darin zu suchen, »dass Links nicht mehr rockt«[1]. So will es der langjährige Juror und Juryvorsitzende des Klagenfurter Ingeborg-Bachmann-Preises Burkhard Spinnen und findet mit dieser Argumentation ausgerechnet in dem rechtsgerichteten Romancier Thor Kunkel[2] einen Geistesverwandten. Auch dieser meinte, jüngere deutsche Autoren meldeten sich heute kaum je zu Wort, wenn es um politische Fragen geht[3]. Kommentare zu wichtigen gesellschaftlichen Entwicklungen kenne er keine. Selbst die allesfressende und wiederkäuende Kulturmaschinerie werde kaum kritisiert. Jeder Fußballer, jede Viva-Moderatorin mische sich provokanter in die Tagespolitik ein als die Schriftsteller. Spinnen und Kunkel sprechen eine Ansicht aus, die unter Literaturwissenschaftlern, Feuilletonisten und selbst unter Autoren heute weit verbreitet ist.

Mit der Wirklichkeit hat all das Gerede vom Verstummen der engagierten Literatur heute freilich kaum etwas zu tun. Wer genau hinsieht, statt den kurzlebigen Literaturmoden zu folgen, die im Rhythmus der Buchmessen und Literaturpreis-Verleihungen alljährlich ausgerufen werden, erkennt bald: Zwanzig Jahre nach dem Mauerfall ist die Literatur so breit und vielgestaltig engagiert

1 Burkhard Spinnen: »Ein Autor muss dahin, wo es rockt«, in: *Der Freitag*, Nr. 37, 10. September 2009, S. 11

2 Kunkel ist Autor und Unterstützer der rechten Wochenzeitung *Junge Freiheit.*

3 Thor Kunkel: »Schweigen ist Gold. Zwischenruf aus dem Reservat: Warum die Schriftsteller sich kaum mehr zu Wort melden«, in: *Junge Freiheit* 43/2009, 16. Oktober 2009; vgl. auch: http://www.glanzundelend.de/Artikel/schriftsteller.htm

wie schon lange nicht mehr. Jenseits von Pop-Literatur, Fräuleinwunder und einem sogenannten Neuen Feminismus melden sich Autorinnen und Autoren deutlich vernehmbar zu Wort, greifen Schriftsteller als kritische Intellektuelle kraftvoll und beherzt in die gesellschaftlichen Auseinandersetzungen ein.

Dabei schienen vor nicht allzu langer Zeit gerade jene Autoren die Diagnose vom Ende der engagierten Literatur zu bestätigen, die sich gegen den damals vorherrschenden Trend im klassischen Sinne demonstrativ parteilich zeigten und sich für den Wahlkampf der SPD einspannen ließen. Als Juli Zeh, Benjamin Lebert, Feridun Zaimoglu oder Durs Grünbein im Jahr 2005 einem Ruf von Günter Grass folgten und für die Wiederwahl des Bundeskanzlers Gerhard Schröder (SPD) warben, wirkte das politisch eher einfallslos, angepasst, jedenfalls meilenweit entfernt von fortschrittlichen gesellschaftspolitischen Visionen. Die 1968 in Westberlin geborene Schriftstellerin Tanja Dückers vermisste bei ihren Kollegen damals einen utopischen Überschuss der Literatur, der auf nicht realisierte Möglichkeiten des Zusammenlebens verweist: »Wenn Literatur sich mit Politik beschäftigt, sollte sie nicht den Status quo bestätigen (dafür sind die Realpolitiker da), sondern den schlechten Ist-Zustand mit dem vergleichen, was möglich wäre. Gute Literatur verhält sich in diesem Sinne wie gute Musik: Sie transzendiert die Realität und vermittelt für einen Moment die Aussicht auf ein besseres Leben. Welche Utopie in der Unterstützung für Hartz IV liegen soll, ist hingegen völlig schleierhaft.«[4]

Auch eine im selben Jahr von der Wochenzeitung *Die Zeit* angeschobene Debatte über die Aufgaben des Romans schien die politische Harmlosigkeit der Gegenwartsliteratur nur zu bestätigen. Martin R. Dean, Thomas Hettche, Matthias Politycki und Michael Schindhelm stellten ein »Manifest für einen Relevanten Realismus«[5] vor, das sich gegen eine vermeintlich belanglose Gegenwartsliteratur positionierte, dabei aber selbst inhaltlich vage

4 Tanja Dückers: *Morgen nach Utopia*. Berlin 2007, S. 165

5 Martin R. Dean, Thomas Hettche, Matthias Politycki und Michael Schindhelm: »Was soll der Roman?«, in: *Die Zeit*, Nr. 26, 23. Juni 2005

und politisch auffällig richtungslos blieb. Aber stimmte wenigstens die Diagnose des Positionspapiers? Mitnichten. Selbst unter den als infantile Pop-Literaten geschmähten Autorinnen und Autoren hatten zu diesem Zeitpunkt einige längst selbst Relevantes zu Papier gebracht. »Man denke etwa an Christian Krachts *1979* von 2001, an Juli Zehs *Adler und Engel*, ebenfalls von 2001, an Kathrin Rögglas *wir schlafen nicht* von 2004 oder an Doron Rabinovicis *Ohnehin*, ebenfalls von 2004.«[6] Der Literaturwissenschaftler Paul Michael Lützeler attestiert den Manifest-Autoren deshalb zu Recht eine »partielle Blindheit gegenüber dem zeitgenössischen Roman«[7].

Heute ist die engagierte Literatur nicht mehr »unmodern«, wie Alban Nikolai Herbst noch jüngst behauptete.[8] Ein Großteil der professionell mit Literatur befassten Kulturarbeiter sieht das freilich noch anderes. Ursächlich dafür ist nicht zuletzt der Umstand, dass alle bisherigen Debatten um eine Renaissance der politisch engagierten Literatur in zweierlei Hinsicht defizitär waren. Zum einen stand die »klassische« Form des Romans im Mittelpunkt. Aktuelle politische Tendenzen im Bereich der Spannungsliteratur, des Krimis, der Science-Fiction, des Jugendbuchs oder der Poesie blieben ausgeklammert. Dabei war gerade hier längst zu finden, was im Gegenwartsroman vermisst wurde: die literarische Befassung mit brisanten politischen Themen. Das trifft auf die populären Politthriller eines Wolfgang Schorlau genauso zu wie auf die Jugendbücher Michael Wildenhains. Selbst die politische Lyrik ist auf die literarische Bühne zurückgekehrt, was die Rotbuch-Anthologie *Alles außer Tiernahrung* (2009) eindrucksvoll dokumentiert. Zum anderen war der Blick auf die Bücher selbst fokussiert. Kaum jemand fragte nach dem Engagement der Autoren als Intellektuelle. Dadurch erschien die Literatur deutlich unpolitischer, als sie es

6 Paul Michael Lützeler: *Bürgerkrieg global. Menschenrechtsethos und deutschsprachiger Gegenwartsroman*. München 2009, S. 344f.

7 Lützeler, a. a. O, S. 339

8 Alban Nikolai Herbst: »Ihr habt keinen Gott«, in: Wilfried F. Schoeller u. Herbert Wiesner: *Widerstand des Textes*. Berlin 2009

nach 1989 tatsächlich war. Gegenläufige Tendenzen blieben unterhalb der medialen Wahrnehmungsschwelle.

Wer die Intellektuellen sind

Schriftsteller füllen heute zunehmend eine Leerstelle der demokratischen Öffentlichkeit: die des Intellektuellen, der sich für das Wohl des Gemeinwesens einsetzt. »Ein Intellektueller gibt politische Orientierung und erörtert öffentlich generelle Fragen.«[9] Jean-Paul Sartre war es, der am 1.10.1945 die erste Ausgabe seiner Zeitschrift *Les Temps Modernes* mit dem Appell eröffnete, die Schriftsteller sollten Verantwortung übernehmen und für die öffentlichen Belange eintreten. »Der Hunger in der Welt, die atomare Bedrohung, die Entfremdung des Menschen – ich wundere mich, dass sie nicht unsere ganze Literatur färben«, konkretisierte er zwanzig Jahre später, was er von den Autoren erwartete.[10] In Westdeutschland wandte sich die »Gruppe 47« zunächst gegen die Reste faschistischer Propagandasprache und den autoritären Untertanengeist im Adenauerstaat. Die Autoren protestierten gegen die Wiederbewaffnung und den Vietnamkrieg oder unterstützten die Befreiungsbewegungen in der »Dritten Welt«. Später ging es um die Haftbedingungen der RAF-Gefangenen, Atomenergie und die Stationierung amerikanischer Nuklearwaffen.

Die kritischen Interventionen von Heinrich Böll, Martin Walser, Günter Grass und Max Frisch beeinflussten im Westen das politische Bewusstsein ganzer Generationen. Bertolt Brecht erprobte mit seinem Theaterkollektiv in der DDR Elemente einer radikal demokratischen Gesellschaft, die auch im Realsozialismus noch ihrer Verwirklichung harrte. Die *Ästhetik des Widerstands* von Peter Weiss und Brechts eingreifendes Denken beflügelten die Diskussionen auf

9 Michael Jäger: »Die Gefährdung der Intellektualität«, in: *Das Argument* 280, Hamburg 2009, S. 93

10 Jean-Paul Sartre: »Was bedeutet Literatur in einer Welt, die hungert? Interview mit Jacqueline Piatier, *Le Monde*, 18. April 1964«, in: ders.: *Was kann Literatur? Interviews, Reden, Texte 1960–1976*. Gesammelte Werke. Band 4, Reinbek bei Hamburg 1986, S. 66

beiden Seiten des »Eisernen Vorhangs«. Als dieser 1989 fiel, schienen der Sozialismus und mit ihm die Zukunftshoffnungen vieler Intellektueller auf Nimmerwiedersehen ins Reich der Utopie verbannt. Manche Kommentatoren meinten, dass damit auch die Schriftsteller ihre Rolle als Kritiker der herrschenden Verhältnisse für immer eingebüßt haben würden. Die Figur des kritischen Intellektuellen galt als tot. Die Grabesrede hielten die französischen Poststrukturalisten. Von Deleuze über Foucault bis Baudrillard erklärten sie, wenig Sinn in dem Anspruch zu sehen, mit ihrer Deutungsarbeit für alle zu sprechen, wenngleich sie es selbst weiterhin taten.[11]

»In den 1990er Jahren pfiffen dann auch die kleineren intellektuellen Spatzen von den Flachdächern der Konzerne, die Zeit der Intellektuellen sei vorbei, ja sie hätten uns ins Unglück gestürzt mit ihren Utopien.«[12] Auch die Strukturen der Öffentlichkeit haben sich in dieser Zeit dramatisch verändert. Die öffentliche Rolle des Schriftstellers stand in der Bundesrepublik Deutschland vor 1989 noch in enger Beziehung zum Bildungsauftrag eines öffentlich-rechtlichen Rundfunks, dessen Monopol gerade erst zu bröckeln begann. Mit dem von der Regierung Helmut Kohl durchgesetzten Siegeszug der Konzernmedien nahm die Präsenz der Schriftsteller und der »klassischen« Intellektuellen in Radio und Fernsehen deutlich ab. Andere nahmen ihre Stelle ein. »Wie der Übergang vom Stummfilm zum Tonfilm eine neue Generation von Stars hervorgebracht hat, so hat das Fernsehen den telegenen Intellektuellen und die Talkshow hervorgebracht. Der vom Katheder verkündende ›Geist‹ ist marginalisiert, wenn auch nicht ganz verschwunden.«[13]

11 Ich folge an dieser Stelle Tilman Reitz: »They don't speak for us«, in: *Das Argument* 280, Hamburg 2009, S. 104. Der Schriftsteller Thor Kunkel hat jüngst sogar den Versuch unternommen, die Gestalt des engagierten Autors für die Akzeptanzkampagne der Neuen Rechten in Deutschland umzudeuten. Statt gegen gesellschaftliche Missstände soll er künftig gegen die »Political Correctness« kämpfen und für die Freiheit eintreten, »die Dinge *anders* zu sehen« (Thor Kunkel, a. a. O.).

12 Wolfgang Fritz Haug: »Zur Frage nach der Gestalt des engagierten Intellektuellen«, in: *Das Argument* 280, Hamburg 2009, S. 47

13 Wolfgang Fritz Haug, a. a. O., S. 52

Die Printmedien verringerten ihren Platz für kritische Interventionen und luden lieber sogenannte Experten zu Stellungnahmen ein. Anstelle von Schriftstellern beantworten seit den neunziger Jahren zunehmend Unternehmensberater die Frage, in welcher Gesellschaft wir künftig leben wollen.

Linksliberale Positionen verloren in den Feuilleton-Redaktionen spürbar an Gewicht und rechte Intellektuelle gewannen Deutungsmacht. Als Daniel Kehlmann seine Eröffnungsrede zum Brecht-Festival des Jahres 2008 in Augsburg für eine Generalabrechnung mit der Gesellschaftskritik linker Intellektueller am Beispiel Bert Brechts nutzte[14], fühlte sich im Feuilleton kaum jemand provoziert. Während rechtsgerichtete Schriftsteller wie der selbsterklärte Reaktionär Martin Mosebach[15] und der katholische Herrendenker Nicolás Gómes Dávila (1913–1994) viel Lob im Kulturbetrieb ernteten[16], ließen die in den vergangenen Jahren unter dem Stichwort »Politischer Roman« geführten Feuilleton-Debatten linke Autoren weitgehend außen vor.

Nach dem vorläufigen Ende des Sozialismus und dem Siegeszug des Neoliberalismus in Europa waren die kritischen Intellektuellen und sozial engagierten Künstler aus der herrschenden Weltsicht nahezu verschwunden. Und mit ihnen verschwanden die Begriffe, mit denen die dramatische Ungleichheitsentwicklung hätte analysiert, die Parolen, mit denen Freiheitskämpfe hätten ausgefochten werden, und die Organisationen, in denen sich Widerstand hätte formieren können. »Das war die Zeit, in der das Kapital sich von Spekulationsblase zu Spekulationsblase fiktiv aufblähte, während die intellektuellen Konjunkturritter die Welt als Schneeballsystem imaginierten. Damit hat die große Krise Schluss gemacht. Sie hat

14 Daniel Kehlmann: »Der gute Mensch von Augsburg«, in: *Süddeutsche Zeitung*, Nr. 167, 19./20. Juli 2008, S. 17

15 Vgl. Thomas Wagner: »Schöngeist der Gegenaufklärung«, in: *junge Welt*, 5. Dezember 2007, S. 10/11

16 Vgl. Thomas Wagner: »Die Freiheit der Wölfe. Ein Netzwerk rechter Intellektueller ebnet dem erzreaktionären Dichter Nicolás Gómez Dávila in Deutschland den Weg in die Mitte der Gesellschaft«, in: *Der rechte Rand*, Nr. 112, Mai/Juni 2008, S. 26

die Abschaffungen abgeschafft. Wahrheit und Wirklichkeit haben sich zurückgemeldet.«[17]

Die in globalem Maßstab ständig wachsende Ungleichheit, die Folgen des Klimawandels, drohende Verteilungskämpfe um Trinkwasser, Bodenschätze, fossile Energieträger und nicht zuletzt die kaum überstandene Weltwirtschaftskrise machen die Notwendigkeit von politischen Alternativen unübersehbar. Konkrete Utopien in diesem Sinne vorzuschlagen und öffentlich zu vermitteln, das ist in der bürgerlichen Öffentlichkeit traditionell die Aufgabe von Intellektuellen. Doch ausgerechnet zu einer Zeit, wo politische Zukunftsvisionen wieder vermehrt nachgefragt werden, ist diese Position im Feld des öffentlichen Diskurses mehr oder weniger verwaist. Parteien und Gewerkschaften haben längst darauf verzichtet, eigene Geistesarbeiter heranzubilden. Die Universitäten spannen junge Sozial- und Geisteswissenschaftler heute viel zu sehr in den Alltagsbetrieb und in Karrierezwänge ein, als dass diese noch daran denken könnten, sich öffentlich einzumischen. Zwischen Lehrverpflichtungen, Drittmitteleinwerbung, Gremienarbeit und wissenschaftsinternen Publikationszwängen verlieren sie beinahe zwangsläufig den Blick für die großen Zusammenhänge. Journalisten, die gar nicht so selten den Ehrgeiz entwickeln, selbst in die Fußstapfen der großen Intellektuellen zu treten, geben sich häufig damit zufrieden, im Auftrag von Think-Tanks als Lautsprecher der Konzerninteressen zu fungieren. Wirklich innovative Ideen oder fortschrittliche gesellschaftliche Entwürfe sucht man bei ihnen in der Regel vergeblich.

Doch die neoliberale Hegemonie hat erste Risse bekommen. Innenpolitisch ist mit der Linkspartei eine Kraft entstanden, die das sozialdemokratische Erbe antritt und die öffentlichen Foren für kritisches Denken deutlich vermehrt. An den Universitäten entstehen Marx-Lesekreise. Und immer mehr Schriftsteller nutzen die neu geschaffenen Möglichkeiten, sich für das linke Projekt zu engagieren. Tendenz steigend. Mit dem Aufwind, den sowohl die globalisierungskritische Bewegung als auch die parteipolitische Linke seit

17 Wolfgang Fritz Haug, a. a. O., S. 50

einigen Jahren erfahren, werden ihre Themen auch von den großen Medien wieder aufgegriffen. Die Ratlosigkeit vorgeblicher Experten angesichts der Weltwirtschaftskrise hat diese Tendenz noch befördert. Schriftsteller werden wieder häufiger eingeladen, das Für und Wider politischer Vorschläge aus ihrer Sicht zu kommentieren und eigene Impulse zu geben. Sie sind keine Experten, die zahlenden Auftraggebern Gutachterwissen präsentieren, sondern Bürger, die das allgemeine Wohl im Auge haben. Die Spielräume für kritische Interventionen sind wieder etwas größer geworden. Als Thea Dorn, Krimi-Autorin, Fernsehmoderatorin und vermeintliche Hoffnungsträgerin eines erneuerten Feminismus[18], 25 prominente Künstler und Schriftsteller, die den möglichst raschen Abzug der Bundeswehr aus Afghanistan forderten[19], als Repräsentanten eines neuen »Vulgärpazifismus«[20] diffamierte, gab man dem marxistischen Schriftsteller Dietmar Dath in der *Zeit* genügend Raum für eine kluge Replik.[21]

18 Ausgerechnet in der Zeitschrift *Marxistische Erneuerung* (Nr. 70, Juni 2007) fand Thea Dorn als »Feministin« viel Lob von Christina Ujma. Ganz im Banne ihrer »theoretischen Kenntnisse und Intellektualität« war der Literaturwissenschaftlerin wohl entgangen, dass Dorns Forderungen nach gleichen Berufschancen, gleichem Lohn und mehr weiblichem Selbstbewusstsein an eine ultraliberale Programmatik gekoppelt sind. Ihre Unterstützung der Kanzlerkandidatin Angela Merkel im Bundestagswahlkampf 2004 ist keineswegs der frauenpolitische Ausrutscher einer Intellektuellen, die »eigentlich keinerlei konservative Neigungen hat« (Ujma), sondern eine konsequente politische Intervention zugunsten einer Verschärfung neoliberaler Politik.

19 »Für einen Abzug«, in: *Der Freitag*, Nr. 37, 10. September 2009

20 Thea Dorn: »Vulgärpazifismus«, in: *Die Zeit*, Nr. 39, 17. September 2009

21 Vgl. Dietmar Dath: »Was sucht Hamlet am Hindukusch«, in: *Die Zeit*, Nr. 42, 8. Oktober 2009

Was sich engagieren heute bedeutet

Von 2007 bis 2010 habe ich Gespräche mit engagierten Schriftstellern und Liedschreibern geführt, die den Grundstock bilden für dieses Interviewbuch.[22] Die Gespräche geben unter anderem Auskunft darüber, wie diese Autoren heute zum Begriff des Engagements stehen. Für den österreichischen Romancier Robert Menasse hat sich die öffentliche Rolle des Schriftstellers nach dem Ende des Kalten Kriegs in einer Hinsicht deutlich geändert. Heute sei das Engagement nicht auf die Unterstützung kommunistischer oder sozialistischer Parteien beschränkt. Es sollte zur Grundausstattung jedes denkenden Menschen gehören. »Aber eben nicht in diesem parteipolitischen, sondern in einem umfassenderen Sinne, der nichts anderes bedeutet, als unausgesetzt das Defizit abzuschreiten zwischen gesellschaftlicher Realität und gesellschaftlichem Selbstbild.«[23] Die oft gestellte Frage, warum ein Dichter im Hinblick auf gesellschaftliche und politische Fragen eine qualifiziertere Meinung haben soll als andere Staatsbürger, beantwortete Menasse wie folgt: »Die Frage ist vielmehr, ob es in der Welt der individuellen Interessen doch auch Individuen gibt, die zumindest theoretisch die Möglichkeiten haben, die Welt ohne Klassen-, Standes- und Schichtinteressen zu sehen, und die Chance, das, was sie tun und denken, öffentlich so zu kommunizieren, dass es über alle soziologischen Grenzen hinweg von allgemeinem Interesse ist. Der Einzige, der aufgrund seiner Lebens- und Produktionsbedingungen die Möglichkeit dazu hat, ist der Künstler, der freie Geist, der frei ist von allen Abhängigkeiten und Zwängen, wie sie für alle anderen Berufe gelten.«[24]

22 Die meisten Interviews wurden bereits in der *jungen Welt* und im Magazin *Hintergrund* veröffentlicht.

23 Interview mit Robert Menasse, *junge Welt*, 18.10.2008, in diesem Buch S. 77–85

24 Robert Menasse: *Permanente Revolution der Begriffe. Vorträge zur Kritik der Abklärung*. Frankfurt a. M. 2009, S. 117

Auch Menasses deutscher Kollege Dietmar Dath sieht eine einschneidende Änderung nach dem Zusammenbruch des Staatssozialismus. Zuvor hätten im Westen die Autoren von der Abteilung Dritter Weg die Debatten geprägt. »Dieses Kontingent von nachdenklichen Menschen war damals wichtig. Sie mussten irgendwie links sein, also das Gute im Menschen wollen, etwas gegen Franz Josef Strauß und bestimmte Unternehmer sagen, aber auf jeden Fall nicht für die bösen Russen sein. Dafür gab es eine Menge Geld, Aufmerksamkeit und Mikrofone, die man nicht den ganzen Tag vollbrüllen konnte mit: Fresst! Kauft! Arbeitet!«[25] Von nichts anderem sei damals geredet worden »als von einem Dritten Weg zwischen dem bösen Ostblock und dem liberalen, aber kalten und unmenschlichen Westen. Diese kritischen Intellektuellen, das war die Abteilung Dritter Weg«[26]. Dath misst dem kritischen Intellektuellen heute zwar keine Bedeutung mehr zu, die über den Exotenwert eines Experten für bestimmte Spezialfragen, zum Beispiel für den Kommunismus, hinausgeht. Doch auch diese »Rolle des Experten der Rote-Mützen-Sekte im ökumenischen Konzert der komischen Sekten« kann seiner Ansicht nach genutzt werden, um ein gutes Argument öffentlich wirksam zu platzieren: »Denn selbst da könnte einmal jemand sagen: Dieser Zeuge Jehovas da ist eigentlich ganz vernünftig«.

Einige Schriftsteller reflektierten im Verlauf der Gespräche über die Wirkungschancen ihres Engagements. Denn diese sind abhängig von dem politischen Resonanzraum, den die Literatur historisch jeweils hat. »Wenn es eine soziale Widerstandsbewegung gibt, braucht diese auch Literatur, um sich zu verständigen, um andere zu gewinnen und um sich nach außen zu vermitteln. Das kann eine Literatur sein, die große gesellschaftliche Zusammenhänge in Romanen oder Essays sichtbar macht und Möglichkeiten des Widerstands beispielhaft zeigt. Oder eine aktuell eingreifende, wie bestimmte Brecht-Stücke oder -Gedichte oder solche Kampftexte,

25 Interview mit Dietmar Dath, *junge Welt*, 22.8. und 24.8.2009, in diesem Buch S. 27–43

26 Ebenda

wie ich sie früher geschrieben habe«, sagt der Kölner Schriftsteller Erasmus Schöfer[27]. Sein Berliner Kollege Michael Wildenhain sieht das ähnlich: »Brecht, insbesondere mit seinen Lehrstücken, ist nicht vorstellbar ohne die Situation Ende der zwanziger, Anfang der dreißiger Jahre, ohne eine sehr starke kommunistische Partei und die entsprechenden Publikationsorgane, die sich um sie rankten. Es gab also einen Resonanzraum für die Literatur, aus dem das Echo herausschallte. Heiner Müller ist nicht vorstellbar ohne die DDR. Er wurde zwar auch sehr stark im Westen rezipiert, aber nur vor dem Hintergrund dieses real existierenden Resonanzraumes. Ich glaube, politische Literatur braucht immer diesen Resonanzraum. Wenn dieser schmal und dünn ist wie im Moment, dann wird es schwer.«[28] Unter diesen Voraussetzungen liegt es für einen oppositionell orientierten Autor nahe, sich selbst als Archivar eines widerständigen Wissens zu definieren, das von späteren Generationen genutzt werden kann. Michael Wildenhain hofft daher, dass seine Bücher einen Flaschenpostcharakter entfalten können. Gerade Romane könnten zu zeitgeschichtlichen Dokumenten werden, die in literarischer Form eine Wahrhaftigkeit erreichen, die sonst nur schwer möglich sei. Erasmus Schöfer hält mit seinem Romanzyklus *Die Kinder des Sysifos* auf diese Weise das demokratische Erbe des Aufbruchs von 1968 bewusst.

Der Schriftsteller Ilija Trojanow kann wie sein Kölner Kollege mit einer *l'art pour l'art* nichts anfangen. »Ich will andere Menschen erreichen, erfreuen, beglücken, bewegen und verändern. Wenn ich auch nur im Entferntesten daran zweifeln würde, dass das möglich ist, würde ich nicht schreiben bzw. nicht publizieren. [...] Ich habe nur ein Talent. Ich kann ganz gut mit dem Wort umgehen. Das ist sozusagen meine einzige Waffe, und die benutze ich auch.«[29] Juli Zeh wiederum mischt sich ein, weil sie die privilegierte Möglich-

27 Interview mit Erasmus Schöfer, *junge Welt*, 7.3.2009, in diesem Buch S. 104–112

28 Interview mit Michael Wildenhain, *junge Welt*, 15.8.2009, in diesem Buch S. 113–121

29 Interview mit Ilija Trojanow, *junge Welt*, 31.5.2008, in diesem Buch S. 62–76

keit hat, in Zeitungen zu veröffentlichen und in Interviews ihre Meinung zu sagen: »Ich bin in der luxuriösen Situation, eine Art Plattform für Ansichten zu haben, und die nutze ich.«[30]

Das politische Engagement der Autoren zeigt sich sowohl in ihrer eigentlichen literarischen Arbeit als auch in ihren öffentlichen Interventionen. Schriftsteller thematisieren heute Probleme und Missstände, die von der Politik tabuisiert und in den großen Medien nicht genügend diskutiert, im Extremfall sogar ganz verschwiegen werden. Die Art und Weise, wie sie dies tun, ist jedoch sehr unterschiedlich.

Was die Bücher politisch macht

Den einen Pol bildet ein Autor wie **Ulrich Peltzer**, der die Frage nach den politischen Veränderungsmöglichkeiten unter den gegenwärtigen Herrschaftsbedingungen im Rahmen der Romanform selber stellt. Der 1956 in Krefeld geborene Schriftsteller stellt mit literarischen Mitteln die Frage nach der Veränderbarkeit der Welt unter den Bedingungen des Hightech-Kapitalismus. Die Figuren seines Romans *Teil der Lösung* (2007) loten aus, welche Möglichkeiten politischen Handelns angesichts flächendeckender Überwachung in den heutigen Metropolen überhaupt noch bestehen. Christian, die männliche Hauptfigur seines Romans, schlägt sich mäßig erfolgreich als freier Journalist mit Gelegenheitsarbeiten durch. Der unbehauste Mittdreißiger arbeitet an einer Story über ehemalige Mitglieder der Roten Brigaden, die sich in Frankreich eine bürgerliche Existenz aufgebaut haben und nun durch Auslieferungsbemühungen der rechtsgerichteten italienischen Regierung unerwartet bedroht werden. Er verliebt sich in die viel jüngere linke Studentin Nele, die an einer Magisterarbeit über Jean Paul sitzt, ohne Christians Wissen aber auch in einer militanten Gruppe aktiv ist. Bislang haben sie Fahrscheinautomaten verklebt, Überwachungskameras beschädigt und Autos in Brand gesteckt. Doch reichen symbolische Sachbeschädigungen aus, um einschneidende Veränderungen

30 Interview mit Juli Zeh, *junge Welt*, 9.8.2008, in diesem Buch S. 53–61

zu bewirken? Während die Protagonisten des Widerstands über die Frage streiten, wie oppositionelle Kräfte gebündelt, auf welche Weise Protestaktionen materielle Gewalt gewinnen können, versuchen Staatsschutz und BKA den politischen Untergrund durch V-Leute, Informanten und alle zur Verfügung stehenden Überwachungstechniken in ihrem Sinne zu steuern. Sie stacheln an zur Gewalt, um im entscheidenden Moment zugreifen zu können. Die parallel erzählten Handlungen des Journalisten, der Liebenden, der Akteure des Widerstands und der Repression erzeugen eine bis zur letzten Zeile andauernde Spannung. Die Darstellung der Berliner Schauplätze stimmt noch im kleinsten Detail. Auf Peltzers eher beiläufig eingestreute Schilderungen popkultureller Bildungserlebnisse hätte in den vergangenen Jahren manch ein Popliterat seine gesamte Karriere aufbauen können. Dabei reicht seine an filmische Montagetechniken erinnernde Erzählweise an die Arbeiten von Alfred Döblin oder Wolfgang Koeppen heran. Peltzer wird den sozialen Veränderungen in der urbanen Welt, ihren Prozessen der Gentrifizierung und den sich vervielfältigenden Milieus mit den perspektivischen Mitteln des modernen Romans auch formal gerecht.

Als Ende 2008 **Erasmus Schöfers** Roman *Winterdämmerung* erschien, wollte in Deutschland zunächst kaum jemand Notiz davon nehmen. Nach wie vor gehört Schöfer zu den großen Unbekannten unter den Romanciers seines Landes. Die ersten Rezensionen erschienen in kleinen linken Zeitungen. Dabei handelt es sich beim abschließenden Teil des vierbändigen Romanzyklus *Die Kinder des Sisyfos* um ein bedeutendes Stück engagierter Literatur. Erfolgreiche jüngere Autoren wie Ilija Trojanow und Dietmar Dath sind begeisterte Leser der Tetralogie. Von einer Fortsetzung der *Ästhetik des Widerstands* (Peter Weiss) ist zuweilen die Rede. Das 2000 Seiten starke Epos erzählt die Geschichte der westdeutschen Linken von 1968 bis 1990 entlang ausgewählter Stationen und fiktiver Biografien. Dabei versucht er die Motive der aufbrechenden Menschen, ihre Impulse und moralische Empörung so festzuhalten, wie sie damals von ihnen empfunden wurden. Ein Reporter, ein Historiker, eine Schauspielerin und ein Werkzeugmacher sind die Hauptfiguren. Im Mittelpunkt von *Winterdämmerung* stehen die

Massenproteste der Friedensbewegung gegen die atomare Aufrüstung, der Kampf für die 35-Stunden-Woche und der Widerstand gegen die Schließung der Rheinhausener Stahlhütte. Die realistische Darstellung der Arbeitswelt seiner Akteure ist Schöfer dabei ebenso wichtig wie die lebendige Schilderung ihrer politischen Auseinandersetzungen, ihrer erotischen Begegnungen und Freundschaften. Seinen Stoff hat Schöfer als Journalist, Künstler und als politischer Aktivist selbst mitgeformt. Seine Szenerien sind authentisch, die Diskussionen realitätsnah, die Konflikte glaubwürdig geschildert. Obwohl Schöfers Figuren scheitern, gelingt es ihnen, den utopischen Funken immer wieder neu zu entfachen, sich gegenseitig aufzurichten. Als der Staatssozialismus zusammenbricht, entdeckt der marxistische Historiker Bliss gemeinsam mit seiner Enkelin in der anarchistischen Kommune Kaufungen den realutopischen Vorschein einer solidarischen Gemeinschaftsform.

Neben anspruchsvollen politischen Romanen erlebt auch die Gattung der politischen Kampfschrift eine bemerkenswerte Renaissance. Neuere Texte von Dietmar Dath, Robert Menasse oder Raul Zelik zeigen eindrucksvoll, dass momentan inmitten der deutschsprachigen Literatur eine regelrechte Ideenwerkstatt für konkrete Utopien entsteht: sprachlich überzeugend, sachkundig und politisch vorwärtsweisend.

Den Anfang machten im Jahr 2006 **Robert Menasses** Frankfurter Poetikvorlesungen: *Die Zerstörung der Welt als Wille und Vorstellung*, eine fulminante Kampfansage an die neoliberale Ideologie und den Demokratieabbau im europäischen Einigungsprozess.[31] Dem konformistischen Mainstream-Journalismus unserer Tage wirft Menasse ein Versagen auf der ganzen Linie vor, da er nicht zu analysieren vermöge, dass staatliche Sozialkürzungen nur deshalb notwendig erscheinen, weil das Kapital seinen Anteil am Gemeinwohl nicht mehr leisten wolle. Wo Konzerne von Steuern befreit, Sozialleistungen eingespart, Arbeitsdienste eingeführt, Freiheitsrechte eingeschränkt, durch das Feindbild islamischer Terrorismus gesell-

31 Eine Art Fortsetzung des Essaybandes erschien unter dem Titel *Permanente Revolution der Begriffe* im Herbst 2009.

schaftliche Solidarität gestiftet, demokratische Errungenschaften der Nationalstaaten im Europa des Lissaboner Vertrags abgebaut und Rüstungsmaßnahmen legitimiert werden, erkennt Menasse eine Tendenz des neoliberalen Kapitalismus, die westlichen Gesellschaften auf eine neue Weise zu faschisieren. Mit dem Rückbau des Sozialstaats und der bürgerlichen Freiheiten sieht er heute Bedingungen kapitalistischer Herrschaft wiederhergestellt, für die Hitler lediglich die Antwort der dreißiger Jahre des vergangenen Jahrhunderts gewesen sei. Nach den Terroranschlägen vom 11. September 2001 sieht Menasse alle zuvor bekannten Widersprüche des Westens in der totalitären Idee von »unserer Zivilisation« verschwinden, »die mit aller Gewalt verteidigt werden müsse«. Die Literatur habe dagegen die Aufgabe, sich für »die Befreiung von der Diktatur eines befreiten Kapitals« einzusetzen.

Juli Zeh und **Ilija Trojanow** gelang 2009 mit *Angriff auf die Freiheit* eine scharfe Polemik gegen den Abbau der Bürgerrechte im Zeichen des internationalen Antiterrorkampfes. Das Buch kletterte alsbald auf die vorderen Ränge der *Spiegel*-Bestsellerliste. Für das Autorengespann ist die einzige Gefahr, die vom Terrorismus ausgeht, die Art, wie unsere Gesellschaft auf ihn reagiert. In ihrem Buch beschreiben sie, wie sich demokratisch verfasste Gesellschaften seit den Terroranschlägen vom 11. September 2001 beinahe widerstandslos von ihren Regierungen in immer lückenloser überwachte Kontrollgesellschaften haben umbauen lassen. Rasterfahndung, biometrischer Reisepass, Telefonüberwachung und Online-Durchsuchung sind dafür einige der wichtigsten Stichworte. Sie zeigen, wie die NATO nach dem Ende des Kalten Krieges ihr Feindbild auf amorphe, prinzipiell nicht fassbare Gegner umstellte. Dabei handle es sich nicht nur um »terroristische Netzwerke«, sondern auch um Einwanderer, Flüchtlinge, ölfördernde Eliten sowie hungrige junge Männer, die sich nach Ansicht der westlichen Strategen nicht mehr im Griff haben und aufständisch werden.

Knapp, aber fundiert kritisieren Trojanow und Zeh den Gebrauch politischer Sprache. Sie zeigen, wie von interessierter politischer Seite systematisch Angst erzeugt wird, um die Akzeptanz von immer neuen Gesetzesverschärfungen und Repressionen vorzubereiten. Ausdrücke wie »Terrorverdächtiger«, »Gefährder«, »islamistische Zelle«, »radikaler Islamismus« geben nicht die Realität wieder, sondern sind politische Behauptungen von ideologischer Durchschlagskraft. So hat die Verwendung des Begriffs »Terrorverdächtiger« seit den Anschlägen auf das New Yorker World Trade Center ungeheuer zugenommen.

Der Schutz vor willkürlicher Verhaftung ist nach diesem Datum in den USA praktisch widerstandslos aufgegeben worden. Aus Grundrechten wurden Sicherheitslücken. Am Beispiel einer britischen Umweltorganisation zeigen die Autoren, wie die von den Regierungen und Medien benutzten Mechanismen der Angstmacherei schon heute mühelos vom Bereich des sogenannten radikalen Islamismus auf friedliche Protestbewegungen übertragen werden. So werden Öko-Aktivisten als Terroristen eingestuft und Globalisierungskritiker in Terror-Datenbanken gelistet. In Deutschland geriet ein Stadtsoziologe unter Terrorverdacht, weil sich auch von ihm benutzte Fachbegriffe in den Schreiben einer mutmaßlich militanten Gruppe wiederfanden. In Großbritannien werden heute selbst Ordnungswidrigkeiten mit Hilfe von Ausnahmegesetzen verfolgt. *Angriff auf die Freiheit* ist ein politischer Gebrauchstext von schlichter Schönheit, ein Aufruf zur Verteidigung der Bürgerrechte.

Seit **Dietmar Dath** seine sozialistische Streitschrift *Maschinenwinter* (2008) veröffentlicht hat, begeistern sich gerade junge Leser für das schmale Buch. Der Schriftsteller, Übersetzer und Journalist ist womöglich der derzeit meistzitierte deutschsprachige Gegenwartsautor im hiesigen Blätterwald. Dabei nimmt der überzeugte Marxist kein Blatt vor den Mund, wenn es um die Kritik des Kapitalismus in der Perspektive seiner Überwindung geht. Neben einer kaum noch überschaubaren Anzahl ambitionierter Science-Fiction-Romane hat der Suhrkamp-Autor eine Reihe von Sachbüchern über Mathematik oder Phänomene der Popkultur geschrieben. Mit *Maschinenwinter* gelang ihm eine politische Kampfschrift, die bei alten und jungen Linken viel Zuspruch fand. Schon jetzt ist sie ein wichtiger Bezugspunkt für Debatten quer durch alle Fraktionen der Linken. Dath klärt auf, wie unvernünftig eine Welt organisiert ist, die angesichts hochentwickelter Produktivkräfte nicht in der Lage ist, den kollektiv geschaffenen Reichtum gerecht zu verteilen. Der Sozialismus verlangt in seinen Augen keineswegs einen neuen Menschen. Vielmehr sieht Dath schon die heute lebenden Vertreter der Gattung als hinreichend vernunftbegabt und lernfähig an, um der Herrschaft des Kapitals selbst ein Ende zu setzen.

Dath geht es um die Entdeckung kollektiver Handlungsmächtigkeit in gemeinsamer Praxis, nicht um Glaubenssätze ideologischer Schulen. Wie man die Bewohner von Asylbewerberheimen schützt, militärische Propagandaschauen stört oder Konzerne beschämt, die ihre Gewinne durch moderne Sklavenarbeit erzielen, darauf könne man sich leicht verständigen. Um durchzuschlagen, dürfe revolutionäre Politik aber nicht auf pure Spontaneität bauen, sondern müsse sich so organisieren, wie es die heutige Situation erfordert. Unverzichtbar bleibe die Freistellung politisch Hauptamtlicher, denn die Besitzlosen müssten ihren Zustand zwar selbst demokratisch aufheben, könnten das bestehende System aber nicht irgendwann nach Feierabend sprengen.

Die künftige Internationale sieht er in der Pflicht, nicht nur von den Erfolgen, sondern auch von den Fehlern derjenigen zu lernen, die sich an die Lehrsätze der Klassiker gehalten haben. »Beim nächsten Versuch sollte man sich darauf verstehen, die Sogwirkung des Weltmarkts, die Unmöglichkeit der Autarkie und andere rein ökonomische Faktoren ebenso wenig zu missachten wie die Notwendigkeit, alles, was man unternimmt, schon in der Phase des Kampfes um demokratische Planung so demokratisch (und so geplant!) wie möglich anzugehen.«

Der Romancier und Übersetzer **Raul Zelik** hat sich dem Thema staatlicher Gewalt aus ganz verschiedenen Perspektiven genähert: als Romanautor, Verfasser von Reportagen und als Politikwissenschaftler. Einen Namen als Schriftsteller machte er sich mit den Romanen *La Negra* (2000) und *Bastard. Die Geschichte der Journalistin Lee* (2004). In seiner Reportage *Made in Venezuela* (2004) gibt er Innenansichten der bolivarianischen Revolution. Die Handlung seines Polit-Thrillers *Der bewaffnete Freund* (2007) spielt vor dem Hintergrund des baskischen Konflikts und ist zugleich eine Art literarisches Roadmovie durch den politischen Untergrund auf der Iberischen Halbinsel. Zeliks Protagonisten reflektieren über Freundschaft, emotionale Nähe, die Kontinuität des Faschismus in Spanien, Staatsterrorismus, aber auch über die Problematik einer militarisierten Gegengewalt. Der Roman untersucht den politischen Terror beider Seiten mit erzählerischen Mitteln und stellt den Nationalismus der baskischen Befreiungsbewegung, aber auch die radikale linke Identitätskritik in Frage. Auf diese Weise fügt er der verfahrenen Gewaltdiskussion selten gehörte Zwischentöne hinzu. »Man kann im Baskenland sehen, wie in Europa Ausnahmezustände etabliert sind. Man spricht dort davon, dass in den dreißig Jahren seit dem Beginn der Demokratisierung etwa 7000 Menschen gefoltert worden sind. Bei drei Millionen Einwohnern ist das eine wahnsinnig hohe Zahl. Das kann in Europa passieren, ohne dass darüber gesprochen wird.«[32] Zeliks Reportagen und politische Analysen zeigen, dass der bürgerliche Staat kein verlässlicher Friedensgarant ist, sondern eine extreme Form organisierter Gewalt in sich birgt. Besonderes Augenmerk verdient ein Gesprächsbuch, das Zelik gemeinsam mit dem Ökonomen Elmar Altvater gemacht hat. Unter dem Titel *Die Vermessung der Utopie* haben sie im Herbst 2009 einen Gegenentwurf zur kapitalistischen Wachstumsgesellschaft entwickelt. Ihre wichtigste These lautet: Die gegenwärtige Finanzkrise, die globale Überproduktion, der Klimawandel und die wachsenden sozialen Gegensätze können nur durch eine radikale Transformation der Ökonomie bewältigt werden.

Was sie tun können

Eine der Erfolgsstrategien neoliberaler Ideologen bestand darin, Keile zwischen die Bewegungen zu treiben, die eine emanzipatorische Politik verfolgten. Waren Klassenkampf, Friedensfragen, Frauen-

32 Interview mit Raul Zelik, *junge Welt*, 13.10.2007, in diesem Buch S. 44–52

bewegung, die Befreiung von Schwulen und Lesben, Bildung, die Solidarität mit den Ländern des Südens, sexuelle Emanzipation, fortschrittliche Erziehung, Kunst und später auch die Ökologie in linken Entwürfen mehr oder weniger eng miteinander verbunden gewesen, befinden sich diese Zusammenhänge heute im Zustand fortschreitender Auflösung. Die Themen werden von Organisationen besetzt, die weit auseinandergerückt sind, nebeneinander existieren und zum Teil sogar gegeneinander aufgestellt sind.

Die Literatur kann eine Menge dazu beitragen, diese Felder neu miteinander zu verknüpfen. Sie hat die Chance, über festgefahrene Gräben von Parteien, Organisationen und kleinen Politzirkeln hinweg, an die gemeinsamen Themen und Aufgaben linker Politik zu erinnern: die Befreiung des Menschen aus seiner selbstverschuldeten Unmündigkeit und die Beendigung aller Verhältnisse, in denen er ein geknechtetes und verächtliches Wesen ist.

Die nun folgenden Interviews haben exemplarischen Charakter. Sie geben kein Gesamtbild, sind Momentaufnahmen.[33] Dennoch ist die Zusammenstellung nicht zufällig. Mir kommt es darauf an, einen Eindruck zu vermitteln, wie vielfältig das heutige Engagement der Autoren ist und welche literarischen Gattungen daran beteiligt sind.

Thomas Wagner, im August 2010

33 Sie geben daher auch nur diejenigen Ansichten wieder, die von den Autoren zur Zeit der Gespräche geäußert wurden. Wenn etwa Robert Menasse, wie manche Medien berichteten, mittlerweile eine weniger kritische Haltung gegenüber der EU einnehmen sollte, dann tut das dem dokumentarischen Wert der Interviews keinen Abbruch.

Die Gespräche

Die Gegner schlafen auch mal

Dietmar Dath[1]

Dietmar Dath wurde 1970 in der Nähe von Freiburg im Breisgau geboren. Der Science-Fiction-, Horror- und Heavy-Metal-Fan hat nie einen Hehl aus seinen marxistischen Überzeugungen und seiner Bewunderung für das politische Denken Lenins gemacht. Er war Chefredakteur der Musikzeitschrift Spex (1998–2000) und Redakteur der FAZ (2001–2007). Sein Roman »Die Abschaffung der Arten« stand 2008 auf der Shortlist zum Deutschen Buchpreis.
Ein Gespräch über Klassenkampf, Planwirtschaft, Lenin und Rosa Luxemburg.

Vielleicht sind Sie zurzeit der einzige Marxist unter den deutschen Schriftstellern. Welche Texte von Marx haben für Sie eine besondere Bedeutung?

Unverzichtbar finde ich die Feuerbachthesen, also dass es auf die Praxis ankommt. Am zweitwichtigsten ist die Klassengeschichte, also dass es eine Rolle spielt, wo ich im gesellschaftlichen Produktionsprozess stehe. Ich muss eine Praxis haben, und die spielt sich zwischen Gruppen ab, die in einem antagonistischen Widerspruch zueinander stehen, also Klassen. Im Vergleich dazu halte ich die Krisentheorie für verzichtbar. Die kann ich auch von einem bürgerlichen oder keynesianischen Standpunkt aus haben. Ich habe gerade ein Gespräch zwischen dem Schriftsteller H. G. Wells und Stalin über den New Deal gelesen. Wells hat im Juni 1934 eine ausgedehnte Welttournee hinter sich und erzählt, dass die Amerikaner sich ja jetzt auch langsam in Richtung Sozialismus bewegen. Stalin

1 Erstveröffentlichung in zwei Teilen in *junge Welt* am 22.8. und 24.8.2009. Das Gespräch führten Alexander Reich und Thomas Wagner.
Foto © Uwe Dettmar

sagt: Alles gut und schön, aber sie werden niemals die Eigentumsverhältnisse ändern. Sie werden niemals etwas machen, was die Situation ändert, die das heraufbeschworen hat, was sie jetzt pflastern wollen. Insofern ist das so sinnlos wie Dem-eigenen-Schwanz-Hinterherrennen. Wells meint, dass doch alle etwas davon haben, wenn das marode System geflickt wird. An dieser Stelle bringt Stalin den Klassenstandpunkt rein und sagt: Einige hätten eben nichts davon, wenn das Ding grundlegend geändert wird, und das sind die, die am Steuer sitzen. Deshalb wird nichts passieren. Das hat damals gestimmt. Wäre ich noch bei der FAZ, hätte ich sicherlich eine schöne Glosse daraus machen können, wie H. G. Wells und Stalin sich über Obama unterhalten.

Keynes führt nicht weit genug. Aber ist zurzeit nicht eher zu wünschen, dass Obama überhaupt so weit kommt?

Keynes funktioniert am besten mit nacktem Imperialismus, mit Kriegswirtschaft. Deshalb wird mir jedes Mal mulmig, wenn Leute sagen, das sei die Lösung. Krankenhäuser-Bauen ist nur ein Teil dieses Ansatzes. Der viel effektivere Teil ist: Wir bauen Mordmaschinen. Die werden abgeschossen, und man baut mehr.

Was hat der Staat für Aufgaben im Kapitalismus? Im Grunde Polizeiaufgaben, und: die Märkte nach außen sichern. Er tritt als ideeller Gesamtknüppel auf. Wenn man diesem Staat sagt: Jetzt kannst du mal richtig in deine Rechte treten und eine gesamtgesellschaftliche Lösung anbieten, gibt es wahrscheinlich nicht mehr Schulen, sondern mehr Kloppe.

Sie treten für eine sozialistische Gesellschaft ein, in der die Wirtschaft demokratisch kontrolliert wird. Was sind die besten Argumente für die Planwirtschaft?

Das erste ist: Es wird schon geplant. Nur eben von ein paar Leuten, die aus Geld mehr Geld machen wollen. Die Vorstellung, dass einfach so drauflosproduziert wird, ist doch totaler Quatsch. Es gibt für alles, was man will, wenn man Planwirtschaft will, bereits Stummelformen. Die sind entlang von so etwas wie Marktforschung organisiert. Sie nennen das: die Märkte vorbereiten.

Wenn so ein Plan im Kapitalismus dann nicht funktioniert, wird sichergestellt, dass die Gearschten die Zeche zahlen. Nehmen wir die Privatisierung des öffentlichen Verkehrs. Ein Unternehmen plant die Schließung bestimmter Strecken oder Haltestellen, die sich nicht rentieren, weil da zu wenig Leute stehen. Diese Leute wollen aber irgendwohin. Jemand muss den Transport bezahlen. In diesem Fall: die Leute selber. Es wird für den Bahnbesitzer profitabler, aber gesamtgesellschaftlich gesehen kostet es nicht weniger.

Das zweite Argument ist die Entwicklung der Produktivkräfte. Ein Argument gegen die Planwirtschaft war lange ihre Schwerfälligkeit. Heute sind die Intervalle, in denen sich die Produktion umstellen lässt, sehr kurz. Selbst Autos werden on demand bestellt. Die schwersten Schwerprodukte können kurzfristig umgebaut und geliefert werden.

Hat die Planwirtschaft nicht gerade erst die Sowjetunion und ihre Satellitenstaaten ruiniert?

Es wird gerne gesagt: Im Ostblock gab es keine Südfrüchte, keine Glühbirnen – das war eine Misswirtschaft, in der alles schiefging. Da ist zu fragen: Unter welchen Bedingungen – Produktivkräfte, Verkehrswesen und so weiter – wurde diese Wirtschaft entwickelt? Wenn man sich die Jahre 1920 bis 1935 anschaut, ist diese Leistung enorm. Man kann sagen: Das ist mit der Knute erreicht worden. Aber wenn ich den Kapitalismus mit seiner ursprünglichen Akkumulation auf dem Kreuz hätte, die wirklich mit einer harten Knute durchgezogen wurde, wäre ich ganz vorsichtig mit der Einschätzung, was Modernisierung kostet. Das ist alles nicht schön. Mit-dem-Finger-Zeigen ist verboten.

Der zweite Punkt ist: Unter den Bedingungen eines Weltmarktes mussten eine Planwirtschaft und eine chaotische Profitwirtschaft miteinander in Verkehr treten, weil es nicht alles überall gibt. Da frage ich: Wem geht schneller die Puste aus, dem Chaoten oder dem, der mit dem Chaoten zu handeln versucht? Außerdem kann der Chaot den von ihm Abhängigen jederzeit sagen: Wenn ihr nicht macht, was ich Chaotisches von euch will, verliert ihr eure Wohnung und so weiter. Das kann der verlässliche Aktenkoffermensch, der mit ihm verhandelt, nicht. Da gucken wir mal, wer wen fertigmacht.

Weil die DDR-Wirtschaft zu unproduktiv war, wollte Walter Ulbricht sie in den Sechzigern etwas kapitalistischer einrichten. Moskau hat sich das verbeten.

Ich glaube in der Tat, dass jede Sternstunde und jede Blamage der DDR damit zusammenhängt, wie viel Spielraum ihr von den Russen gelassen wurde. Unabhängig von der Qualität der einzelnen Initiativen Ulbrichts nötigt es mir Respekt ab, dass er völlig klar gesehen hat, dass sein Spielraum über Nacht zusammenschnurren kann. Ob das Honecker noch klar war, weiß ich nicht.

Wenn Stalin ein gutes Angebot bekommen hätte, den DDR-Kram zu verkaufen, hätte er es gemacht. Er hat kein gutes Angebot bekommen. Gorbatschow hat dann irgendwann das bekommen, was er für ein gutes Angebot hielt. Ob es das war, wird er wahrscheinlich heute noch nicht wissen. Aber seinen Kopf sollten wir uns auch nicht zerbrechen.

Ulbricht hat einfach gesagt: Wir haben jetzt die DDR; ich weiß nicht, ob wir sie behalten können, aber wir versuchen, es so gut wie möglich zu machen.

Der Wettstreit zwischen Plan- und Privatwirtschaft war mit Ulbrichts Absetzung entschieden.

Ich finde es idealistisch zu sagen: Das war ein Wettstreit zwischen Plan- und Marktwirtschaft. Es war ein Wettstreit zwischen vielen Dingen, zum Beispiel einem halbfeudalen Land, das plötzlich Industriestaat geworden war, und einem riesigen Inselkontinent, der niemals einen Weltkrieg auf eigenem Boden erlebt hatte. Wenn wir früher das Würfelspiel »Axis & Allies« gespielt haben, das den Zweiten Weltkrieg simuliert, wurde jedes Mal klar: Die Amerikaner brauchen wahnsinnig lange, bis sie überhaupt in den Krieg reinkommen. Sie müssen erst das ganze Material produzieren und über den Ozean schaffen. Das hat den Nachteil, dass sie sich erst spät einmischen können. Und den Vorteil, dass sie jetzt nur noch zu gewinnen brauchen, während alles andere schon komplett in Scherben liegt.

Ein Systemkrieg zwischen zwei real existierenden historischen Entitäten ist etwas ganz anderes, als zwei Ideen gegeneinander auszutesten. Historische Fragen sind historisch, programmatische sind programmatisch.

Wo sollte politische Agitation heute ansetzen?

Jetzt können sich noch ein paar Leute an die Bonbons aus den Tagen der Systemkonfrontation erinnern: die Schaufenster des Westens, das Sozialsystem. Das soll nicht mehr praktikabel sein. Man soll sich das nicht mehr leisten können. Einige verstehen das einfach nicht. Obwohl auf Vollgas gebrüllt wird, damit sie es verstehen. Solange sie es nicht tun, sind sie schlauer als die, die es ihnen erklären wollen. Wenn sie verstanden haben, haben wir Byzanz. Gläubige Menschen.

Dauernd schlagen einem heute Naturargumente entgegen. Für alle Annehmlichkeiten, die man noch aus dem alten Sozialstaat-Ding kennt, wird einem gesagt: Es sind jetzt aber nicht genug Höhlen da. Darauf ist zu sagen: Die Höhlen kann man graben. Das ist im Grunde der Wettkampf gegen die Thatcher-Idee »Es gibt keine Gesellschaft«. Wenn es aber doch eine gibt, kann sie überlegen, was sie für eine sein will.

Man muss die Leute daran erinnern: Was habt ihr alles nicht, und was steht dem im Weg, dass ihr es bekommt? Dann muss man Namen nennen; muss sagen, wer die Leute sind, die öffentliches Eigentum verscherbeln; wer die Leute sind, die es kaufen, und was das für Folgen hat.

Wenn ich mich mit jemandem unterhalte, der sagt: Ich bin digitale Bohème, ich bin frei – das wäre ja mal so ein ganz zäher Widerstand gegen diesen langweiligen Sozialismus. Dann würde ich sagen: Was machst du, wenn du krank bist? Er würde erwidern: Dann bin ich ja selber schuld. Dem würde ich entgegnen: Das glaube ich nicht, weil … und ihm davon erzählen, wann man die Idee der Krankenkasse hatte. Ich würde ihm erklären: Deine Freiheit, von der du glaubst, sie sei neu und kommt vom Laptop, die gab es immer. Früher hieß das halt Tagelöhner.

Es wird soundso viele geben, die das nicht überzeugt. Das sind mit ziemlicher Sicherheit diejenigen, deren Auftragslage gerade noch ganz okay ist. Aber es kann nicht die Auftragslage aller okay sein. Die alte Massenloyalität gegenüber dem Kapitalismus kommt doch von dem Gedanken: Wenn ich mich mit dem System hier nicht anlege, bin ich immer noch gut dabei. Der Übermut derer, die sich für die Gewinner halten, hat dazu geführt, dass dieses Argument ein bisschen schlechter sticht als vor zwanzig, dreißig Jahren.

Seitdem ist die Ausdifferenzierung oder Atomisierung der Gesellschaft weit vorangeschritten.

Ich sehe als Fluchtpunkt auch so eine Mittelaltersituation: Jeder feudal abhängige Bauer ist unzufrieden, aber daraus folgt halt nichts. Ich merke, dass ich wie ein Optimist klinge, wenn ich sage: Man muss, man sollte und ich finde, dass man … Aber die Alternative ist zu sagen: Das hat eh keinen Wert. Darüber lohnt es sich nicht zu reden. Dann haben wir ein Interview, das einen Satz lang ist.

Die Wahrscheinlichkeit der Revolution ist nicht sehr hoch, aber wenn sie klappt, ist alles gut oder jedenfalls interessant. Ich tue also so, als wären die Dinge sehr viel besser, als sie sind, weil es nichts Blöderes gibt, als hinterher festzustellen: Es sah viel besser aus, ist jetzt aber verschenkt. Ungerechtfertigter Pessimismus führt zu echter Reue. Da geht es einem wie vielleicht ein paar Überlebenden aus der KPdSU im Jahr 1994.

Ich finde, das wichtigste Argument für eine Systemänderung ist das bestehende System selbst. Im Grunde gibt es immer zwei Fragen: Ist es schlecht und ist etwas anderes überhaupt vorstellbar? Wenn sich das mit Ja beantworten lässt, ist der Rest kein Fahrplan, sondern ein Prozess. Dann fangen wir heute an, und alles andere wird sich im Verlauf des Kampfes herausstellen.

Ein schönes Beispiel ist diese Existenzgeldgeschichte. Es wird eine Debatte ausgelöst und dann geben sich die Leute zu erkennen, die so dermaßen dagegen sind, dass du dich irgendwann fragst: Wieso eigentlich? Der Kampf, der von jeder neuen Forderung ausgelöst wird, ist wichtig. Dabei lernen die Leute etwas. Das politisiert Menschen.

Wenn du mit Leuten etwas zusammen machen willst, zum Beispiel eine Zeitschrift, gibt es selbstverständlich immer gleich 500 Argumente, warum es schiefgehen kann. Jeder Weg ist eine potenzielle Sackgasse. Die Leute machen es trotzdem ständig wieder. Erstens, weil sie es wollen und sagen: Wir werfen die Flinte nicht ins Korn, wenn wir auf Widerstände stoßen. Zweitens, weil sie es optimieren, während sie daran arbeiten. Im Arbeitsprozess stellt sich sehr schnell heraus, was geht und was nicht. Dann fragt man: Wenn es so nicht geht, wie geht es anders?

Dieselbe Sorte Argumente, die heute gegen die Realisierbarkeit des Sozialismus vorgetragen wird, ist vor Jahrhunderten gegen die Behauptung vorgebracht worden, dass so etwas wie der Kapitalismus je klappen könnte. Die klügsten reaktionären Zeitgenossen der Französischen Revolution begründen dir absolut stringent, warum das Leben ohne Adel nicht klappen kann.

Der wichtigste Unterschied zwischen Marx und Hegel ist der, dass Hegel sagt: Wenn wir uns lange genug anschauen, was wir wissen, werden wir wissen, wie es weitergehen wird. Marx bringt da den sogenannten subjektiven Faktor rein. Das heißt, für diesen Prozess spielt es eine Rolle, was die Leute wollen, was sie tun und was sie, während sie es tun, lernen.

Sie gelten als glühender Anhänger Lenins. Warum schreiben Sie kein Buch über Lenin, sondern ein Suhrkamp-Taschenbuch über seine Kritikerin Rosa Luxemburg?

Ich halte von niemandem so viel für richtig wie von Lenin. Von dem, was sich, bereinigt um historische Spezifika, in Thesenform bringen und heute verwenden lässt, sind das so 65 Prozent. Wenn man sagen würde: Lenin hat zehn Gebote hinterlassen, würde ich sagen: Davon sind sechseinhalb richtig. Sachen wie: Nehmt euch vor den Gewerkschaften in Acht, weil … Oder: Ein bisschen Zentralismus hat noch keinem geschadet.

An Rosa Luxemburg beeindruckt mich, wie sie Lenin mal ein bisschen von rechts und mal ein bisschen von links angreift. Sie synthetisiert aus dem Engels- oder Plechanow-Marxismus, dem Volkstümlertum ihres Geliebten und politischen Erziehers Leo

Jogiches und aus der konkreten Situation mit ihrer unglaublichen Flexibilität eine eigene Position. Die ist dann anders als die von Lenin.

Am Ende der deutschen Revolution, in der konkreten Situation, zeigt Luxemburg zwei Dinge auf: a) Lenin ist in den Grundsätzen der Organisation bestätigt. Und b) Nichts ist so gefährlich wie eine intelligente SPD-Leitung als Instrument der Konterrevolution innerhalb der Linken. Das haben die frühen deutschen Leninisten damals unterschätzt.

Wann ist das Buch fertig?

Seit Februar rechnen wir mit dem Erscheinen im übernächsten Monat. Ich habe für kein Buch bei Suhrkamp so lange gebraucht wie für diese 120 Seiten. Leben- und Werkteil sind fertig. Bis auf die Zitatkästen. Die banal serviceorientierte Reihe BasisBiographien hat dieses Erfordernis. Und leider sind die Sätze von Frau Luxemburg immer dann sehr lang, wenn sie richtig gut wird. In dem Buch *Akkumulation des Kapitals* oder in der Junius-Broschüre ist die gesamte Dialektik in einem Absatz enthalten, und dieser Absatz ist ein Satz. Das ist die Gesamtdarstellung der Position. Mir fällt es schwer zu entscheiden, was da verzichtbar ist.

Das zweite Problem ist der Wirkungsteil. Seit er fertig ist, erscheint jeden Monat ein neues Buch oder ein Text in Zeitschriften wie *International Socialism*, *Historical Materialism*, *Argument* oder auf irgendeiner Website, und ich denke: Ah, alles noch mal anders. Im Wirkungsteil sage ich, was wir von Rosa Luxemburg jetzt brauchen. Das ändert sich jeden verdammten Monat. Das heißt: Jemand muss uns stoppen, sonst erscheint das Buch einen Monat nach der Revolution, weil man erst dann weiß, was man von Rosa Luxemburg wirklich gebraucht hat.

Für eine ernsthafte Diskussion des Gesellschaftssystems ist in den großen Medien wenig Platz. Unbeirrt nutzen Sie jede Gelegenheit, diese Diskussion dort anzustoßen. Ist dabei nicht die Rolle eines Exoten für Sie vorgesehen, der alles sagen darf, weil man ihn im Grunde nicht ernst nehmen muss?

Es gibt dieses Kasperl- oder Lendenschurz-Problem, Sie sagen Exot. Dazu fällt mir Ulrike Meinhof ein. In ihren letzten Kolumnen schreibt sie mit großer Unzufriedenheit über sich als Figur, die das System, das sie zum Einsturz bringen will, auspolstert oder abfedert. Man lässt sie schreiben, und die Repräsentanten des Systems können sich zugute halten, wie liberal es doch sei. Die Meinhof hat dann den Schritt in die Jugendarbeit gemacht, um wenigstens ein paar Jugendlichen zu helfen, die in Heimen schikaniert wurden. Sie hat sie dazu gebracht, ein bisschen Rabatz zu machen, und gab ihnen den Schutz, den sie ihnen als Medienfigur geben konnte. Ich nenne das den Franz-von-Assisi-Weg. Die Meinhof hat das offenbar auch nicht zufriedengestellt. Sie ist in den Untergrund gegangen. Und eine exotische Randerscheinung geblieben, die sich dafür aufopfert, dass letztlich alles so bleibt, wie es ist. Dass sie stellvertretend verbrannt wurde, hat die Situation vielleicht sogar verschlimmert. Die Alternativen Waffe-in-die-Hand-Nehmen und Sozialarbeit-Machen sind beide nicht zufriedenstellend.

Es gibt also Lücken im System, in denen Sie daran arbeiten, dass es überwunden wird?

Kein System präsentiert sich als völlig verrückter Vampir. Jedes stellt seine Vorteile heraus. Der autoritärste Herrscher sagt: Ich beschütze euch vor einem X, vor der Kälte, dem Hungertod oder den bösen anderen, die hinter den sieben Bergen die Zähne fletschen. Nur weil ich so ein Hund bin, haben die Feinde uns noch nicht angegriffen.

Das System, in dem wir leben, behauptet von sich, pluralistisch zu sein. Es beim Wort zu nehmen ist meiner Erfahrung nach oft der einzige Weg. Ähnlich wie bei der Religionskritik, die im Mittelalter zunächst von Leuten kommt, die den religiösen Kram ernst nehmen und Textkritik machen. Sehr verkürzt ausgedrückt, ist Erasmus von Rotterdam schon der halbe Luther, Luther schon eine Art Diderot und so weiter. Insofern haben Sie recht, wenn Sie nach der Lücke im System fragen. Bei Shakespeare gibt es den Hofnarren. Der klingelt, wenn er vorbeikommt. Dafür darf er die Wahrheit sagen. Ich bin dafür, das etwas ernster zu nehmen. Sie reden sich ein, dass dieser Pluralismus existiert. Also habe ich im Moment nicht das Problem, dass ich nichts sagen darf.

Anders wäre es, wenn sich gesellschaftlich etwas bewegen würde. Gäbe es eine Sowjetunion, hätte ich die Hälfte der Sachen, die ich in der FAZ geschrieben habe, niemals schreiben dürfen. Ich darf das, weil es keine gesellschaftliche Kraft gibt, der ich damit den Rücken stärke. Die denken: Der macht sich komische Gedanken, aber befürchten nicht, dass sie einen von denen, die da unten krakeelen und mit Steinen schmeißen, bei sich im vierten Stock haben. Der liebe Frank Schirrmacher sagt über Peter Hacks Sachen wie: fabelhafter Dichter, aber halt verrückt.

Wenn du nun mit der Schelle auf dem Kopf zum Produzieren von Ideen abkommandiert wirst, kannst du immerhin ausprobieren, ob du auch richtige Ideen produzieren kannst. Das sind nur Ideen. Auf dieses »nur« lege ich großen Wert. Sie müssen immer noch zünden. Jemand muss es tatsächlich machen.

Wenn Sie also fragen, wo ich die Chancen für eine Kritik sehe, in diesem System praktisch zu werden, antworte ich dialektisch, zweifaltig: a) nirgends, weil das System so aufgebaut ist, dass es sich nicht absichtlich selber abschafft, und b) überall.

Nirgends heißt, niemand wird sagen: Hier, bitte schön, ist die Planstelle für den Umsturz. Von hier aus kannst du uns vernichten. Auf der anderen Seite gibt es viele Gelegenheiten, etwas Richtiges zu sagen. Zum Beispiel für den braven Gewerkschaftsfunktionär, der dafür da ist, die Sozialpartnerschaft aufrechtzuerhalten, und es in einer günstigen Situation einfach mal nicht macht. Unter Umständen erfordert es mehr Mut, in einer Talkshow eine sogenannte dumme Frage zu stellen, als ein 800 Seiten langes marxistisches Buch zu schreiben. Wenn man zum richtigen Zeitpunkt einen Hartmut Mehdorn oder wen auch immer fragt, ganz ernsthaft: An diesem Ostblock war die ganze Überwacherei doch so schlimm – wie ist das denn jetzt bei euch? Da verliert jemand seinen Job, weil er zwei Euro Flaschenpfand unterschlagen hat, und das findet ihr heraus, weil das System so lückenlos ist, dass ihr noch diese zwei Euro findet – warum habt ihr uns immer erzählt, dass die Überwachung in der DDR so schlimm war?

Wenn man mit so einer Frage reingrätschen kann und viele Leute erreicht, lohnt sich das. Immer mit dem kompletten Programm im Hinterkopf. Das Powerplay fängt mit dem ersten Doppelfehler des Gegners an. Je mehr Analysen man kennt, je mehr historische Beispiele man weiß, wie sie das und das gekauft und absorbiert haben, desto mehr ist man im Vorteil, wenn die anderen straucheln. Ich sehe die Bruchstellen überall dort, wo Marxisten sitzen.

Den schönsten Selbstmord von links begehen Leute, die sagen: Das sieht marxistisch aus, aber das kann es ja nicht sein, sonst wäre es nicht in der FAZ. Wenn man so weit ist, sollte man aufhören, weil man damit im Grunde die Position vertritt: Wir können nicht gewinnen, wollen nicht gewinnen. Es kann auch keinen Zufall geben, der uns in die Hände spielt, sondern unsere Analyse vom Reich des Bösen, in dem wir leben, ist so vollständig, so detailliert und so richtig, dass wir mit nichts anderem rechnen als damit, lebenslang in den Hintern getreten zu werden. Fakt ist, die Gegner schlafen auch mal.

Wurden Texte von Ihnen in der FAZ nicht gedruckt?

Ein einziger von ungefähr 600 Artikeln ist aus inhaltlichen Gründen nicht erschienen. Das liegt daran, dass diese Zeitung konservativ ist. Das Angenehme an Leuten mit konservativen Hintergründen ist, dass sie sich an Regeln halten, die sie aufgestellt haben – im Unterschied zu Sozialdemokraten und Grünen. Ein Sozialdemokrat stellt Regeln auf, weil sie nützlich sind für die Funktion, die er im Moment hat. Nächste Woche sind sie wieder weg. Die noch schlimmere Variante, die man in den letzten dreißig Jahren kennengelernt hat, ist: ökologisch, basisdemokratisch und gewaltfrei. Diese Kombination kommt an die Regierung und die Deutschen führen den ersten Krieg nach 1945, dann wird Hartz IV eingeführt. Das nennen die sozial. Basisdemokratisch? Ich lach mich tot. Was hatten wir noch? Ökologisch. Na ja, da wird in Dosenpfand investiert.

Der Konservative dagegen ist verbindlich, pünktlich und was es sonst noch alles für einen Scheiß gibt. Der hat diese komischen Regeln, und wenn du ihn dabei erwischst, dass er sie bricht, gibt es einen Skandal. Die Kirche kriegt Skandale für Dinge, über die eine SPD nur lachen würde. Wenn man nachweisen könnte, dass der SPD-Vorsitzende säuft, hurt und überhaupt keine Prinzipien hat, würde es heißen: Ja, aber er ist charismatisch, und die Leute verbinden den Aufbruch mit ihm. Ein Papst kann sich so etwas nicht erlauben.

Die von der FAZ sagen: Wir sind kosmopolitisch und liberal – man kann hier eigentlich alles schreiben, vorausgesetzt, man erfüllt die und die Standards. Fakt ist: Viele linke Autoren, mit denen ich zu tun hatte, erfüllen diese Standards nicht. Sie müssen unter Existenzbedingungen vor sich hin krebsen, in denen man bestimmte Professionalitäten nicht entwickeln kann. Wann denn? Wie denn?

Als ich zur FAZ kam, war es von Vorteil, dass ich einigermaßen manisch bin. Also, wenn es hieß: Bis 15 Uhr müssen die und die Formalitäten erledigt sein, waren sie es. Ich kann schnell sein und gründlich im Sinne von relativ fehlerfrei. Solche formalen Requirements kann ich ganz gut erfüllen.

Ihre Texte sind in den Jahren bei der FAZ verständlicher geworden, die Sätze kürzer, die Argumente klarer.

In formalen Geschichten verbirgt sich auch inhaltliche Zensur. Wenn gesagt wird: Schreibe klar, kann das heißen: Äußere keinen neuen Gedanken. Klar ist immer, was alle schon kennen. Die Herausforderung ist dann: Wie klar kann ich den neuen Gedanken machen?

Es gibt den klassischen Vorwurf, dass die Linken unverständlich sind. Das kommt aus der Natur ihrer Position. Was sich total verständlich sagen lässt, ist: Alles in Ordnung, weitergehen, es gibt nichts zu sehen. Aber es klingt kompliziert, wenn man sagen muss: Das Vokabular ist noch nicht entwickelt, aber hier … – Kritisiere mal ein System mit der Sprache, die dieses System erfunden hat! Eine andere ist nicht da. Du wirst komisch klingen, stammeln und das Bedürfnis haben, durchs Zitieren akademischer Autoritäten überzukompensieren. Linke Sprache hat diese Laster, weil sie nach etwas tastet, das kein gebrüllter Befehl ist.

So ist das zumindest bei mir. Ich möchte nicht mein ganzes

Leben damit verbringen, für Dinge zu agitieren, die ich von meiner Herkunft her selbstverständlich finde. Ständig nur: Kommunismus viel gutt mit zwei t – davon würde ich gaga werden.

Sie haben in der Öffentlichkeit sehr an Bedeutung gewonnen. Bei der FAZ waren Sie noch ein Geheimtipp aus der Subkultur. Heute gelten Sie als engagierter Intellektueller, dessen Stimme Gewicht hat. Wie reflektieren Sie diese Rolle?

Diese Planstelle hat sich sehr verändert. Das schmutzige kleine Geheimnis aller kritischen Intellektuellen, die ich aus den Achtzigern kenne, ist: Sie machten alle möglichen Unterschriftenlisten, waren aber auf jeden Fall gegen den Ostblock. Dieses Kontingent von nachdenklichen Menschen war damals wichtig. Sie mussten irgendwie links sein, also das Gute im Menschen wollen, etwas gegen Franz Josef Strauß und bestimmte Unternehmer sagen, aber auf jeden Fall nicht für die bösen Russen sein. Dafür gab es eine Menge Geld, Aufmerksamkeit und Mikrofone, die man nicht den ganzen Tag vollbrüllen konnte mit: Fresst! Kauft! Arbeitet! Die Streitigkeiten, die heute noch übrig sind, sind weniger große Ideenstreitigkeiten. Es ist nicht mehr so, dass der militärische Gegner des Westens gleichzeitig sein Ideengegner ist. Die Auseinandersetzung mit dem Islam ist ein erkennbar dürftiger Ersatz für all die Debatten um einen Dritten Weg. Niemand sagt heute, es müsse zwischen westlichem Hedonismus und mittelalterlichem Islam einen Dritten Weg geben. Aber von nichts anderem wurde damals geredet als von einem Dritten Weg zwischen dem bösen Ostblock und dem liberalen, aber kalten und unmenschlichen Westen. Diese kritischen Intellektuellen, das war die Abteilung Dritter Weg.

Hedonismus oder Islam – so wird ja gerne auch der Nahostkonflikt diskutiert. Haben Sie zu dem eine Position?

Das musste ja kommen. Palästina, hurra! ist natürlich das große Erbe des Ostblocks. Nirgendwo sitze ich gelangweilter als zwischen allen Stühlen, aber ich sage: Es muss einen Staat geben, der dem Argument entgegensteht, die Juden seien ein staatenloses Volk von Nationenzersetzern. Ich bin also etwas radikaler als Leute, die sagen: Jetzt gibt es das, lasst sie doch leben. In den sogenannten Nullerjahren war ich mehrfach in Israel, habe dort relativ wenige Palästinenser kennengelernt, aber linke Zionisten, linke Postzionisten, whatever. Gelernt habe ich: Gerade, wenn man meint, dass der Staat wichtige Errungenschaften in die Region gebracht hat, sollte man die aufeinanderfolgenden israelischen Regierungen nicht bedingungslos unterstützen. Diese extreme Position ist ein Erbe der Blockkonkurrenz. Da war egal, was ein Deutscher sagte, Ost oder West. Das war nur ein Annex. Heute geht es schnell darum, ob UN-Truppen geschickt werden, mit Bundeswehrkontingent. Positionen wie: Israel bedingungslos unterstützen versus was immer es auf der anderen Seite für einen Wahnsinn gibt, sind da extrem unangemessen.

Das Hinfahren hat die Sache kompliziert gemacht.

Da erzählt eine Frau, die man sehr mag und die bei ihrem Militärdienst in der israelischen Armee ein Peace-Zeichen um den Hals hatte, was sie da so erlebt hat. Und man sagt sich: Okay, die ganzen Debatten, die in Deutschland so stattfinden, bilden nicht ab, was die da gerade erzählt. Es klingt quietistisch, aber die Schnelligkeit, mit der Antideutsche und andere Deutsche zu einer Position kommen, die sie dann relativ faktendicht halten können, ist mir verdächtig.

Geht es am Ende nicht darum, dass Juden überall auf der Welt so wenig was Besonderes sind wie heute in New York?

Die pragmatische Frage ist damit nicht geklärt. Ich spreche mal in einem Gleichnis: Eine schnelle Kritik an der DDR ist die Kritik an der Stasi. Die teile ich. Warum? Die einzige Rechtfertigung für die Stasi ist: Die brauchen wir, sonst bricht das Ding zusammen. Es ist trotzdem zusammengebrochen, also entfällt leider die Rechtfertigung. Wenn mir jemand dartun kann: Die Leute müssen beschnüffelt werden, sonst bricht der Sozialismus zusammen, leuchtet mir das in gewissen Grenzen ein. Warum sollen immer nur die anderen eine Werkspolizei haben? Ich habe kein Problem mit Repression, die ihren Zweck erfüllt. Wenn sie den nicht erfüllt, müssen wir anders nachdenken. Für Maßnahmen der DDR gilt ähnlich wie für Maßnahmen einer israelischen Regierung: Wenn sie das Land schützen, bin ich dafür; wenn nicht, dagegen. Daraus folgt auch: nicht um jeden Preis. Wenn jemand sagt: Einer geht jetzt im Auftrag von Ulbricht nach Washington und zündet dort eine Atombombe, damit die DDR erst mal eine Atempause hat, bin ich nicht dafür. Es geht eben auch um angemessene Mittel. Ich meine: Stasi-Kritik bitte politisch und nicht moralisch und genauso Israel-Kritik bitte politisch und nicht moralisch. Politisch heißt immer: konkrete Situation, Alternativen. Und nicht: Weltanschauung, Foto und dann Scharping, also Bombardierungen.

Noch einmal zurück zu Ihrem erweiterten Wirkungskreis. Sie sind seit kurzem nicht mehr nur in popkulturellen und politischen Kreisen bekannt, sondern auch beim gewöhnlichen Gymnasiallehrer mit *Zeit*-Abo. Welche Konsequenzen hat das für Sie?

Ich frage mich natürlich schon ein bisschen, ob es mein Job oder Fluch ist, als ein extrem billiger, extrem trashiger, extrem unzulänglicher Gesamt-West-Hacks ab und zu mal auf Umfragen antworten zu dürfen wie: War die DDR vielleicht doch ganz gut? Solche Umfragen erreichen mich schon. Das Schöne ist: »Du bist ja hier der Trash-Hacks!«, das kommt immer nur vom Trash-Heiner-Müller. Ich bekomme diesen Vorwurf nur aus einer sich selbst als links verstehenden Ecke. Die heute Rechten oder die in der Nähe der Zeitung *Die Zeit* sagen eher so Sachen wie: Ich hab mal kurz auch Marx gelesen ... und dann hab ich die Bände alle verkauft, und das war, glaub ich, ein Fehler, die verkauft zu haben und so weiter.

Ich besetze momentan die Stelle von dem Menschen, den man zu den und den Themen anruft. Wenn meine liebe FAZ eine Serie zum Krisenkram macht, werde ich angerufen, wenn das Wort Verstaatlichung vorkommt. So wie ich angerufen werde, weil ein englischer Science-Fiction-Autor gestorben ist. Diese ganze Pressescheiße funktioniert über Zuständigkeiten, die in irgendwelchen Köpfen imaginiert werden. Da bleibt hängen: Der redet in dem

Alexander-Kluge-Film *Nachrichten aus der ideologischen Antike* eine Stunde lang über Marx. Wenn dann eine Glosse zu einem neu aufgetauchten Marx-Foto gebraucht wird, rufen die eher mich an als einen anderen.

Die interessante Frage wäre: Wird man zuständig für das skurrile Wissen des Sozialismus oder darüber hinaus zu so etwas wie Sachfragen vernommen? Der kritische Intellektuelle hat keinen Wert mehr, der über den Exotenwert des scientologischen Schauspielers oder vegetarischen Handballstars hinausgeht. Aber die Rolle des Experten der Rote-Mützen-Sekte im ökumenischen Konzert der komischen Sekten ist okay. Denn selbst da könnte einmal jemand sagen: Dieser Zeuge Jehovas da ist eigentlich ganz vernünftig – das hätte ich gar nicht gedacht von den Zeugen Jehovas.

Haben Sie den Eindruck, dass Ihre politische Resonanz mit dem Bekanntheitsgrad gestiegen ist?

Auf ein *Spiegel*-Interview hin haben sich Leute bei mir gemeldet, die reale politische Arbeit machen. Das war eine Sternstunde für mich. Wir standen erst einmal relativ hilflos voreinander, weil ich nur sagen konnte: Wenn euch was einfällt, gerne. Sie sagten Sachen wie: Wir haben die Intellektuellen und die Kulturleute nicht auf unserer Seite. Da habe ich geantwortet: Fragt halt.

Es war unglaublich schön, mit diesen Leuten aus politischen Organisationen, die tatsächlich existieren, eine Stunde aneinander vorbeireden zu können und plötzlich zu merken: Die interessiert das. Ich könnte es absolut verstehen, wenn es nicht so wäre. Wenn du zwanzig Jahre lang in der Gewerkschaft bist, bei Lafontaine, irgendwelchen Trotzkisten, der DKP oder in irgendeinem Wahlbündnis gegen eine lokale Schweinerei, dann hast du gewisse Erfahrungen mit den Intellektuellen: Wenn die Fernsehkamera da ist, steht der Intellektuelle dabei, rufst du ihn zwei Wochen später an und die Kamera ist weg, wird es schwierig.

Umgekehrt machen wir Intellektuellen auch so unsere Erfahrungen. Du kommst mit guten Ideen, die zum Teil naiv sein mögen, zu einer Organisation und hörst: Moment, auf unserer Rednerliste stehst du auf Platz 17, aber vorher müssen wir klären, ob hier geraucht werden darf – dann rennst du schreiend davon, weil du denkst: Mein Gott, sind das phantasielose Figuren.

Momentan ist alles sehr zersprengt. Gewerkschaftliche Arbeit, politische Publizistik – das müssen wir alles neu lernen, unter nicht mehr sozialpartnerschaftlichen Bedingungen, sondern wieder antagonistischen. Lange gab es für alles Kanäle, Dialog mit der Jugend und so. Jetzt ist nicht mehr Dialog mit der Jugend, sondern Banlieue. Das muss man alles erst wieder lernen. Ich glaube, der Weg ist relativ weit.

Bücher von Dietmar Dath

Deutschland macht dicht. Roman, 2010

Rosa Luxemburg. Biographie, 2010 (BasisBiographie)

Sämmtliche Gedichte. Roman, 2009

Die Abschaffung der Arten. Roman, 2008

Maschinenwinter. Wissen, Technik, Sozialismus. Eine Streitschrift, 2008

Das versteckte Sternbild. Roman, 2007 (unter dem Pseudonym David Dalek)

Waffenwetter. Roman, 2007

Heute keine Konferenz. Texte für die Zeitung, 2007

Dirac. Roman, 2006

Die salzweißen Augen. Vierzehn Briefe über Drastik und Deutlichkeit. Essays, 2005

Für immer in Honig. Roman, 2005 (Neuauflage 2008)

Höhenrausch. Die Mathematik des XX. Jahrhunderts in zwanzig Gehirnen. Sachbuch, 2003

Nichts legitimiert, dass der Staat zu terroristischen Mitteln greift

Raul Zelik[1]

Raul Zelik (geb. 1968) lebt nach mehreren Lateinamerika-Aufenthalten seit 1989 als Autor von Romanen, Essays und Reportagen in Berlin. Als Politologe erfüllte er Lehraufträge zur politischen Entwicklung in Bolivien und Venezuela an der FU Berlin und als Gastprofessor an der Nationaluniversität Bogotá in Kolumbien. Zelik verfasste eine Reihe von Beiträgen zur politischen Theorie. Im Baskenland und in Lateinamerika liegen seine publizistischen Arbeitsschwerpunkte. Das Venezuela-Tagebuch »Made in Venezuela« (2004) und der Roman »Berliner Verhältnisse« (2005) sind seine bisher größten Erfolge. Sein Roman »Der bewaffnete Freund« spielt vor dem Hintergrund des baskischen Konflikts auf der Iberischen Halbinsel.
Ein Gespräch über den baskischen Konflikt, politische Gewalt, die Linkspartei in Deutschland und die Entwicklung der Demokratie in Venezuela.

In Ihrem neuen Roman *Der bewaffnete Freund* ist eine Figur abwesend und zugleich immer präsent: der baskische Autor Joseba Sarrionandia. Was fasziniert Sie an diesem Mann?

Sarrionandia ist ein Schriftsteller, der als Person eine große Ausstrahlung besitzt. Er hatte immer den Drang, politischer Aktivist zu sein. Vor 27 Jahren ist er als ETA-Mitglied ins Gefängnis gekommen, dann geflohen und war eine ganze Weile verschollen. Heute ist er sicher kein aktives Mitglied mehr, er hat sich aber auch nie distanziert, seine politische Haltung nicht aufgegeben. Mit all den Kosten, die das für ihn bedeutet: Er kann deshalb bis heute nicht

1 Erstveröffentlichung in *junge Welt* am 13.10.2007
Foto © Kay Itting

zurückkehren. Auf der anderen Seite wollte er auch als Aktivist immer schreiben. Das ist eine doppelte Sehnsucht. Petra Elser und ich haben seinen in diesen Tagen im Verlag Blumenbar erscheinenden Roman *Der gefrorene Mann* übersetzt und dabei gemerkt, auf welch unprätentiöse Weise der Autor ganze Assoziationsuniversen eröffnet. Mich begeistert darüber hinaus, wie er das Baskische als Literatursprache in den sechziger und siebziger Jahren praktisch miterfunden hat. Das literarische Experiment ging einher mit dem politischen. Im Baskenland ist er so etwas wie eine Legende. Er hat als nicht mal Zwanzigjähriger und ETA-Mitglied eine wichtige Literaturzeitung mitbegründet, aus der viele große zeitgenössische Autoren baskischer Sprache hervorgegangen sind.

Was interessiert Sie am baskischen Konflikt?

Man kann im Baskenland sehen, wie in Europa Ausnahmezustände etabliert sind. Man spricht dort davon, dass in den dreißig Jahren seit dem Beginn der Demokratisierung etwa 7000 Menschen gefoltert worden sind. Bei drei Millionen Einwohnern ist das eine wahnsinnig hohe Zahl. Das kann in Europa passieren, ohne dass darüber gesprochen wird. Es darf regelrecht nicht darüber gesprochen werden. Es gibt zwar keine offizielle Zensur, dafür aber andere Ausschlussverfahren. Wenn man versucht, auf diese Dinge hinzuweisen, fällt man aus dem medialen Mainstream raus und hat Veröffentlichungsschwierigkeiten. Diese »Unsagbarkeit« ist auch der Grund, warum das Baskenland im Roman nicht ein einziges Mal beim Namen genannt wird.

Wo nehmen Sie die erschreckenden Zahlen her?

Die Zahlen stammen von Menschenrechtsorganisationen wie der »Torturaren Aurkako Taldea«, der Anti-Folter-Gruppe, aus dem Baskenland. Man kann schon davon ausgehen, dass das realistische Zahlen sind. Auch aus meinem Freundeskreis ist eine ganze Reihe von Leuten gefoltert worden. Die spanischen Kontaktsperregesetze sehen vor, dass man fünf Tage kommunikationslos ist. In dieser Zeit können verschiedene Arten von Misshandlungen systematisch vorgenommen werden.

Sie sagen, dass stabile Staatlichkeit nicht selten selbst der Grund dafür ist, dass Gewalt freigegeben wird. Können Sie das erläutern?

Man kann in den letzten Jahren eine Wiederkehr von Carl Schmitts Thesen zum Ausnahmezustand beobachten. Der autoritäre Staatstheoretiker und NS-Kronjurist gehörte in der BRD zu den wenigen Akademikern, die nach 1945 Lehrverbot hatten. Schmitt behauptete – im Übrigen ähnlich wie Walter Benjamin –, dass staatliche Souveränität, Machtausübung und Rechtsordnung eng mit der Figur des Ausnahmezustands verknüpft sind. Der italienische Philosoph Giorgio Agamben hat diese Debatte vor einigen Jahren wieder aufgegriffen und untersucht, wie die »Enthegung der Staatsgewalt«, also der Ausnahmezustand, vor allem nach dem 11. September 2001 zum Paradigma des modernen Regierens wurde. Wenn bei uns die Ermittlungsbehörden immer stärker autonom entscheiden können, wenn der Innenminister einfach so fordern kann, dass die Todesstrafe bei Terrorverdacht und dann noch von Ermittlungsbehörden angewandt werden darf, dann verweist das schon auf eine extreme »Enthegung von Gewalt«. Das Baskenland hat so etwas in den letzten dreißig Jahren schon erlebt.

Erschreckend ist, dass es dort gekoppelt war an den Demokratisierungsprozess, der Spanien in die Europäische Union führte. Es ist permanent und straflos gefoltert worden, und es wurden sogar Todesschwadronen aufgebaut wie in Lateinamerika – unter der Führung der sozialistischen Regierung Felipe González. Offensichtlich mit Wissen und Zustimmung der obersten Staatsorgane legten Terrorkommandos in den 1980er Jahren in Frankreich Bomben und brachten ziemlich wahllos Leute um. Das verweist darauf: Es gibt eine staatliche Seite des Terrorismus. Dadurch werden die ETA-Anschläge nicht besser. Ich finde, an Autobomben gibt es nichts zu verteidigen; selbst wenn nachvollziehbare Gründe vorgebracht werden, um diese Gewalt zu legitimieren. Aber andersherum gilt auch: Nichts legitimiert, dass der Staat zu terroristischen Mitteln greift.

Sie sagen, die Ablehnung von Gewalt ist nicht das Gleiche wie die Befürwortung eines Gewaltmonopols. Wie meinen Sie das?

Walter Benjamins »Kritik der Gewalt« definiert Recht als erfolgreich etablierte, in letzter Instanz aber willkürliche Gewalt. Dem staatlichen Gewaltmonopol muss daher mit großer Skepsis begegnet werden. Es gibt ja viele Leute, die das staatliche Gewaltmonopol für eine zivilisatorische Errungenschaft halten. Ich finde, das ist in dieser Schlichtheit eine falsche These. Damit will ich nicht sagen, dass ein Zustand anstrebenswert wäre, in dem sich diverse Gewalten selber regulieren. Man kennt ja solche Situationen in Slums, zum Beispiel in Lateinamerika. Da gibt es verschiedene bewaffnete Gruppen. Wer sich durchsetzt, hat dann vorübergehend, für ein paar Wochen, ein paar Monate, so etwas wie ein begrenztes Gewaltmonopol.

Das ist natürlich kein erstrebenswerter Zustand. Aber andererseits gibt es genug Hinweise, dass das auch für das staatliche Gewaltmonopol selbst gilt. In lateinamerikanischen Ländern, wo autoritäre Regierungen in den letzten dreißig Jahren versucht haben, sich durchzusetzen – egal ob das nun erfolgreich war oder nicht –, hat das auch zu brutaler, widerlicher Gewalt geführt. Und zum Teil ist diese Gewalt für die Menschen noch unerträglicher als die Herrschaft von Drogen-Gangs. Ich finde, man müsste eine andere Sache diskutieren. Man müsste fragen, wie Gewalt insgesamt gehegt werden kann. Das ist für die Linke eine wichtige Frage, denn es geht ja letztlich darum, wie Gewaltverhältnisse verschwinden. Das ist eines unserer wesentlichen Anliegen. Deswegen ist die Hegung der Gewalt das Ziel. Da gibt es unterschiedliche Dinge, die diskutiert werden müssten. Die Stärkung des Gewaltmonopols ist in der Regel nicht das adäquate Mittel dazu. Heute gibt es ja sogar wieder Leute, die sich von der Befriedungskraft imperialer Gewalt viel versprechen. In Deutschland steht der Politikwissenschaftler Herfried Münkler dafür. Münkler ist insofern eine bemerkenswerte Figur im deutschen Wissenschaftsbetrieb, als er immer noch von vielen Leuten Mitte-Links verortet wird. Dabei ist er jemand, der sich dafür ausspricht, dass Deutschland neoimperiale Politik macht, und sich dazu bekennt, weil jemand ja Ordnungspolitik machen muss. Münkler steht für eine anbiedernde akademische Haltung, die hofft, durch ihre Einflüsterungen bei den Mächtigen Einfluss zu erlangen.

Es geht darum, globale Verteilungsordnungen und Machtordnungen zu begründen, die einen großen Teil der Menschheit von der Mitgestaltung, von der Mitbestimmung über die Ressourcen fernhält. Münkler versucht das in seinem Buch *Imperien* ausführlich damit zu kaschieren, dass er sagt: »Na ja, in den Imperien hat ja auch die Peripherie profitiert. Das Imperium hat versucht, die Peripherie mit hereinzuholen.« Im Grunde macht Münkler so etwas Ähnliches wie Samuel Huntington, nur unbedeutender: Er dient sich den Eliten als Theoretiker der Herrschaft an.

Der bürgerliche Staat birgt eine extreme Form organisierter Gewalt. Was bedeutet das für eine linke, eine emanzipatorische Politik, die sich für die Abschaffung von Herrschaft einsetzt, wenn sie im Rahmen von Staatlichkeit agiert?

Das ist eine große, strategische Frage. Ich würde, wenn es um die Frage der Gewalt geht, zunächst sagen, dass es gut ist, sich nicht auf ein Terrain zu begeben, eine Auseinandersetzung zu suchen, in der der Widerspruch so stark eskaliert. Die Linke hat historisch ja sehr stark in den Kategorien des Gegensatzes und des Widerspruchs, der Zuspitzung der Widersprüche gedacht. Wenn man sich die Geschichte der siebziger Jahre in Westeuropa anschaut, glaube ich, dass sich das zumindest teilweise als Irrtum herausgestellt hat. In Italien etwa gab es eine massenhafte Desertion von Menschen aus Ordnungen heraus, auch eine breit verankerte Massenmilitanz, die sich zum Beispiel in fröhlichen Plünderungen ausdrückte, wie man sie bei Dario Fo nachlesen kann.

Die Militarisierung des Konflikts u. a. durch die Roten Brigaden hat dazu geführt, dass es für die staatliche Macht sehr einfach war, ihre Ordnung wieder zu etablieren. So hat der Krisenstab in Italien sogar versucht, diese dichotomische Zuspitzung zu fördern. Ihnen war es viel angenehmer, einen klaren Gegner wie die Roten Brigaden zu haben, als die diffuse Desertionsbewegung, wie sie Ende der siebziger Jahre für Italien kennzeichnend war. Wenn die Staatsmacht so geschickt darin ist, Gewaltverhältnisse auszubauen, ist es nicht klug, sich auf so ein Feld zu begeben. Mal abgesehen von den furchtbaren menschlichen Kosten, die das ja auch immer nach sich zieht. Die andere Sache, die ich vertreten würde, ist: Ich würde mich nicht so sehr auf die Frage einlassen, ob man sich innerhalb der Staatlichkeit oder gegen sie bewegt. Die Linke sitzt einerseits oft dem Irrtum auf, der Staat sei neutral, man könne ihn einfach reformieren. Sie verkennt dann, dass Staatlichkeit die Institutionalisierung von Herrschaftsverhältnissen ist. Andererseits ist es natürlich auch falsch zu glauben, man würde permanent gegen den Staat stehen. Man kann den Staat durchaus als ein Terrain sehen, auf dem man sich auseinandersetzt. Ich meine damit gar nicht so sehr Politik, sondern Mikroebenen: Wenn man in einer emanzipatorischen Weise städtische Sozialarbeit macht, die ja Teil von Staatlichkeit ist, kann das Gesellschaft verändern. Man steht also nicht konsequent außerhalb. Der Staat ist ein facettenreiches und widersprüchliches Feld, auf dem man sich illusionslos bewegen muss. Er integriert eine Fülle von Meinungen und Optionen. Zum Beispiel bildet sich Widerstand gegen autoritäre Bewegungen im Staat oft auch im Staatsapparat selbst heraus. Um so etwas zu begreifen, braucht es eine komplexe Staatstheorie.

Wie schätzen Sie die Rolle der Partei Die Linke im Hinblick auf emanzipatorische Veränderungsprozesse ein?

Ich bin einerseits skeptisch wegen der Zusammensetzung der Partei aus sozialdemokratischen Gewerkschaftseliten und einer staatssozialistischen DDR-Linken. Das sind aus meiner Perspektive nicht unbedingt Träger eines antiautoritären Emanzipationsprozesses. Auf der anderen Seite aber muss man sehen: Wenn Dinge zusammenkommen, sind Umformierungen möglich. Was neu entsteht, kann mehr sein als die Summe der beiden Teile. Ich finde einige Sachen, die in letzter Zeit vertreten worden sind, auch durchaus positiv. Zum Beispiel haben Oskar Lafontaine und Katja Kipping in der Diskussion um die Gewalt während der Proteste gegen den G8-Gipfel in Rostock einen klaren Kopf bewahrt und nicht eingestimmt in den Chor, der meinte, sich distanzieren zu müssen. Sie haben gesagt, wir wollen nicht nur über ein abgebranntes Auto reden, sondern darüber, welche Gewalt von den Leuten hinter dem Zaun ausgeht. Das haben selbst viele Leute der Interventionistischen Linken nicht so deutlich gesagt. Positiv finde ich zudem, dass die Linkspartei heute die Gewerkschaften unter Druck setzt, sich aus ihrer Umklammerung durch die Sozialdemokratie zu lösen. Solange man nicht glaubt, dass es sich um Träger eines anderen Politikmodells handelt, kann man sicherlich mit einigen Leuten in dieser Partei sehr sinnvoll zusammenarbeiten. Einige Leute machen sehr gute Arbeit. Um einen Bereich zu nennen, in dem ich mich auskenne: Wenn heute im Rahmen der Lateinamerika-Arbeit versucht wird, die Kolumbien-Initiativen zusammenzubringen, wird auch die außerparlamentarische Politik gestärkt.

Sie beschäftigen sich intensiv mit Venezuela. Welche Rolle spielt dort der Staat im Hinblick auf die Entwicklung einer partizipativen Demokratie?

Die Veränderungen waren nicht erst das Ergebnis der Regierungsübernahme durch Hugo Chávez. Bereits in den 1970er Jahren bildeten sich Stadtteilprojekte und vielfältige Netzwerke, die allerdings nicht sehr groß waren. Alternative Medien und Piratensender haben aber sehr interessante Impulse in die venezolanische Gesellschaft gesendet. Polizei, Militär und aufständische Plünderer, die sich noch 1989 bei den Unruhen als Feinde gegenüberstanden, bildeten dann in den neunziger Jahren wichtige Allianzen, die Chávez erst hervorgebracht haben. In diesem Prozess sind die Grenzen zwischen radikal und reformistisch weitgehend verwischt. Christlich inspirierte Leute, genossenschaftlich orientierte Leute mit sozialliberalem Hintergrund entwickelten zum Teil sehr radikale Ideen. Andererseits verteidigten klassische Marxisten plötzlich eine ziemlich zweifelhafte Wohlfahrtspolitik.

Autoren wie Gilles Deleuze oder Michel Foucault haben Begriffe entwickelt, mit denen sich solche Phänomene vielleicht als facettenreiche Prozesse der Verkettung begreifen lassen, die reich sind an unerwarteten Überschlägen und Querverbindungen. Viele Nachbarschaftsprojekte, die wir als anarchisch beschreiben würden, sind daraus entstanden, dass aus dem Maoismus oder Guevarismus hervorgegangene Kader ihre Organisation verließen oder ihre Gruppen sich aufgelöst hatten und sie ihre politische Arbeit in Nachbarschaftsprojekten fortsetzten. Wie sie das erklären, ist oft unglaublich dogmatisch, ihre Praxis aber überhaupt nicht.

Die Regierung Chávez hat diese Öffnung des politischen Raumes zwischen 1999 bis 2001 unterstützt, indem sie die bis dahin vorherrschende staatliche Repression beendete. Als sie 2002/2003 von der Massenmobilisierung durch die Aktiven in den Basisnetzwerken mehrfach vor dem Kollaps, das heißt: den Umsturzversuchen durch die Opposition, gerettet wurde, begann sie Reformprogramme, um die Basisorganisationen zu stärken und neue zu schaffen. Die Gesundheitskampagne funktionierte zum Beispiel anfangs nicht über staatliche Behörden, sondern über selbstorganisierte Gesundheitskomitees in den Nachbarschaften. Das hat die Partizipation der Bevölkerung gestärkt. Heute wird dieser Impuls von der paternalistischen Politik des Staates teilweise aber wieder unterbrochen. Wichtige Aktivisten der Basisbewegungen arbeiten heute in den Behörden, ihre ehemaligen Basisorganisationen sind schon dadurch geschwächt. Der Staat bindet die sozialen Bewegungen an sich und verhindert damit unabhängige Entwicklungen.

Sie haben mit einer Reihe von Regierungsmitgliedern gesprochen, die jetzt nicht mehr im Amt sind. Was haben Sie von denen erfahren?

Leute wie der 2005 entlassene Wohnungsbauminister Julio Montes oder die 2003 entlassenen Planungsminister Felipe Pérez und Roland Denis haben mit Modellen der Ko-Regierung experimentiert. Sie haben versucht, Stadtteilbauprojekte gemeinsam mit Barrio-Bewohnern zu organisieren. Bei öffentlichen Baumaßnahmen ist die soziale Kontrolle der einzige wirksame Schutz gegen Korruption. Vor diesem Hintergrund hatte zum Beispiel Montes die Großprojekte zunächst einmal gestoppt. Das ist von Chávez öffentlich kritisiert worden, weil anstatt von, ich nenne jetzt mal eine Hausnummer, statt der 180 000 für das Jahr geplanten Wohneinheiten nur 25 000 gebaut wurden. Das quantitative Wachstum wurde in alter staatssozialistischer Manier höher bewertet als das qualitative Wachstum. Das war nicht so erfreulich. Andererseits habe ich aber von fast allen Regierungsmitgliedern, die ich interviewt habe, zum Beispiel Exvizepräsident José Vicente Rangel, eigentlich ein ganz gutes Bild. Auch von Chávez. Er versucht in seiner Fernsehsendung, kritisches linkes Denken von Leuten wie Antonio Gramsci oder Paulo Freire breiter bekannt zu machen. Das Problem liegt nicht so sehr bei den Personen. Ich glaube, dass das eine zentrale Lehre des Realsozialismus ist. Es geht nicht darum, ob einzelne Leute gut oder schlecht sind, sondern um strukturelle Beziehungen.

Die Diskussion in den bürgerlichen Medien, dass Venezuela keine Demokratie sei, weil der private Fernsehsender RCTV die Lizenz nicht mehr bekommen hat, ist natürlich eine Farce. Es gäbe ja nichts Demokratisierenderes, als wenn ein Nachbarschaftsfernsehen eine private Lizenz übernimmt. Bedenklich sind die Bestrebungen, die Gesellschaft in jeder Hinsicht führen zu wollen. Im Gewerkschaftsdachverband UNT wird zum Beispiel gerade versucht, jene Strömungen auf Linie zu bringen, die die UNT als autonome Klassengewerkschaft betrachten. Ich finde das verheerend. Auch unter einer linken Regierung müssen Interessen von Unterdrückten autonom durch Kämpfe durchgesetzt werden, denn auch die sozialen Konfliktlinien zwischen den Klassen sind ja nach wie vor vorhanden.

Bücher von Raul Zelik

Die Vermessung der Utopie. Über Mythen des Kapitalismus und die kommende Gesellschaft. Gesprächsbuch, 2009 (gemeinsam mit Elmar Altvater)

Der bewaffnete Freund. Roman, 2007

Berliner Verhältnisse. Roman, 2005

made in venezuela. notizen über die »bolivarianische revolution«. Reportage, 2004 (mit Sabine Bitter und Helmut Weber)

bastard. die geschichte der journalistin lee. Roman, 2004

grenzgängerbeatz. Erzählungen, 2001

la Negra. Roman, 2000

Kolumbien. Große Geschäfte und staatlicher Terror. Sachbuch, 1999 (mit Dario Azzelini)

Friss und stirb trotzdem. Roman, 1997

Mit dem Fingerabdruck können Geheimdienste anrichten, was sie wollen

Juli Zeh[1]

Juli Zeh (geb. 1974) lebt in Brandenburg. Sie ist Schriftstellerin und Juristin. Schon ihr Debütroman »Adler und Engel« (2001) wurde ein internationaler Erfolg. Im Januar 2008 reichte sie gemeinsam mit dem Rechtsanwalt Frank Selbmann eine Verfassungsbeschwerde gegen den sogenannten biometrischen Pass ein. Das im Interview erwähnte Theaterstück »Corpus Delicti« wurde im Frühjahr 2009 zum Ausgangspunkt des gleichnamigen Romans von Juli Zeh. Am Ende des Jahres folgte eine CD mit der Rockgruppe Slut: »Corpus Delicti – Eine Schallnovelle«.

Ein Gespräch über ihre Verfassungsbeschwerde gegen den neuen Reisepass, Tendenzen der Entdemokratisierung in der EU und eine negative Utopie.

Warum mischen Sie sich als Schriftstellerin in gesellschaftspolitische Debatten ein?

Ich mache das, weil ich das kann. Weil ich die Möglichkeit habe, in Zeitungen zu veröffentlichen und in Interviews meine Meinung zu sagen. Ich bin in der luxuriösen Situation, eine Art Plattform für Ansichten zu haben, und die nutze ich. Wenn man mich mit fünfzehn oder vierzehn Jahren gefragt hätte, was ich einmal werden will, hätte ich gesagt: »Publizist«. Ohne zu wissen, was das überhaupt ist.

1 Leicht gekürzte Fassung eines Interviews, das am 9.8.2008 zuerst in *junge Welt* erschien.

Sie haben sich als Juristin, Schriftstellerin und als politisch denkender Mensch immer wieder zu den Ereignissen in Ex-Jugoslawien geäußert. Kommen diese verschiedenen Denkweisen miteinander in Konflikt?

Die Momente, in denen ich wirklich einen Konflikt empfinde, mich also zwischen gegenläufigen Argumentationen nicht entscheiden kann, sind eher selten. Ein solcher Fall ist die Unabhängigkeitserklärung des Kosovo. Meine völkerrechtliche Prägung sagt mir ganz klar: Das war ein Völkerrechtsbruch. Das politische Verständnis sagt: Das ging aber nicht anders. Was wäre denn die Alternative gewesen? Menschlich würde ich vielleicht sagen: Irgendwie freue ich mich für die Kosovaren. Die haben sich das lange gewünscht. Worauf sich sofort eine Stimme einschaltet: Wieso identifizierst du dich mit denen mehr als mit der anderen Seite?

Als Ihr Theaterstück *Corpus Delicti* im vergangenen Jahr im Rahmen der Ruhrtriennale uraufgeführt wurde, hieß es in der Presse, Sie seien der »weibliche George Orwell der Gegenwart«. Worum geht es in dem Stück?

Das Stück ist eine Negativutopie, die die heute bereits sichtbaren Tendenzen zum Beispiel im Datenschutz dreißig bis vierzig Jahre in die Zukunft fortdenkt. Es geht um ein Staatsverständnis, das den Menschen nicht mehr als Bürger sieht, der sich über die Teilnahme am öffentlichen Diskurs definiert. Das System in meinem Stück würde quasi den alten Oma-Satz »Hauptsache, wir sind gesund« zum Artikel eins seines Grundgesetzes machen. Der Staat vertritt die Meinung, das menschliche Glück wird in erster Linie über einen leidens- und störungsfrei funktionierenden Körper bestimmt. Als das einzig verbindende Element zwischen den Menschen, auf das ein kollektives System sich stützen kann, bleibt der biologisch-physische Überlebenswille, auf den man uns runterrechnen kann, wenn man alles kulturell Geprägte, das Ideelle, eventuell auch das Ideologische abzieht. Damit wird die logische Konsequenz gezogen aus einer Betrachtungsweise, die das Ende des zwanzigsten Jahrhunderts in der westlichen Hemisphäre als Prozess der Entideologisierung begreift: Wenn wir den Menschen nicht mehr geistig ansprechen können, dann sprechen wir eben seinen Körper an und kümmern uns um diesen. Das Stück zeigt anhand einer ganz klassischen David-gegen-Goliath-Situation, wie ein solches System sich zwingend totalitär entwickeln würde. Ein Einzelkämpfer, der ursprünglich gar nicht politisch ist und das System nicht angreifen wollte, gerät infolge von bestimmten Ereignissen in die Zwänge des Apparates. Er wird einer Hexenjagd ausgesetzt und muss seine Rolle als Gegner und Sündenbock des Systems definieren.

Ist *Corpus Delicti* Ihre erste Theaterarbeit?

Ich habe zuvor ein, zwei Stücke für die Schublade geschrieben, ohne Ambition, daraus etwas zu machen. Zwei Jahre zuvor habe ich zaghaft begonnen, andere dramatische Formen auszuprobieren. Ich habe ein Hörspiel und ein Drehbuch geschrieben. *Corpus Delicti* war mein erstes wirklich ernst gemeintes Theaterstück. Diese Erfahrung war ganz wunderbar, denn ich habe festgestellt, dass es mir beim Schreiben eines Bühnentextes viel leichter fällt, eine klare, unverblümte politische Kritik, Aussage, vielleicht sogar Botschaft, unterzubringen als in einem Roman. Die Gründe sind mir selber noch nicht ganz klar. Irgendwie muss mir die Tatsache, dass das hinterher von Schauspielern in einer Echtzeit-Situation gesprochen wird und ich mir das beim Schreiben schon vorstelle, den direkten Zugriff erleichtern. Beim Romanschreiben bekomme ich immer ein mulmiges Gefühl, wenn ich zu viele meiner eigenen politischen Ideen auf meine Figuren abwälze. Ich versuche dabei immer, das Meinen zu unterlassen. Beim Stückeschreiben hatte ich diese Bandagen nicht. Das ist der Grund, warum ich garantiert in dieser Form weiterarbeiten werde, wenn man mich lässt.

Der totalitäre Zukunftsstaat Ihres Stücks geht aus Tendenzen hervor, die Sie bereits heute in den westlichen Staaten erkennen zu können glauben. Woher rührt Ihr kritischer Blick auf den Zustand der Demokratie?

Ich komme aus dem Westen und damit aus einem Schulsystem, in dem einem über Jahre hinweg in fast allen Fächern erklärt wird, was Demokratie ist, dass sie das Beste ist, was es gibt. Sozusagen die letztmögliche Staatsform, und dass wir auf die Demokratie verpflichtet sind aufgrund unserer Nazivergangenheit. Ich habe das geglaubt. Nicht nur insofern, als ich dachte und immer noch denke, dass dieses System extreme Vorteile hat und wir daran festhalten sollten, sondern ich habe auch geglaubt, dass es die andere Seite, womit ich jetzt »den Staat« ganz pauschal bezeichnen will, ernst meint. Grundlegend ist für mich ein Menschenbild, in dem der Mensch, vereinfacht gesagt, nicht von Natur aus böse, sondern kooperationswillig ist. Ein soziales Wesen, das schlau genug ist, um ein Recht auf Mitbestimmung zu haben. Die Rechte, die damit zusammenhängen, müssen geschützt werden. Für mich war das Schockierende, das hat mich wirklich für eine gewisse Zeit richtig fassungslos hinterlassen, der Beginn dieses Antiterrorkampfes, wo man mitverfolgen konnte, wie ohne Not binnen allerkürzester Zeit und bis heute Grundrechte preisgegeben werden, und zwar ohne mit der Wimper zu zucken. Irgendwann habe ich mich über mich selbst geärgert, so nach dem Motto: »Wie blöd kann man mit über zwanzig eigentlich noch sein?« Mir war nicht klar, wie wenig der Schutz der Bürgerrechte in unserem Politikverständnis verankert ist. Ich habe gedacht, die Grenze des Unantastbaren ist viel weiter. Jetzt stellt sich heraus: Sie lässt sich ganz leicht verschieben, und ein Ende ist noch gar nicht abzusehen. Viele Leute stört das aber überhaupt nicht. Wenn sie in der Zeitung von Onlinedurchsuchung oder Vorratsdatenspeicherung lesen und dazu befragt werden, antworten sie: »Wer nichts zu verbergen hat, dem kann auch nichts passieren.« Ich habe das als Erosion des demokratischen Denkvermögens bezeichnet. Wer so denkt, gehört in eine Diktatur. Denn das ist genau die Haltung, mit der man sich als Untertan weiterhilft und durchmogelt. Ducken, den Staat nicht ärgern, auf der richtigen Seite stehen und sich immer sagen, die, die es erwischt, die werden schon irgendetwas verbrochen haben.

Sie selbst haben sich entschieden, aktiv zu werden und sich zu wehren.

Am 28. Januar haben Sie zusammen mit dem Rechtsanwalt Frank Selbmann eine Verfassungsbeschwerde eingereicht.

Wir klagen gegen das Gesetz, das die biometrischen Pässe in Deutschland einführt, also Reisepässe, die mit einem Fingerabdruck versehen sind. Wir halten dieses Gesetz für verfassungswidrig. Unschuldigen Menschen Fingerabdrücke abzunehmen, also sie erkennungsdienstlich zu behandeln, das geht zu weit. Der Staat darf die körperliche Intimzone des Menschen nicht antasten, solange dieser nicht eines konkreten Verbrechens verdächtigt wird. Der Fingerabdruck hat einen ganz hohen Symbolwert. Bislang galt: Wer die Fingerabdrücke abgenommen bekommt, muss damit rechnen, längere Zeit in geschlossenen Räumen zu verbringen. Juristisch schwerwiegender ist aber das folgende Argument: Der Gesetzgeber hat bisher in keiner Weise dargelegt, wozu die Regelung gut sein soll.

Es wird behauptet, sie würde der Sicherheit dienen, indem die Pässe fälschungssicher würden. Aber der alte Pass gehört zu den sichersten der Welt. Es gab bisher nur fünf Passfälschungen. Der Gesetzgeber behauptet, das Gesetz würde die Identitätsfeststellung sicherer machen und dadurch Terroranschläge verhindern helfen. Das ist vollkommener Blödsinn, denn man verhindert einen Anschlag nicht dadurch, dass jemand einen Fingerabdruck in seinem Pass hat. Terroristen, die Anschläge verübt haben, hatten bislang immer ihre echten Pässe dabei. Hier stimmt in der Gesetzgebung das Verhältnis von Mittel und Zweck einfach nicht mehr. Dadurch ist das juristisch schnell zu kippen.

Hinzu kommt: Das technische Verfahren ist nicht sicher. Die haben sich überhaupt nicht darum gekümmert, was eigentlich passiert, wenn man mit so einem Pass tatsächlich die Welt bereist. Es wird ganz bestimmt so sein, ich bin bereit, das zu beschwören, dass sämtliche Stellen auf der ganzen Welt, denen man diesen Pass vorlegt, den Fingerabdruck auslesen und speichern werden. Der Bürger hat hinterher keinerlei Einfluss darauf, was mit seinen Daten im Ausland passiert. Die können jederzeit benutzt werden, um ihm zu schaden, wenn das gerade opportun ist. Man kann die Fingerabdrücke nachmachen und irgendwo hinterlassen. Geheimdienste können damit anrichten, was sie wollen. Das ist eine bedrohliche Vision. Deswegen haben wir uns entschieden, was dagegen zu machen.

Das Problem ist aber, dass das Gesetz auf einer europarechtlichen Verordnung fußt. Heute wird ja oft »über Bande gespielt«: Das heißt, wenn die Regierung denkt, sie kriegt eine Maßnahme im nationalen Parlament nicht durch, dann wird das über Brüssel gemacht, kommt von dort zurück, ist dann verpflichtend und muss umgesetzt werden. Was wir jetzt gerade erlebt haben bei dem neuen EU-Vertrag, ist ja, dass das einzige Land, in dem es eine Volksabstimmung gegeben hat, um ihn zu ratifizieren, das war Irland, den Vertrag abgelehnt hat. In allen anderen Ländern wird das Volk gar nicht erst gefragt, da gehen die Sachen dann so durch. Was basisdemokratisch durchsetzbar ist und was auf anderen Wegen gemacht wird, klafft weit auseinander. Ich gehöre aber nicht zu den Leuten, die sagen: »Demokratie ist immer gut.« Das gesamte europäische Projekt war nur aufgrund einer Entbürokratisierung überhaupt möglich. Wenn die EU nicht ein großes Stück am Volk vorbei funktionieren würde, dann gäbe es sie im Jahr 2008 nicht in dieser Form. Aus meiner Sicht hört der Spaß aber in dem Moment auf, wo es nicht mehr um wirtschaftliche Themen, sondern um Justiz, Inneres und Verteidigungspolitik geht. Immer, wenn der Kernbereich von dem, was die EU als Wirtschaftsorganisation gemacht hat, verlassen wird, kann man diese zähneknirschende Toleranz gegenüber einem Stück Entdemokratisierung zum Zweck besserer europäischer Zusammenarbeit nicht mehr mitgehen. Andere mögen das anders sehen, aber da ist meine persönliche Grenze. Spätestens, wenn wir auf europäischer Ebene Innenpolitik machen, läuft das so nicht mehr.

Aber in unserem Fall wird der Rechtsweg ganz erheblich erschwert. Denn gegen Gesetze, die auf Richtlinien oder Verordnungen der Europäischen Union beruhen, kann man vor dem Bundesverfassungsgericht eigentlich nicht klagen. Die Zulässigkeit unserer Klage ist daher das Hauptproblem.

Wie läuft so ein Verfahren eigentlich ab?

Das Verfahren hat zwei Stufen. Wir befinden uns gerade auf der ersten. Unser Fall hat eine europarechtliche Komponente, aber auch eine Komponente innere Sicherheit. Daher zanken sich die verschiedenen Senate, also die Entscheidungskammern des Gerichts, noch darüber, wer überhaupt zuständig ist. Wenn die unter sich ausgemacht haben, wer den Fall bekommt, dann ergeht eine Entscheidung über die sogenannte Zulässigkeit. Das Gericht untersucht, ob es die Sache zur Entscheidung annimmt. Ein Großteil aller Fälle wird schon auf dieser Stufe abgewiesen, was bedeutet, dass gar keine Entscheidung erfolgt. Sie sagen dann: »Wir sind nicht zuständig.« Oder: »Ihr habt die Verfahrensvorschriften nicht eingehalten.« Unsere Klage steht diesbezüglich leider auf wackeligen Füßen. Wir befürchten daher, dass sie abgewiesen werden wird. Sollte das aber nicht der Fall sein, was juristisch eine absolute Revolution wäre, hätten wir sehr gute Chancen. Denn gegen unsere Argumentation kann man juristisch kaum etwas sagen. Aber würde das Gericht die Sache tatsächlich beleuchten, wäre ein europaweiter Skandal impliziert. Denn das Europarecht könnte nicht funktionieren, wenn die Verfassungsgerichte der einzelnen Mitgliedsstaaten dauernd sagen würden, dieses oder jenes Umsetzungsgesetz gefällt uns nicht. Das bedroht die sogenannte Homogenität, also die Idee eines gemeinsamen Rechtsraums in ganz Europa. Wenn Karlsruhe unsere Klage annehmen würde, wäre das ein Ausscheren aus der europäischen Idee, dass man die nationale juristische Kontrolle zurückstellt.

Müsste der Schutz der Grundrechte nicht über der Schaffung eines gemeinsamen Rechtsraumes stehen?

Ja, aber auch das Europarecht fußt schon auf Grundrechten. Im Zuge des Vertrags von Lissabon wird erstmalig über ihre Kodifizierung nachgedacht. Der Europäische Gerichtshof hatte jedoch schon immer ungeschriebene Grundrechte, die er schützt. Daher die Idee, dass der Grundrechtsschutz von uns Deutschen immer dann, wenn es ums Europarecht geht, auch auf europäischer Ebene gewährleistet wird. Das Bundesverfassungsgericht als unser Ansprechpartner sagt in der sogenannten »Solange«-Entscheidung sinngemäß: »Solange dieser Grundrechtsschutz auf europäischer

Ebene besteht, sind nicht wir, sondern ist der Europäische Gerichtshof zuständig.« Wir halten in unserer Klage dagegen, dass diese Prämisse eben nicht mehr erfüllt wird, dass die Grundrechte im Bereich Datenschutz auf europäischer Ebene nicht ausreichend geschützt werden, jedenfalls nicht auf dem gleichen Niveau wie bei uns. Deswegen müsste das Verfassungsgericht, wenn es seiner eigenen Argumentation folgt, konsequenterweise sagen: »›Solange‹ gilt nicht mehr. Jetzt entscheiden wir in dieser Sache, um zu verhindern, dass der stärkere deutsche Grundrechtsschutz dem schwächeren europäischen angepasst wird.« Das Ganze ist aber ein Rechtspolitikum. Die werden nicht zugunsten von schönen demokratischen Ideen entscheiden, sondern die europapolitischen Konsequenzen abwägen.

Manche Linke beklagen, dass in der EU die freie Marktwirtschaft als im Grunde einzig verfassungsmäßiges Ordnungsmodell festgeschrieben wird, während das Grundgesetz zumindest theoretisch die Möglichkeit eröffne, die Wirtschaftsordnung auf demokratischem Wege zu verändern.

Das ist sehr theoretisch und hat praktisch wenig Bedeutung. Zum einen ist die EU nach wie vor eine supranationale Organisation, also kein Staat, sondern ein Zusammenschluss, der von jedem einzelnen Staat gekündigt werden kann. Die EU hat weder eine Verfassung, auch wenn die versuchen, das so zu nennen, noch gibt es daher eine Wirtschaftsverfassung, die festgeschrieben worden wäre. Vielmehr haben sich Regierungen unter der Prämisse geeinigt: »Solange wir Marktwirtschaft betreiben, können wir das zusammen machen, weil das der Marktwirtschaft förderlich ist.« Es gibt keine Verfassung, wo drinsteht: »Kapitalismus forever«, sondern die EU ist zumindest juristisch, nach meiner Sicht aber auch tatsächlich, eine andere Organisationsform. Zum anderen ist das Grundgesetz zwar in gewisser Weise wertneutral gegenüber der Wirtschaftsordnung Deutschlands, aber: Wirtschaftsverfassungen ändern sich nicht per Parlamentsbeschluss. Das passiert entweder aufgrund von revolutionären Umbrüchen, blutigen oder friedlichen, oder es passiert überhaupt nicht. Wenn es aber in Form einer Revolution passiert, dann ist völlig egal, was im Grundgesetz steht oder nicht.

Bücher von Juli Zeh

Angriff auf die Freiheit. Streitschrift, 2009 (mit Ilija Trojanow)
Corpus Delicti. Roman, 2009
Schilf. Roman, 2007
Alles auf dem Rasen. Essays, 2006
Spieltrieb. Roman, 2004
Die Stille ist ein Geräusch. Eine Fahrt durch Bosnien. Reportage, 2002
Adler und Engel. Roman, 2001

Das Gegenmodell heißt: völlige Umwälzung der Verhältnisse

Ilija Trojanow[1]

Ilija Trojanow, 1965 in Sofia geboren, lebt in Wien. Er ist Autor von Romanen und Reportagen, die in viele Sprachen übersetzt wurden. Für seinen Bestseller-Roman »Der Weltensammler« (2006) erhielt er den Preis der Leipziger Buchmesse. Mit Ranjit Hoskoté verfasste er die Streitschrift »Kampfabsage. Kulturen bekämpfen sich nicht – sie fließen zusammen« (2007). Ein Gespräch über die Erfahrung des Exils, engagierte Literatur, Anarchismus, die Folgen kapitalistischer Globalisierung und die Notwendigkeit einer radikalen Alternative.

Sie sind in Bulgarien geboren, haben in Kenia die Schule besucht und in Deutschland studiert. Aus was für einer Familie kommen Sie, welches Milieu hat Sie in Ihrer Jugend geprägt?

Es ist die Besonderheit eines Exilantendaseins, dass die Flucht aus dem Herkunftsland oft auch einen Milieuwechsel impliziert. In Bulgarien hatten meine Eltern und ich in durchschnittlichen Verhältnissen gelebt. In dem einen Zimmer unserer kleinen Wohnung lebten meine Eltern und ich, in dem anderen mein Onkel und meine Tante. Im Wohnzimmer schlief die Großmutter. Die Herkunft der Familie ist sehr disparat. Ein Großonkel war der Patriarch von Bulgarien. Dann gab es da den ersten großen Literaturkritiker Bulgariens und einen der ersten richtigen Industriellen aus der Stadt Trojan. Andere Teile der Familie waren verarmte kleine Händler. Mein Großvater war Operndirektor und einer der wenigen sehr

1 Erstveröffentlichung in *junge Welt* am 31.5.2008
Foto © Thomas Dorn

frühen bulgarischen Kommunisten. Der Onkel, der bei uns wohnte, hat als Erster, und soweit ich weiß Einziger, zu Lebzeiten Stalins eine Stalinstatue in die Luft gesprengt und wäre zum Tode verurteilt worden, wenn nicht während seines Prozesses Stalin gestorben wäre. Er hat dann lebenslänglich bekommen und ist nach vielen Jahren Einzelhaft freigelassen worden.

Die mit Abstand tiefste Erfahrung sozialer Unterprivilegierung habe ich in jenem halben Jahr gemacht, das wir in zwei Flüchtlingslagern in Italien und Deutschland verbrachten. Das hat mich sehr geprägt, weil ich sechs Jahre alt war. Das ist ein Alter, wo man solche großen Veränderungen im Leben sehr intensiv wahrnimmt. Meine lineare Erinnerung beginnt hier. Kenia war dann ein völliger Bruch. Plötzlich erlebte ich eine privilegierte, postkoloniale Existenz: Häuschen, Diener, Auto. Ein sozialer Aufstieg, wenn man so will. Andererseits wurde ich, um Englisch zu lernen, auf ein Internat geschickt, das sehr streng und britischer als die britischen Internate war. Das Essen war unter aller Sau: Jeden Morgen Porridge, was ich gehasst habe. Nachmittags gab es körperliche Ertüchtigung. Das war paramilitärisch. Da ich schon damals enorme Probleme mit Autoritäten hatte, war ich fast jede Woche beim Schulleiter. Der hat sich irgendwann die Predigten gespart und nur gesagt: »Du wieder. Dreh dich um. Bück dich.« Dann zischte der Bambusstock. Als Acht- oder Neunjähriger habe ich gelernt, dass Strafe ein ziemlich absurdes Prinzip ist, weil man das irgendwann souverän wegsteckt und eine Art rebellischen Stolz entwickelt. Gegenwind macht mich eher stark. Das hängt wohl mit dieser Internatszeit zusammen, die mich im Alter von sieben bis zwölf sehr stark geprägt hat. Andererseits gab es eine schöne Bibliothek. Ich habe viel gelesen. Die Schülerschaft teilte sich in jeweils ein Drittel Afrikaner, Inder und Europäer, die innerhalb des Internats völlig gleichgestellt waren. Was es gab, waren Ressentiments. Ich habe selbst erlebt, was es heißt, ein Fremder zu sein. Als ich in die Schule kam, konnte ich fast kein Englisch. Nach einem Jahr war ich der Klassenbeste. Wenn Leute in meinen Veranstaltungen sagen, die liberale Demokratie, das sind die wahren europäischen Werte. Dann kann ich aus eigener Erfahrung sagen: Das ist nur die eine Seite der Medaille. Die andere Seite ist: Diese Rechte gelten nur für manche Leute. Ich weiß, wie es ist, nicht dazuzugehören. Wenn du schwarz, braun, gelb, Moslem, Hindu oder sonst etwas bist, dann gelten diese Rechte für dich nicht.

Rührt von der rebellischen Seite, die sich in Ihrer Kindheit herausgebildet hat, auch Ihr Interesse für den Anarchismus?

Ich würde das nicht als Interesse, sondern als Leidenschaft bezeichnen. Wo das herkommt, kann ich nicht genau rekonstruieren. Ich habe ein Problem mit Hierarchien. Ich habe daher noch nie in meinem Leben für jemanden gearbeitet. Ich flippe völlig aus, wenn Leute mir Befehle geben. Ich kann das nicht unterdrücken und schreie herum. Das ist mir hinterher peinlich. Ich kriege auch regelmäßig Ärger bei Flughafenkontrollen. In den USA haben sie mich neulich wieder herausgeholt und drei Stunden in einen Raum eingesperrt, weil ich auf deren dümmliche Fragen zu frech geantwortet habe. Ich habe als Jugendlicher *Unter dem Pflaster liegt der Strand* und eine Bakunin-Ausgabe gelesen. Seitdem ich mit etwa fünfzehn Jahren erkannt hatte, dass der Anarchismus die einzige würdevolle, unkorrumpierbare, souveräne Position eines freiheitsliebenden und freidenkerischen Menschen ist, habe ich mich politisch nicht mehr bewegt. Das Problem, das ich mit der anarchistischen Szene in Deutschland jedoch immer gehabt habe, ist dieses Kleindenkerische, eine Gruppe gegen die andere, diese Selbstzerfleischung, dass jemand, der eine andere Meinung hat, exkommuniziert wird. Ich habe einen Zugang zum Spirituellen, womit die meisten nicht umgehen können. Was ich auf den Tod nicht ausstehen kann, ist zudem Unprofessionalität. Meine Haltung war von Anfang an: Wenn ich etwas aus Idealismus mache, dann muss ich es erst recht perfekt machen.

Nach Afrika und Deutschland haben Sie mehrere Jahre in Bombay verbracht und sagen heute, das sei die interessanteste Stadt, die Sie kennen. Warum?

Bombay hat mich jeden Tag herausgefordert. Ich habe dort fünfeinhalb Jahre lang gelebt. Alle großen Themen und Konflikte der

Menschheit werden an einem Ort sichtbar. Die wachsende indische Mittelschicht orientiert sich völlig an der Oberschicht. Da sie die Armut real nicht abschaffen kann, wird sie entweder medial abgeschafft; das heißt, sie kommt in den unzähligen Privatsendern nicht vor. Oder sie wird ghettoisiert. Jeder, der ein bisschen zu Geld kommt, versucht, in privilegierte Inseln reinzukommen. Sei es in Clubs, wo man seine Ruhe hat, sei es in irgendwelche Hochhäuser, wo man oben über das Gewusel, den Dreck und die täglichen Provokationen der Stadt hinwegschaut. Oder in sogenannte *Gated communities* (abgesperrte und gesicherte Wohnanlagen, TW), die ja weltweit rasant zunehmen. Alle sozialen Konflikte, kulturellen Positionierungen, religiösen Manipulationen sind in diesem Moloch zusammengebracht. Aber auch alle Segnungen einer großen offenen Stadt, in der viele Menschen miteinander zu tun haben, sich gegenseitig anhören, beeinflussen. Es gibt unglaublich viele Organisationen, angefangen von verschiedenen Slumbewohnergruppen bis hin zu verschiedenen Nichtregierungsorganisationen. Bombay ist eine Stadt, in der sehr viele kleine Rebellionen stattfinden, die stellvertretend sind für die großen Konflikte. Ich habe viele wunderbare Menschen getroffen. Die Stadt kehrt das Beste und das Schlechteste im Menschen hervor. Manchmal lässt sie einen grundsätzlich an der Existenz der Menschheit zweifeln, dann wieder zeigt sie, was die Menschen an Größe, Güte, Demut, Empathie, Opferbereitschaft, Gnade und Solidarität auf die Beine stellen können.

Sie mischen sich allein oder in Zusammenarbeit mit anderen Autoren regelmäßig in politische Debatten ein. Was treibt Sie dazu?

Zur Poetologie meines Schreibens gehört, um ein Sprichwort aus Simbabwe zu zitieren, die Überzeugung, dass erst die Ohren der Zunge Leben geben. Ich habe einen ganz starken kommunikativen Impuls und kann mit genialistischer Eigenproduktion oder einer *l'art pour l'art* (Kunst um der Kunst willen, TW) überhaupt nichts anfangen. Das geht mir wirklich am Arsch vorbei. Ich suche die dialogische Form, die in eine Symbiose mündet. Mich bestärkt es, wenn ich Menschen finde, mit denen es eine so enge Zusammenarbeit gibt, dass man zum Schluss sagen kann: »Das ist unser gemeinsamer Text.« Nach meiner Zusammenarbeit mit Ranjit Hoskoté in *Kampfabsage* und Chenjerai Hove in *Hüter der Sonne* wird ein drittes Projekt mit Juli Zeh dazukommen: ein frontaler Angriff gegen die Zerstörung der Bürgerrechte und der letzten Überreste einer demokratischen Gesellschaft. Ich will andere Menschen erreichen, erfreuen, beglücken, bewegen und verändern. Wenn ich auch nur im Entferntesten daran zweifeln würde, dass das möglich ist, würde ich nicht schreiben bzw. nicht publizieren. Das Wort ist ein gewaltiges Instrument. Wenn man ein gewisses Talent hat, wieso sollte man dieses Instrument nicht nutzen? Das Menschsein ist auch ein lebenslanger Kampf um die Verbesserung seiner selbst, um die Liebe anderer Menschen und für eine bessere Gesellschaft. In diesem Kampf muss man sich fragen: »Was sind meine Talente?« Ich habe nur ein Talent. Ich kann ganz gut mit dem Wort umgehen. Das ist sozusagen meine einzige Waffe, und die benutze ich auch.

Zusammen mit Ihrem Koautor Ranjit Hoskoté mischen Sie sich mit dem Buch *Kampfabsage* in die Debatte um den sogenannten Kampf der Kulturen ein. Wer ist Hoskoté und was sind Ihre gemeinsamen Hauptthesen?

Ranjit ist einer der bekanntesten indischen Dichter, Kunstkuratoren und Intellektuellen. Er kommt aus der undogmatischen Linken und war Redakteur der führenden Tageszeitung *Der Hindu*. Um unser gemeinsames Buch besser vermarkten zu können, hat es der Verlag mit der Debatte um den Kampf der Kulturen verbunden. Sein Inhalt geht aber viel tiefer. Wir haben versucht zu zeigen, was für ein Unfug es ist, wenn man die kulturelle Entwicklung in starre Kategorien und Regelwerke fasst und politisch instrumentalisiert. Was als Kanon oder eigene Tradition verkauft wird, stammt meist aus einem Prozess der Bastardisierung oder Hybridisierung, der nur deshalb unter den Tisch gekehrt werden kann, weil er historisch schon etwas zurückliegt. Unsere Metapher der Zusammenflüsse meint Folgendes: Ein Fluss trägt von der Quelle bis zur Mündung denselben Namen. Sein Inhalt wird aber entscheidend von dem geprägt, was seine Zuflüsse herantragen. Oft haben sie einen viel größeren Anteil als der Ursprungsfluss. Kulturgeschichtliche Darstellungen müssten solche Zusammenflüsse beleuchten, statt sie hinter Einheitsbegriffen zu verbergen, mit denen die Vergangenheit konstruiert wird. Das Nationalstaatliche und das Patriotische sind dafür besonders prägnante Beispiele. Auch die europäische Identität oder das christliche Abendland sind solche Konstrukte. Der Begriff judeochristlich ist zum Beispiel erst nach dem Zweiten Weltkrieg aufgekommen. Wenn man die Geschichte des christlich-jüdischen Zusammenpralls anschaut, macht er einen ja eher stutzig: Hunderte Jahre Verfolgung, Unterdrückung und Ermordung der Juden im Abendland. Trotzdem wird der Begriff in den letzten fünfzig Jahren immer stärker als ein identitätsschaffendes Muster für das verwendet, was angeblich unser ist: die westliche Zivilisation samt monotheistischem Denksystem und der Trennung von Kirche und Staat. Politisch gehört der Begriff inzwischen zum Selbstverständnis der US-Außenpolitik, die auf alle differenzierteren und kritischen Positionen zu Palästina hysterisch reagiert. Wenn es politisch opportun ist, kann man jede Form von Identität konstruieren. Die Einflüsse des Judentums auf das christliche Abendland sind nicht größer als die der islamischen Welt. Wir beschreiben in unserem Buch, wie die islamische Philosophie die westliche Rationalität mitbegründet hat, wie die Mathematik und die Medizin revolutioniert wurden. Wenn ich die Mittel zur Verfügung hätte, um das propagandistisch durchzusetzen, würden die Leute in zehn Jahren sagen: Wir haben eine judeochristlich-islamische Identität, Geschichte oder Tradition.

Sie schreiben in Ihrem Buch, dass die kapitalistische Form der Globalisierung einem intensiven und dynamischen Austausch der Kulturen entgegenstehe. Warum ist das so?

Jeder, der in der sogenannten Dritten Welt gelebt hat, weiß, wie einheimische traditionelle Techniken und Formen in einem rasanten Tempo weggeweht werden. So schnell wie im Moment manche Gletscher schmelzen, verschwinden in der Musik oder in der mündlichen Überlieferung gewisse Formen, die Jahrhunderte oder Jahrtausende Bestand hatten, weil es mit MTV International, billigen Musikkassetten, Handys, Radio und Fernsehen einen Angriff auf die lokalen Kulturen gibt. Künstler aus diesen Ländern resignieren. Sie sagen, dass es kaum noch junge Menschen gibt, die zum Beispiel die indische klassische Musik studieren, die genauso komplex ist wie die westliche klassische Musik und in zehn bis zwanzig Jahren mühsam erlernt werden muss. Die talentierten jungen Leute erstreben wirtschaftlichen Erfolg, der sich in vielen dieser altertümlichen Kunstformen aber nicht mehr erzielen lässt. Als Griots (Sänger, Balladen- und Geschichtenerzähler vor allem in Westafrika, TW) können sie nicht weltweit hip werden bzw. müssen in einer Bierzeltatmosphäre bei André Heller im Hintergrund spielen, während im Vordergrund ein äthiopischer Gaukler mit Bällen jongliert. Das ist entwürdigend für Leute, die in einer jahrtausendealten Tradition des Gesangs, der Poesie, der Heilkraft und des sozialen Kommentars stehen, aus diesem Kontext herausgerissen werden und nur noch als Versatzstücke in so einem globalen Brei missbraucht werden. Das Aussterben der Vielfalt an Arten, Sprachen, Kulturen und selbst des Klimas ist momentan eine Realität.

Gibt es zur kapitalistischen Globalisierung überhaupt eine Alternative?

Dass es zu ihr keine Alternative geben kann, ist schon logisch eine absurde Behauptung. Das Gegenmodell heißt: völlige Umwälzung der Verhältnisse. Bloß kosmetische Veränderungen reichen nicht aus. Die Klimaforscher sind da momentan die Radikalsten. Sie sagen: Hier zehn Prozent minimieren, da mal fünf Prozent – das ist alles für die Katz. Erstens wirkt das erst nach dreißig Jahren und dann sind wir durch so viele Melt-down-Effekte gegangen, dass es völlig irrelevant ist. Wir müssen die Formen des globalen kapitalistischen Wirtschaftens überdenken. So wenig wie nie zuvor in der Menschheitsgeschichte korrelieren die Lösungsansätze und der Widerstand mit den Problemen, denen wir gegenüberstehen. Im 19. Jahrhundert gab es noch ein gewisses Verhältnis zwischen den sozialen Problemen und dem Widerstand gegen die herrschenden Verhältnisse. Das ist heute völlig aus dem Ruder gelaufen. Dieser Tage wird zum ersten Mal öffentlich diskutiert, was seit Jahren alle Fachleute predigen: dass die Menschheit sich bald nicht mehr wird ernähren können. Das sind Katastrophen von unvorstellbarer

Größenordnung, dass eine Milliarde Menschen verhungern könnte. Eigentlich müsste es eine Erschütterung der herrschenden Gewissheiten geben. Stattdessen existiert so eine sozialdemokratische Schönheitsoperationsmentalität. Das Schiff geht unter, aber man will die eine Schraube noch ein bisschen andrehen, die andere ein bisschen lockern. Die Vorstellung, man könne sich auf eine Insel der Seligen zurückziehen, ist naiv.

In welche Richtung müsste sich Ihrer Ansicht nach die menschliche Zivilisation entwickeln, und wie kommen wir vom Hier zum Dort? Kann eine sozialistische Bewegung die notwendigen Veränderungen in Gang setzen?

Man müsste sich erst einmal einigen, was man unter »sozialistisch« versteht. Für mich ist das, was Sie kommunistisch nennen, staatskapitalistisch-bolschewistisch. Wenn mit »sozialistisch« solidarische Einheiten mit Selbstverwaltung, Basisdemokratie, Geschlechtergleichheit und sozialer Gerechtigkeit gemeint sind, dann natürlich, absolut – zu hundert Prozent. Leider ist es ja so, dass viele Linke diese Ideale mit Untertanengeist und dem Glauben an einen Staat verbinden, der das regelt. Meiner Ansicht nach ist der Staat durch die weltgeschichtliche Erfahrung völlig diskreditiert. Ich kenne überhaupt kein Beispiel aus der Weltgeschichte, wo man einem Staat, nach einer Übergangsperiode, in der es Aufbrüche gab, attestieren könnte, er habe diese Ideale auch nur ansatzweise verwirklicht. Der Staatsfetischismus der Linken muss überwunden werden. Angesichts der heutigen Probleme ist es lächerlich, wenn die Leute glauben, dadurch, dass sie die Linke wählen, gäbe es ernstzunehmende Alternativen. Man muss das Rad nicht neu erfinden. Es gibt eine Vielfalt von Ansätzen schon auf lokaler Ebene: Basisdemokratie, alle möglichen Formen sozialer Netzwerke. Es existieren ja nicht nur theoretische Überlegungen, sondern sehr viele tatsächlich funktionierende Gemeinwesen. Eine unglaubliche Vielfalt von Lösungen für ganz spezifische Probleme ist entstanden: Indische Frauengruppen organisieren solidarisch den Zugang zum Wasser. Das wird aber international unterlaufen, weil das Big Business davon nicht profitiert, der Staat das nicht unterstützt und das mafiose

Weltsystem von Korruption und Unterdrückung überhaupt kein Interesse daran hat, dass solche lokal sehr gut funktionierenden Strukturen sich ausbreiten. In der Entwicklungshilfe werden gerade solche Projekte häufig nicht gefördert. Da sie auch gar nicht so viel Geld brauchen, sind sie suspekt, weil dann für alle Beteiligten nicht so viel abfällt. Die Leute aus den selbstverwalteten Fabriken in Buenos Aires haben gezeigt, dass sie im Moment des Zusammenbruchs in der Lage waren, die Sache selbst in die Hand zu nehmen. Es gibt ökologische Ansätze in der Landwirtschaft und eine enorme Bandbreite an Energiegewinnungsalternativen. Allein mit dem Etat des Bundesverteidigungsministeriums könnten wir ganz Deutschland innerhalb von wenigen Jahren auf die Nutzung nachhaltiger Energien umrüsten. Das ist nur eine Frage des politischen Willens.

Im August 2009 publizierte Trojanow ein gemeinsames Buch mit der Schriftstellerin Juli Zeh: Angriff auf die Freiheit. Sicherheitswahn, Überwachungsstaat und der Abbau bürgerlicher Rechte. *Im folgenden Gespräch geht es um die Verteidigung der Bürgerrechte.*[2]

Ihr Buch heißt *Angriff auf die Freiheit.* Wer ist der Angreifer?

Es sind viele Angreifer und das macht das Thema so wichtig und bedrohlich. Da ist zum einen der gesamte Staatsapparat, dem die Politiker seit zehn Jahren kontinuierlich größere Befugnisse zusprechen. Befugnisse, die teilweise vom Bundesverfassungsgericht wieder rückgängig gemacht werden, weil sie verfassungswidrig sind. Man geht dabei in der Regel zwei Schritte vor und einen Schritt zurück. Die Folge ist, dass die Bürgerrechte kontinuierlich ausgehöhlt werden. Viele Medienleute beteiligen sich an einer bestimmten Atmosphäre der Angstmacherei, der Übertreibung von Gefahren und der hysterischen Wehrbereitschaft.

Viele große Firmen und Konzerne wollen mitmischen bei einem Wild-West-Kampf um dieses neue »Klondike der Information« und scheren sich dabei nicht um Datenschutz und individuelle Rechte.

2 Erstveröffentlichung in *Hintergrund*, Heft 4, 2009

Zuletzt sind es aber auch wir selbst, die wir einerseits zulassen, dass die Bürgerrechte eingeschränkt werden. Andererseits geben wir unsere Daten mit einer großen Naivität der Öffentlichkeit preis und schwächen uns dadurch zusätzlich.

Können Sie Ihre Auffassung von der Rolle der Medien ein wenig genauer erläutern?

Wir behaupten, dass »Angst« inzwischen »Sex« vertrieben hat von der Nummer-1-Position sensationeller, skandalöser und die Aufmerksamkeit des Lesers besonders packender Geschichten. Das erkennt man daran, dass wir seit Jahren eine Lawine von Terror-Warnungen, von Hypothesen, von Spekulationen über uns ergehen lassen, die immer mit einem riesigen Tam-Tam veröffentlicht werden.

Die Journalisten übernehmen oft eins zu eins, was ihnen ein Innenminister oder ein Chef des Bundeskriminalamtes (BKA) oder irgendwelche anderen hochrangigen Figuren hinwerfen. Jede dieser Warnungen und Spekulationen hat sich bisher als heiße Luft herausgestellt. Sie wurden aber jedes Mal auf eine Art und Weise in den Medien plattgetreten, dass einem angst und bange werden kann. Das sind lange Artikel mit fetten Schlagzeilen darüber, in denen es heißt, dass die »schmutzige Bombe« nur noch eine Frage der Zeit sei oder dass bald Kinder Opfer von Massengeiselnahmen werden würden. Von solchen Geschichten gab es eine große Zahl.

Hinzu kommt: Jedes klitzekleine Histörchen, das irgendetwas mit Terrorismus zu tun hat, wird prominent platziert. Es gibt inzwischen eine wachsende Zahl von Journalisten, die behaupten, es drohe eine Islamisierung Deutschlands.

Ganz infam finde ich, wenn sie sagen, wir seien zu weich. Wir seien schwach, weil wir zu viel Freiheit und Demokratie hätten. Sie behaupten, dass wir nicht wehrhaft genug gegen zu allem entschlossene Mörder seien. Das alles wird in einer Art und Weise diskutiert, die fast jedes Mal vergessen macht, dass es sich bei den behaupteten Gefahren um reine Spekulationen handelt. Wenn zum Beispiel über die Stammesgebiete in Pakistan geredet wird, wird zugegeben, dass der Westen dort kaum Zugang und daher wenig verlässliche

Informationen hat. Das betrifft nicht nur das Militär, sondern auch die geheimdienstliche Auswertung und die Medien.

Sie sagen, die einzige Gefahr, die vom Terrorismus ausgeht, ist die Art, wie unsere Gesellschaft auf ihn reagiert. Was meinen Sie damit?

Das ist evident. Juli Zeh und ich wurden für diesen Satz schon reihenweise geprügelt, so als ob er völlig absurd wäre. Dabei handelt es sich um eine Binsenweisheit. Selbst wenn es einen Terroranschlag in Deutschland geben sollte, selbst wenn es fünf geben sollte, könnten diese Anschläge weder unsere individuelle Haltung zur Freiheit und unsere Vorstellung von einem Gemeinwesen noch die verbürgten Grundrechte berühren. Das ist doch völlig logisch. Die einzige Attacke gegen unsere Freiheitsliebe und unsere institutionalisierten Grundrechte kann von uns selber kommen, indem wir diese in Frage stellen oder abbauen.

In viele Terroranschläge sind Geheimdienste involviert. Sie haben für Ihr Buch auch zu diesem Thema recherchiert. Zu welchen Erkenntnissen sind Sie gelangt?

Mir ist nur ein Fall bekannt, nämlich die »Sauerlandgruppe«. Angesichts des täglichen Bombardements mit Nachrichten über Terrorismus ist es eigentlich verblüffend, dass wir reell nur von zwei Fällen sprechen. Erstens die »Kofferbomber« in Köln. Das ist nicht vereitelt worden, sondern war eine technische Panne. Zweitens die »Sauerlandgruppe«. Hier ist die Lage tatsächlich extrem dubios.

Zum einen, weil diese Leute schon frühzeitig bekannt waren und zwar so sehr bekannt, dass sie, weit bevor sie verhaftet wurden, Journalisten Interviews gegeben haben. Das heißt, da war eine Art geradezu grotesker Persiflage von konspirativer terroristischer Arbeit im Gang.

Zum anderen haben sie den Stoff, mit dem sie vermeintlich Bomben hätten bauen wollen, von einem türkischen V-Agenten erhalten.

Nachdem diese Gruppe schon sehr früh von verschiedenen Behörden ins Visier genommen wurde, ist insofern nicht wirklich klar, inwieweit sie in ihrem offensichtlich dilettantischen Geschwafel von konspirativ agierenden Geheimdienstleuten zum Handeln inspiriert wurden, damit diese dann letztendlich einen richtig fetten Fang machen konnten.

Es ist ein Teil des Problems, dass diese Geheimdienstsachen nie aufgeklärt werden, weil das alles bis in alle Ewigkeit hinein Staatsgeheimnis bleibt. Wir erleben das ja jetzt mit den Akten der RAF, wo es um den Mord an Buback geht, der mehr als dreißig Jahre zurückliegt. Da behauptet der Innenminister Schäuble, das Dossier sei für die nationale Sicherheit zu wichtig, als dass es den eigenen Behörden, dem Bundeskriminalamt, übergeben werden könne.

Was, glauben Sie, wird die neue CDU-FDP-Bundesregierung in Sachen Sicherheitsgesetzgebung unternehmen? Immerhin gibt es eine FDP-nahe Stiftung, die sich Friedrich-Naumann-Stiftung für die Freiheit nennt.

Es war auffällig, dass Innenminister Schäuble in den letzten Wochen vor der Bundestagswahl 2009 eine Reihe von Maßnahmen lanciert hat. Zwei Wochen vor der Bundestagswahl hat er lanciert, dass die parlamentarische Kontrolle der Geheimdienste abgeschafft werden soll. Eine Woche vor der Wahl wurde der *Süddeutschen Zeitung* ein Konzeptpapier aus dem Innenministerium zugespielt, wo tatsächlich so etwas wie eine »Homeland Security« diskutiert wird: die Zusammenlegung von Verfassungsschutz und Polizei, eine unglaubliche, nahezu grenzenlose Ausdehnung der Befugnisse des Verfassungsschutzes.

Das sind teilweise Befugnisse, die bislang mit einem Richtervorbehalt belegt sind, das heißt, ein Richter muss sie zuerst prüfen. Andere Vorschläge betreffen Maßnahmen, die bisher noch überhaupt nicht erlaubt sind.

Die Tendenz ist, eine große Sicherheitsorganisation zu schaffen nach dem Vorbild der Homeland-Security in den USA. Wenn man das koppelt mit der anderen Tendenz, nämlich Inneres und Äußeres zu verbinden, also die Bundeswehr auch im Inneren einzusetzen, dann sieht man eigentlich schon alle Säulen für ein erheblich repressiveres, für ein ansatzweise schon totalitäres Staatswesen in Deutschland.

Es ist wohl kaum ein Zufall, dass das alles in den letzten Wochen vor der Wahl lanciert worden ist. Denn Schäuble musste ja damit rechnen, dass er nicht mehr Innenminister sein wird. Es sieht ja so aus, als würde Frau Leutheusser-Schnarrenberger Justizministerin werden. Sie ist ja unter den aktiven Politikern in der FDP die Letzte, die aus einer tatsächlich liberalen Tradition (wie Burkhard Hirsch und Gerhard Baum) kommt, die noch ein anderes Verständnis von Bürgerrechten haben. Insofern habe ich das Gefühl, dass Schäuble noch schnell vor Ablaufen der Frist ein Paar Claims abstecken und in seinem Haus ein paar Gedanken lancieren wollte, mit denen sich ein Nachfolger auseinandersetzen muss. Sind in der Politik bestimmte Prozesse einmal in Gang gesetzt, dann ist es oft schwierig, sie wieder zu stoppen.

Oder man hat eine bessere Verhandlungsposition gegenüber dem neuen Koalitionspartner. Man macht Vorschläge, die noch ein deutliches Stück weiter gehen als das, was man eigentlich vorhat, und hat dadurch die entsprechende Verhandlungsmasse.

Völlig richtig. Das ist ja das Infame. Mittlerweile hat sich die Auffassung von Gesetzgebung völlig verändert. Man legt ein Gesetz vor, von dem man weiß, dass es in wesentlichen Punkten verfassungswidrig ist. Im Bundestag sitzen sehr viele Juristen. Die wissen, was sie da tun. Sie machen es trotzdem, weil sie sich denken, am Ende kriegen wir immerhin die Hälfte von dem, was wir wollen. Auf diese Weise hat man früher Eis von den USA nach Indien transportiert. Man begann mit einem großen Eisblock. In Indien kam davon zwar nur ein Drittel oder zwei Drittel an, aber man hatte immer noch genug, um damit Profit zu machen.

Sie warnen in Ihrem Buch vor Entwicklungen, die Sie so nicht haben wollen. Was wäre eine Entwicklung, die sich Ilija Trojanow wünschen würde?

Man muss unterscheiden zwischen dem, was momentan politisch machbar ist, und meiner eigenen Vision. Unter der Voraussetzung, dass sich alle positiven Kräfte vereinen und es viel Widerstand gibt, ist im Moment politisch machbar, dass die Bürgerrechte, so wie sie heute sind, erhalten werden und dass wir ein Datenschutzgesetz kriegen, das seinen Namen verdient.

Wenn Sie mich nach meiner eigenen Vision fragen: Ich möchte natürlich eine Welt haben, in der es keine Geheimdienste, überhaupt keine repressiven Institutionen und auch keine solche Monopol- und Machtstellung großer Konzerne gibt. Ich bin gegen eine Gesellschaft, in der alles vermarktet wird. Das ist ein ganz anderer Entwurf von Gesellschaft.

Solange die aber nicht unmittelbar bevorsteht, bin ich davon überzeugt, dass man verhindern muss, dass eine mächtige Staatssicherheitsorganisation nach dem Vorbild der Stasi, des KGB oder der Gestapo wieder möglich ist.

Was mich wirklich erschreckt, ist, dass die technischen Mittel inzwischen dermaßen weit entwickelt sind. Wir gehen einer Zukunft entgegen, in der der Einzelne, von den technischen Möglichkeiten her, in jedem Aspekt seines Lebens völlig kontrolliert werden kann. Ich frage mich, wie unter diesen Voraussetzungen so etwas wie Widerstand überhaupt noch möglich sein kann, der dazu führt, dass wir unsere Gesellschaft verbessern.

Was wir brauchen, ist ein Paradigmenwechsel. Wir müssen unsere Wirtschaft völlig ändern, unser Zusammenleben ändern, sonst geht es einer extrem brutalen, gewalttätigen und ghettoisierten Zukunft entgegen. Wenn wir zu viel Kontrolle zulassen, dann wird die Reaktion des Kapitalismus auf diese Herausforderungen eine neue Diktatur sein. Und bei den neuen technischen Möglichkeiten der Überwachung weiß ich ehrlich gesagt nicht, wie man gegen diese Diktatur dann noch wird kämpfen können.

Manche behaupten, dass Demokratie und Kapitalismus unauflöslich zusammengehören. Dieser Ansicht sind Sie nicht?

Das ist ja hanebüchen. Nehmen wir das Beispiel des Diktators Pinochet, der wurde international gelobt, weil er die Wirtschaft Chiles vorangebracht habe. Die Investoren aus den USA waren ja ganz verliebt in Pinochet. Ein weiteres Beispiel: Als man in Bulgarien nach 1989 merkte, dass vieles den Bach runtergeht, haben dort nicht wenige Leute gesagt: Wir brauchen einen anderen Kapitalismus, nämlich den autoritären. Guckt euch doch mal Pinochet oder Franco an. Die haben ihre Länder vorangebracht. Dieser demokratische Kapitalismus taugt für unser Land nicht. Die US-Wirtschaft hat anfangs extrem gut mit Franco, Mussolini und Hitler zusammengearbeitet.

Bücher von Ilija Trojanow

Angriff auf die Freiheit. Streitschrift, 2009 (mit Juli Zeh)

Der entfesselte Globus. Reportagen, 2008

Kampfabsage. Kulturen bekämpfen sich nicht – sie fließen zusammen. Streitschrift, 2007 (mit Ranjit Hoskoté)

Die fingierte Revolution. Bulgarien, eine exemplarische Geschichte. Reportage, 2006

Nomade auf vier Kontinenten. Reportage, 2007

Der Weltensammler. Roman, 2006

Zu den heiligen Quellen des Islam. Reportage, 2004

An den inneren Ufern Indiens, Eine Reise entlang des Ganges. Reportage, 2003

Autopol. Roman, 1997

Die Welt ist groß und Rettung lauert überall. Roman, 1996

Die Jasager und Mitmacher sind für mich Faschisten

Robert Menasse[1]

Robert Menasse (geb. 1954 in Wien) ist Romancier, Literaturwissenschaftler und politischer Essayist. Er lebt und arbeitet in Wien und Amsterdam.
Ein Gespräch über eine Geschichte aus dem Amsterdamer Hungerwinter, den Begriff des Engagements und den Widerstand gegen den EU-Vertrag von Lissabon.

Soeben ist ein Originalhörbuch von Ihnen erschienen, das Sie selbst gelesen haben: *Das Ende des Hungerwinters.* Worum geht es darin?

Das ist vordergründig die Geschichte einer Familie, die das letzte Kriegsjahr in Holland während der Nazi-Besatzung versteckt im Affenkäfig überlebt. Es ist eine wahre Geschichte. Über 200 Juden, aber auch Holländer, die zum Arbeitsdienst eingezogen werden sollten, sogar deutsche Soldaten, die desertiert sind, haben in Verstecken im Amsterdamer Zoo überlebt. Der Winter 1944/45 war noch dazu ein Katastrophenwinter. In Holland heißt er bis heute Hungerwinter, weil die Versorgung mit Lebensmitteln zusammengebrochen war. Die Menschen sind buchstäblich verhungert. Im Zoo haben die Menschen mit Tierfutter überlebt. Gleichzeitig ist es eine heroische Geschichte des holländischen Widerstands, dass die Wärter so solidarisch und mutig waren, diese Menschen zu verstecken. Die Geschichte wird am Beispiel einer Familie erzählt. Damit wird aber auch erzählt, wie Menschen in bestimmten Situationen gebrochen und neu zusammengesetzt werden, in bestimm-

1 Erstveröffentlichung in *junge Welt* am 18.10.2008
Foto © Marko Lipus / www.literaturfoto.net

ten historischen Situationen oder in krisenhaften biografischen Momenten.

Wie sind Sie auf die Geschichte gestoßen?

Ich habe in einem Café in Amsterdam einen Mann kennengelernt, der mir erzählt hat, dass sein Vater als Kind im Zoo der Stadt versteckt war. Der Mann war, völlig betrunken, zufällig neben mir gestanden und hat plötzlich angefangen zu erzählen: dass sein Vater ein Affe sei, dass er im Affenkäfig aufgewachsen sei. Ich dachte, er deliriert im Vollrausch. Ich hatte von dieser Geschichte vorher nichts gehört. Der Mann war mir physisch unangenehm. Er war sehr betrunken, auf mich so halb draufgekippt und hat wahnsinnig viel Speichel verspritzt beim Reden. Ich wollte eigentlich nur weg, aus dieser Situation heraus. Ich habe dann gezahlt und bin gegangen, weil er nicht zum Heimgehen zu bewegen war, und habe am nächsten Tag einem holländischen Freund, der im Jüdischen Museum arbeitet, von dem Erlebnis erzählt. Der war alarmiert: »Hast du dir den Namen, die Adresse oder die Telefonnummer geben lassen? Wir im Jüdischen Museum suchen diese Menschen. Wir dokumentieren das alles und haben noch nicht alle Überlebenden gefunden. Die Geschichte stimmt. Es waren Menschen im Amsterdamer Zoo in den Gehegen und Käfigen versteckt und haben dort überlebt.« Ich bin dem nachgegangen, habe recherchiert und den ehemaligen Zoodirektor ausfindig gemacht. Der hat mir die Verstecke gezeigt, die es heute noch gibt. Ich wollte aber kein historisches Werk schreiben. Bei mir hat die literarische Phantasie eingesetzt. Ich habe überlegt, was geschieht mit einem Menschen in so einer Situation. Insofern ist es dann doch Fiktion. Es ist Literatur.

In Ihren Frankfurter Poetikvorlesungen, die unter dem Titel *Die Zerstörung der Welt als Wille und Vorstellung* 2006 als Buch erschienen, haben Sie versucht, den Begriff des Engagements auf die Höhe der Zeit zu bringen.

Der Engagement-Begriff ist heute noch immer mit einer ganz bestimmten historischen Phase besetzt und assoziiert, als er die Unterstützung kommunistischer oder sozialistischer Parteien bedeutete.

Mit deren Untergang wurde auch der Begriff desavouiert. Ich bin dagegen der Meinung, dass Engagement heute immer noch notwendig ist und zur Grundausstattung jedes denkenden Menschen gehören sollte. Aber eben nicht in diesem parteipolitischen, sondern in einem umfassenderen Sinne, der nichts anderes bedeutet, als unausgesetzt das Defizit abzuschreiten zwischen gesellschaftlicher Realität und gesellschaftlichem Selbstbild. Jeder wird zugestehen können, dass es eine Reihe von Möglichkeiten gibt, die Welt zu verbessern. Aber man stößt auf völlige Verständnislosigkeit, wenn man sagt: »Also gut, machen wir das doch so.« Dann heißt es: »Die Welt ist zu komplex. Man hat als einzelner Staat überhaupt keine Möglichkeit mehr, in die dynamische Entwicklung der globalisierten Welt einzugreifen. Es ist unmöglich, sie zu ändern, in eine andere Richtung zu lenken, zu kanalisieren oder zu stoppen.« Heute wird gesagt: »Wir müssen immer fit sein für Entwicklungen, die ohnehin stattfinden.« Ich kann das nicht akzeptieren und werde in dieser Frage immer unduldsamer. Wer heute einfach mitmacht, der hätte auch den Faschismus mitgemacht und der wird auch wieder mitmachen, sollte es zu einem neuen, wahrscheinlich anders gearteten faschistischen System kommen. Wer heute nicht bereit ist, in bestimmten Fragen nein zu sagen, wo es ihn nicht Kopf und Kragen kostet, wo ihm keine Todesstrafe oder Lagerhaft droht, wo er nicht mit Verlust seines Besitzes, mit keiner Verfolgung zu rechnen hat, der wird erst recht nicht nein sagen, wenn ihm all dieses droht. Darum sind für mich die Jasager und die Mitmacher und die selbstverliebt ihre eigene Kritiklosigkeit beweihräuchernden Konsumidioten Faschisten, die das Glück haben, in einem nichtfaschistischen System zu leben.

Sie wenden sich gegen eine Faschismusvorstellung, die das Phänomen auf eine bestimmte historische Spielart autoritärer Führung reduziert.

Wenn eine Gesellschaft, die sich demokratisch nennt, oder es auch ist, deutliche Tendenzen einer schrittweisen Entdemokratisierung produziert und sich jenen Phänomenen annähert, die wir unter dem Faschismusbegriff zusammenfassen, dann kann man von einer schleichenden Refaschisierung der Gesellschaften sprechen. Die

Entdemokratisierung der europäischen Demokratien ist empirisch nachweisbar. In allen EU-Mitgliedsstaaten büßt das jeweils nationale Parlament seine Souveränität ein, weil jedes EU-Mitglied gezwungen ist, EU-Richtlinien in den jeweils eigenen Parlamenten abzusegnen. Es ist vollkommen egal, welche Parteien in welcher Mandatsstärke im Deutschen Bundestag sitzen. Kommt eine EU-Richtlinie, hat das auch deutsches Gesetz zu werden. Sie können wählen, wen sie wollen: 85 Prozent der Gesetze, die im Deutschen Bundestag beschlossen werden, sind die Umsetzung von EU-Verordnungen und EU-Richtlinien. Das Europäische Parlament wiederum ist das erste Parlament in der Geschichte des Parlamentarismus, das keine Gesetzesinitiative starten kann, weil diese vom Rat und von der Kommission ausgehen. Die haben wir aber nicht gewählt. Außerdem gibt es Entwicklungstendenzen, die in der klassischen Politikwissenschaft dem Faschismusbegriff zugeordnet wurden. Dazu gehören die Rückkehr von der relativen zur absoluten Mehrwertproduktion, die Verlängerung der Arbeitszeit, der Rückbau des Sozialstaates, Arbeitsdienstverpflichtungen. Solange wir in einem sich stetig ausbauenden Sozialstaat gelebt haben, war klar: Arbeitsdienste gehören zum Faschismus. Erst jetzt, wo sie wieder salonfähig werden, sagt man: »Das gehört nicht zwingend zum Faschismus. Sei kein Panikmacher mit deinem Faschismus.« Es gibt eine Reihe von Beispielen, dass Phänomene, die noch in den siebziger Jahren unter dem Faschismusbegriff subsumiert waren, jetzt davon abgelöst und als pragmatische Notwendigkeit des sich globalisierenden Kapitalismus gesehen werden. Ich bin der Meinung, man muss sich das bewusst machen und diskutieren. Das ist das Mindeste, was man tun muss.

In Deutschland wollen rechte Kreise die neu gegründete Partei Die Linke qua Einführung des Mehrheitswahlrechts aus den Parlamenten herausbekommen. Wie schätzen Sie das ein?

Dass es heute selbstverständlich geworden ist und für viele bereits zum guten Ton gehört, demokratisch legitimierte Parteien an der politischen Partizipation zu hindern und entsprechende Ideen zu entwickeln, wie sie an der Partizipation gehindert werden können, ist wiederum ein Zeichen, dass da demokratiepolitisch etwas passiert ist. Es wäre doch noch vor zehn, fünfzehn Jahren nicht vorstellbar gewesen, dass man gesagt hätte, es gibt da so gewisse Figuren in der FDP. Die machen Schießübungen und halten Kontakt zur Neonaziszene. Wie können wir diese Partei aus dem Parlament herausbringen? Jetzt sind solche Dinge weitgehend normal geworden. Es geht bei der Diskussion um die Linke überhaupt nicht darum zu fragen, wie zukunftsfähig die Konzepte dieser Partei sind.

Man will schon die Diskussion nicht, denn dabei könnte ja etwas herauskommen.

Ganz genau. Man sollte glauben, dass eine verbürgerlichte Sozialdemokratie erst recht wählbar ist für eine verkleinbürgerlichte Arbeiterschaft. Das ist aber nicht der Fall. Einer verbürgerlichten Sozialdemokratie rennen die Wähler davon. Nur das ist der Grund dafür, dass sich die Sozialdemokratie in absehbarer Zeit keine Mehrheiten mehr verschaffen kann, wie das noch in den siebziger Jahren europaweit möglich war: Olaf Palme in Schweden, Willy Brandt in Deutschland, Bruno Kreisky in Österreich. Heute sagt man: Absolute Mehrheiten sind nicht mehr möglich. Warum sind sie nicht mehr möglich? Weil Selbstverständnis und Programmatik der Parteien sich vollkommen von den Bedürfnissen der Wähler abgelöst haben. Die repräsentative Demokratie ist heute in Westeuropa keine Repräsentation der Bevölkerung mehr, sondern repräsentiert nur noch die politischen Eliten selbst. Deswegen steigt die Anzahl derjenigen, die nicht mehr oder ungültig wählen gehen. Deswegen sind keine Mehrheiten für eine Partei mehr möglich. Wenn sich aber rechts oder links von diesem Desiderat etwas entwickelt, dann überlegt man, was zu tun ist, damit diese Partei nicht ins Parlament kommt. Die Linkspartei in Deutschland ist ja nichts anderes als ein Revival dessen, was die Sozialdemokratie einmal war. Deshalb bekommt sie so viele Stimmen.

Sie engagieren sich für eine Initiative, die das Volk über den EU-Reformvertrag abstimmen lassen will und sich Plattform Volxabstimmung nennt.

Ich engagiere mich für ATTAC, und da gibt es Arbeitskreise über den Lissaboner Vertrag. Diese Debatten haben mich in dem Verdacht bestärkt, dass dieser Verfassungsvertrag für Europa ein Problem darstellt. Ich bin für eine Verfassung, die die Grundlage für das Handeln der Bürger bildet. Man kann auch politische Ziele in einer Verfassung festschreiben. Aber es kann doch nicht sein, dass die politischen Mittel, bestimmte Methoden und Wege, mit denen man versucht, diese Ziele zu erreichen, auch in der Verfassung festgeschrieben werden. Und zwar aus dem einfachen Grund: Wenn diese Methoden scheitern und man aus Erfahrung klüger wird, dann darf es doch nicht sein, dass jeder andere Versuch ein Verfassungsbruch ist.

Welche Mittel und Wege meinen Sie denn?

Im Lissaboner Vertrag ist das neoliberale Wirtschaften als verfassungsgemäßes festgeschrieben ebenso wie die Beschränktheit der politischen Rechte des Parlaments sowie die Legitimität des demokratisch nicht legitimierten Rats und der Kommission.

Die Verteidiger des Reformvertrags sagen doch immer, er sei eben gerade der Versuch, die Rechte des EU-Parlaments zu stärken.

Man kann nicht dem Parlament Souveränitätsrechte rauben, ein anderes darübersetzen und dem keine Souveränitätsrechte geben. Das ist ein schlechtes Geschäft. Beim zweiten Versuch gibt es für das übergeordnete Parlament ein bisschen mehr Rechte. Jetzt ist es nicht mehr ganz so arg, aber immer noch schlimm genug. Ich erwarte mir, wenn ein geschichtlicher Prozess abläuft, zum Beispiel das Verschwinden der europäischen Nationalstaaten, dass sie im hegelschen Sinn aufgehoben werden in einer supranationalen Struktur, in der zumindest die demokratischen Standards gelten, die vorher in den einzelnen Staaten gegolten haben – und nicht weniger. Solange sie dazu nicht bereit sind, ist es besser, man unterschreibt und verifiziert keinen Verfassungsvertrag. Denn wenn er einmal da ist, dann braucht man eine Zweidrittelmehrheit in ganz Europa, um daran etwas zu ändern. Ohne Verfassung können wir relativ leicht etwas ändern. So einfach ist das. Dieses ewige Wiederholen der Tatsache, dass der Lissaboner Vertrag eine Verbesserung darstellt zum Status quo ante ist zwar richtig, aber entkräftet durch stete Wiederholung nicht, dass er insgesamt trotzdem einen Rückschritt darstellt. In dem Vertrag wird der Neoliberalismus als einzig zulässige Form des Wirtschaftens in Europa festgeschrieben.

Wenn das in diesem Augenblick nur zehn Prozent der europäischen Bevölkerung begreifen und diese zehn Prozent haben die Möglichkeit, das zu verhindern, dann sind sie historisch im Recht. Jetzt zu sagen, das kleine Irland blockiert die Entwicklung von ganz Europa, das ist doch auch eine Lüge. Die ganze Entwicklung ist nur zustande gekommen, weil zuvor schon Frankreich und Holland in einem Referendum nein gesagt hatten und England nein gesagt hätte, aber das Referendum abgeblasen hat, weil es aufgrund der beiden anderen Ergebnisse nicht mehr notwendig war. Nicht zufällig haben diese drei Länder die längste und intensivste Demokratieerfahrung in Europa. Hier wurde die Frage auch diskutiert. In Frankreich wurde der Vertrag an alle Haushalte verschickt. Und wenn ihn auch nur zwanzig Prozent gelesen haben, sie haben geredet, diskutiert, sich erregt, protestiert und beim Referendum nein gesagt. Was dann geschah, ist ja unglaublich. Ein Vertrag, zu dem die Bevölkerung nein gesagt hatte, wird nur ein bissel verändert und dann erneut zur Abstimmung gestellt, aber nicht mehr im Referendum, sondern nur noch in den Parlamenten, den entmachteten Parlamenten wohlgemerkt. Und was haben sie geändert? Sie haben genau die Dinge rausgenommen, die eigentlich ganz nett waren, dass es eine europäische Hymne gibt, dass es eine Flagge gibt usw. Sie haben also die Symbole der Einheit rausgestrichen. Und in Irland wurde ein Referendum nur erlaubt, weil es in der irischen Verfassung steht. Deswegen hat nur Irland nein gesagt. Frankreich, England, Holland hätten wieder nein gesagt, auch Österreich hätte nein gesagt und so fort. Und das ist richtig so.

An die Stelle der Diskussion tritt bei Politikern und Journalisten oft die Formel, man müsse den Wählern eine bestimmte Politik nur richtig verkaufen.

Ganz genau. Wenn Wähler gegen politische Entscheidungen rebellieren, dann heißt es immer: Man ist gescheitert an der Notwendigkeit, diese Entscheidungen zu kommunizieren. Ein großer Teil der Journalisten, die heute meinungsbildend sind, sind mir ein absolutes Rätsel. Ich frage mich, wann genau es passiert ist, dass der Anspruch, den die bürgerliche Presse historisch hatte, versickert ist. Früher haben sich Journalisten in die Vorzimmer der Mächtigen geschlichen, weil sie dort an die Informationen herankommen wollten, wo sie getroffen werden. In dem Ausmaß, in dem es ihnen gelang, haben sie sich mit den Politikern zu identifizieren begonnen. An dieser Stelle kippte die Berichterstattung in die stete Produktion von Legitimationsfloskeln für das, was die Mächtigen beschließen. Bei den Journalisten hat eine Bewusstseinstransformation stattgefunden aufgrund des sehr bestimmten Seins, in dem sie sich befinden. Journalisten sollten den persönlichen Kontakt zu politischen Repräsentanten, über die sie berichten sollen, wirklich meiden.

Wie sind Ihre Frankfurter Poetikvorlesungen in der Presse aufgenommen worden?

Das Buch wurde überhaupt nicht rezensiert. Trotzdem hat es eine unglaubliche Sickerwirkung. Es ist jetzt in der fünften oder sechsten Auflage und verkauft sich unausgesetzt weiter. Ich habe damit eine Erfahrung gemacht, die man als Schriftsteller selten macht: Ich habe eine ganz dicke Mappe mit Leserbriefen von Menschen, die mir aufgrund dieses Buches geschrieben haben.

Bücher von Robert Menasse

Permanente Revolution der Begriffe. Essays, 2009

Ich kann jeder sagen. Erzählungen vom Ende der Nachkriegsordnung, 2009

Das Ende des Hungerwinters. Originalhörbuch, 2008

Don Juan de la Mancha oder die Erziehung der Lust. Roman, 2007

Die Zerstörung der Welt als Wille und Vorstellung. Frankfurter Poetikvorlesungen, 2006

Die Vertreibung aus der Hölle. Roman, 2001

Erklär mir Österreich. Essays zur österreichischen Geschichte, 2000

Dummheit ist machbar. Begleitende Essays zum Stillstand der Republik, 1999

Überbau und Underground, 1997

Hysterien und andere historische Irrtümer, 1996

Phänomenologie der Entgeisterung. Geschichte vom verschwindenden Wissen, 1995

Schubumkehr. Roman, 1995

Das Land ohne Eigenschaften. Essay zur österreichischen Identität, 1992

Selige Zeiten, brüchige Welt. Roman, 1991

Die sozialpartnerschaftliche Ästhetik. Essays zum österreichischen Geist, 1990

Sinnliche Gewissheit. Roman, 1988

Dank Marx verstehe ich, wie unsere Gesellschaft funktioniert

Wolfgang Schorlau[1]

Wolfgang Schorlau (geb. 1951) ist Schriftsteller und Autor der politisch brisanten Krimi-Serie um den Stuttgarter Privatermittler Georg Dengler. Durch die studentische Bewegung der Achtundsechziger politisiert, schloss sich der angehende Großhandelskaufmann in Freiburg im Breisgau der Lehrlingsbewegung an und studierte die Schriften von Karl Marx.
Ein Gespräch über die Staatshörigkeit deutscher Autoren, die Notwendigkeit der genauen Recherche, Nationalismus in der Türkei, das »Kapital« und den Einfluss der Studentenbewegung auf einen rebellischen Lehrling.

Herr Schorlau, Sie haben gesagt, dass wir in Deutschland aus den Büchern Ihrer englischsprachigen Kollegen sehr viel über die Arbeitsweise der Polizei in Los Angeles erfahren, dass wir aus der Krimiliteratur aber fast gar nichts darüber wissen, wie beispielsweise das Bundeskriminalamt vorgeht. Woher wissen Sie, wie es da zugeht?

Meine Methode ist: Ich frage Leute, die das wissen oder die dort gearbeitet haben. Allerdings weiß ich noch viel zu wenig darüber. Interessant ist jedoch, dass deutsche Autoren sehr zurückhaltend sind in der Kritik an deutschen Institutionen. Sie unterscheiden sich dadurch signifikant von den amerikanischen oder britischen Kollegen, die ihre Geheimdienste, ihre Regierung, die CIA oder das FBI in einer Art und Weise zur Schau stellen, wie es sich hierzulan-

1 Erstveröffentlichung in *junge Welt* am 23.8.2008
Foto © Heike Schiller

de niemand traut. Da fühle ich mich manchmal schon ein bisschen allein.

Haben Sie eine Idee, woran das liegen könnte?

Es gibt die Erklärung, dass die Deutschen ein bisschen staatshörig und untertanengläubig sind. Gleichzeitig lesen bzw. sehen sie diese ganzen Geschichten der amerikanischen Kollegen ja ganz gerne. Das Phänomen scheint merkwürdigerweise vor allem die Autoren zu betreffen. Ich habe dafür aber keine zufriedenstellende Erklärung. Die Österreicher zum Beispiel haben viel weniger Respekt. Wenn Sie die Geschichten von Stefan Slupetzky lesen oder auch von Heinrich Steinfest, dann hat man den Eindruck, die seien ganz unerschrocken.

Wir haben uns zu diesem Gespräch in *Brenners Bistro* mitten in Stuttgarts Bohnenviertel getroffen. Krimi-Leser kennen diesen Ort aus Ihren Dengler-Romanen. Darin geht es um den weltweiten Kampf gegen die Privatisierung des Wassers oder den Krieg in Afghanistan. Steht hinter der Verquickung von Lokalem und Globalem eine bestimmte Idee?

Ja, aber nur eine ganz bescheidene. Denn der Kriminalroman hat ja schon immer den Schauplatz geliebt. Ich selber habe verschiedene große Städte zunächst durch Kriminalromane kennengelernt, bevor ich sie selbst besucht habe: Los Angeles durch die Romane von Raymond Chandler, Chicago durch die von Sara Paretsky und Paris durch Georges Simenon, also auf den Spuren von Kommissar Maigret.

Das erklärt die Wahl des Schauplatzes, den man als Autor gut kennt. Aber wie wird die internationale Politik in den lokalen Schauplatz hineinverwoben?

Das Internationale ist nicht nur in die Bücher hineinverwoben. Die Figuren leben zwar hier, aber die Fälle spielen zum großen Teil woanders. Zum Beispiel in Berlin. Es handelt sich also nicht so sehr um Stuttgarter Lokalfälle. Nur die Figuren bewegen sich hier. Letztlich spielen sich die großen Verbrechen heute doch auf der internationalen Bühne ab.

Auch Ihre vielen Lesungen finden großenteils im Stuttgarter Raum statt. Wie ist es dazu gekommen?

Das hängt damit zusammen, dass ein großer Teil meiner Leserschaft von hier stammt. Etwa dreißig Prozent meiner Bücher werden in und um Stuttgart verkauft. Deshalb finden viele Lesungen in und um Stuttgart statt – aber nicht nur: Ich bin auch regelmäßig Gast in München oder Hamburg.

Ihre Krimis werden von der Kritik immer wieder als besonders wirklichkeitsnah bezeichnet. Welche Rolle hat die Recherche für Ihre Arbeit? Können Sie an einem Beispiel erläutern, wie Sie dabei vorgehen?

Das ist unterschiedlich. Tatsächlich aber ist wahr, dass für meine Bücher die Recherchen der Ausgangspunkt für die literarische Arbeit sind. Zunächst einmal bemühe ich mich darum, dass ich den Gegenstand beherrsche. Das heißt, ich lese alles, was dazu erschienen ist. Zweitens rede ich mit möglichst vielen Leuten, die über den Gegenstand Bescheid wissen. Im Fall von *Fremde Wasser* waren das Manager von Wasserunternehmen, von Energieunternehmen, Betriebsräte, aber auch NGOs, Nichtregierungsorganisationen. Ich habe mich auf sehr viel Material gestützt, das andere bereits erarbeitet haben. Zum Beispiel die Organisation »Brot für die Welt«, die auch hier in Stuttgart sitzt und damals eine sehr fundierte Wasserkampagne gemacht hat. Sehr wichtig war auch ein hervorragender Dokumentarfilm, den die Hamburger Kern Filmproduktion gemacht hat: *Wasser unter dem Hammer*. Bei dem neuen Buch, dem Afghanistan-Krimi *Brennende Kälte*, war es dann schon ein bisschen schwieriger, mit den Leuten zu reden, die Bescheid wissen.

In dem gerade genannten Dengler-Krimi geht es unter anderem um die destruktive Rückwirkung der Erfahrung des Afghanistan-Einsatzes der Bundeswehr auf einen Kriegsheimkehrer und dessen Angehörige sowie um eine geheime, neuartige Mikrowellenwaffe. Sie bewegen sich damit auf einem Terrain, wo es, zumindest in meiner Vorstellung, von Geheimdienstleuten nur so wimmeln müsste. Wie gehen Sie mit dieser Situation um?

Ich wüsste nicht, dass ich im Visier von Geheimdiensten bin. Ich hoffe, dass ich es nicht bin. Ich glaube, ich bin da ziemlich unerschrocken. Außerdem erzähle ich wenige Geheimnisse. Es ist doch so, dass wir uns mittlerweile schon in der Phase der »Markteinführung« der Mikrowellenwaffe befinden. Nur die Menschen merken es nicht. Es gab die ersten Pressevorführungen der US-Armee. Neulich habe ich gelesen, dass die Air Force Number I, also das Flugzeug des US-amerikanischen Präsidenten, umgerüstet und gegen Angriffe von Mikrowellenwaffen sicher gemacht worden sei.

Wissen Sie etwas über eine Bundeswehrverwendung dieser Waffe?

Nein. Es gibt aber Hinweise, dass die Polizei diese Waffe testet oder damit arbeitet.

Ein anderes Thema, das Sie in Ihrem neuen Buch aufgreifen, ist der sogenannte biometrische Reisepass, für den die Bundesbürger ihre Fingerabdrücke abgeben müssen.

Der Pass funktioniert so, dass die Daten, die sich darauf befinden, aus gewissem Abstand ausgelesen werden können, ohne dass der Besitzer des Reisepasses das merkt. Das halte ich für überhaupt nicht akzeptabel. Ich halte es eigentlich auch nicht für akzeptabel, dass der Staat allen seinen Bürgern die Fingerabdrücke nimmt. Das heißt, dass er sie wie Schwerverbrecher behandelt.

Ihre Schriftstellerkollegin Juli Zeh hat eine Verfassungsbeschwerde eingereicht, um den Pass auf diesem Wege zu stoppen.

Ich finde das wunderbar und wünsche ihr viel Erfolg.

Sie haben einmal gesagt, dass Sie schon in Ihrer Lehrlingszeit durch die Studentenbewegung politisiert worden sind. 2008 steht erinnerungspolitisch im Zeichen des Jahres 1968. Die Perspektive der Lehrlingsbewegung ist in dieser öffentlich inszenierten Diskussion nur wenig beleuchtet worden. Können Sie etwas über Ihr »1968« erzählen?

Eigentlich nicht. Ich bin kein richtiger Achtundsechziger. Ich bin etwas zu jung dafür. Für die nachfolgende friedensbewegte Generation bin ich wiederum etwas zu alt. Ich gehöre zu einer Zwischengeneration. Allerdings war die Studentenbewegung, und zwar in Freiburg, wo ich damals gewohnt habe, für mich sehr wichtig, weil sie die frühen siebziger Jahre politisch und kulturell sehr dominiert hat. Das war für einen aufmüpfigen Lehrling wie mich sehr attraktiv. Es gab eine, gar keine so kleine, Gruppe von jungen, wenn Sie so wollen, proletarischen Leuten, die sich mit den Zielen dieser Bewegung identifiziert hat und in Kontakt mit den Studenten geriet. Das war aber eher in den frühen siebziger Jahren. In meinem nächsten Buch wird es darum gehen.

Haben sich die Lehrlinge, heute heißen sie ja Auszubildende, in eigenen Gruppen getroffen oder sich mit den Studierenden zusammengetan?

Sowohl als auch. Das war damals ganz unterschiedlich. Wir hatten zunächst eine eigene Gruppe. Später kamen wir mit den Studenten zusammen. Aber meistens waren wir eine eigene Gruppe, sonst wären wir von den Studenten sofort dominiert worden, schon allein zahlenmäßig.

In Ihrem Krimi *Fremde Wasser* schildern Sie anschaulich, wie damals einer der vielen selbstorganisierten und für die Zeit typischen *Kapital*-Lesekurse im Westen Deutschlands funktioniert hat. Welche Rolle spielte die Lektüre der Schriften von Karl Marx für Ihre eigene politische Sozialisation?

Karl Marx, insbesondere seinem Hauptwerk, dem *Kapital*, verdanke ich, dass ich verstehe, oder glaube zu verstehen, wie unsere Gesellschaft funktioniert. Wie es dazu kommt, dass dem absurden Prinzip, dass das Kapital sich immer weiter verzinsen muss, tatsächlich alles andere untergeordnet wird. Dieses Prinzip ist verrückt, weil es nach oben keine Grenzen kennt. Und vor allen Dingen ist es stinklangweilig. Wie eine Gesellschaft sich so einem verrückten Prinzip unterwerfen kann, diese Erkenntnis verdanke ich Marx.

Nach Ihrer frühen politischen Phase waren Sie lange Zeit als Manager in der Computer-Branche tätig, bevor Sie mit fünfzig Jahren aus dem Beruf ausstiegen und als Krimi-Autor begannen. Waren Sie während Ihres früheren Berufslebens auch politisch aktiv?

Nein. Ich war in dieser Zeit im Wesentlichen der Privatmann Wolfgang Schorlau.

Woher rührt die späte, aber sehr deutliche Rückbewegung hin zum Politischen?

Na ja, dass ich in meinem früheren Beruf so eingespannt wer, heißt ja nicht, dass ich meine Haltung vergessen hätte. Das war einfach so. Jetzt eröffnet mir das Schreiben noch mal einen neuen Spielraum, den ich zu nutzen versuche. In erster Linie versuche ich allerdings, spannende Geschichten zu schreiben.

Sie erzählen das so, als wenn an Ihrem Werdegang nichts Besonderes wäre. Aber glauben Sie, dass viele Manager ansprechbar sind für ein politisch progressives Engagement?

Die Leute, die heute in diesem Gewerbe arbeiten, sind natürlich, so wie andere auch, den ökonomischen Gesetzen unterworfen. Manche organisieren sich gewerkschaftlich, andere nicht. Mit großem Interesse habe ich neulich gelesen, dass die Belegschaft von SAP einen Betriebsrat gegründet hat. Zu der Zeit, als ich in die EDV-Branche eintrat, in den späten siebziger, frühen achtziger Jahren, wuchs die Firma, in der ich war, die Heinz Nixdorf Computer AG, um 25 Prozent Personal pro Jahr. Das heißt, solche Firmen waren damals in gewisser Weise eine Resozialisationsanstalt für eine ganze Reihe von linken Persönlichkeiten.

Zum Beispiel Leute, die aufgrund der Berufsverbote gegen Kommunisten und radikale Linke nicht mehr hätten Beamte werden können?

Zum Beispiel.

Sie haben vor einigen Jahren die Kampagne der Gewerkschaft ver.di gegen unzumutbare Arbeitsbedingungen beim Lidl-Konzern unterstützt. Wie ist es zu diesem Engagement gekommen?

Ich wurde gefragt, ob ich bereit wäre, für die ver.di-Zeitung *Schwarzmarkt* einen Lidl-Kurzkrimi zu schreiben. Das habe ich gerne gemacht, weil ich glaube, dass die Arbeitsmethoden bei Lidl inakzeptabel sind. Im Rahmen dieser Aktion habe ich dann auch einige Presse- sowie einen Fernsehtermin wahrgenommen. Wie sich ja jetzt durch den Bespitzelungsskandal wieder herausgestellt hat, war die Lidl-Aktion insgesamt dringend nötig.

Sind Sie darin heute noch involviert?

Nein. Im Augenblick nicht. Man kann nicht jedes Mal einen Kurzkrimi schreiben, wenn es um eine solche politische Aktion geht. Ich habe das zweimal gemacht. Der zweite ging noch halbwegs. Aber ein dritter wäre absolut unmöglich gewesen.

Kulturell engagieren Sie sich für die Verständigung mit den türkischen Bürgern. 2005 haben Sie den Reiseroman *Sommer am Bosporus* veröffentlicht. Im Frühjahr 2008 waren Sie an der Schwarzmeerküste, wo Sie in der Stadt Trabzon für ein paar Wochen Stadtschreiber waren. Was verbindet den Stuttgarter Lokalpatrioten Wolfgang Schorlau mit der Türkei?

Ich beobachte mit großem Interesse, wie sich die politische Entwicklung in der Türkei vollzieht. Außerdem muss man wissen, dass Stuttgart die zweitgrößte türkische Community in Deutschland hat. Mit einem völlig anderen Konzept übrigens als Berlin. Das heißt, es gibt in der Stadt kein türkisches Ghetto, aber sehr aktive deutsch-türkische Vereine, in denen ich auch Mitglied bin.

Was sind das für Vereine?

Unterschiedliche. Ich bin zum Beispiel Mitglied in dem deutsch-türkischen Forum, das eine sehr rege Kulturarbeit in der Stadt macht.

Wie schätzen Sie die politische Entwicklung in der Türkei ein?

Das ist ein abendfüllendes Thema. Im Augenblick ist die Lage sehr angespannt. Nach meiner Beobachtung sind es im Grunde drei große politisch-kulturelle Kreise in der Türkei, die sich teilweise mit Waffengewalt und bürgerkriegsartigen Mitteln gegenseitig bekämpfen. Der erste ist der kemalistische Block, der in sich aber keineswegs einheitlich ist, sondern sich auf der linken Seite aus dem liberalen Bürgertum von Istanbul, auf der rechten Seite aus extrem nationalistischen Gruppen zusammensetzt. Zweitens gibt es den eher religiösen Kreis, verbunden mit den beiden Bevölkerungsteilen Anatoliens, die vertreten werden durch die AKP, die Partei für Gerechtigkeit und Aufschwung. Drittens gibt es die in sich wiederum sehr breit gefächerte kurdische Gemeinschaft.

Haben Sie während Ihres Türkei-Aufenthaltes mit Vertretern dieser Richtungen gesprochen oder mit Schriftstellerkollegen über die politische Lage diskutiert?

Ja. Ich habe eine Bezirksversammlung der AKP besucht. Das war sehr interessant. Ich habe mit dem Vorsitzenden des Schriftstellerverbandes der Schwarzmeerküste gesprochen. Das heißt, wir haben uns eigentlich gestritten, weil seine Anschauungen zu meiner Überraschung sehr nationalistisch waren. Es ging um den Nobelpreis des türkischen Schriftstellers Orhan Pamuk. Der türkische Kollege sagte: »Wenn ›ihr‹« – mit ›ihr‹ waren immer die Europäer gemeint – »wenn ihr Europäer schon uns Türken einen Nobelpreis gebt, warum hat ihr ausgerechnet den Pamuk gewählt? Doch nur, um uns zu ärgern.« Ich habe das nicht genau verstanden und erwidert: »Orhan Pamuk repräsentiert in großen Versammlungen in Europa euer Land. Was habt ihr gegen ihn?« Unisono kam immer das Argument: »Pamuk schreibt nur, was die Europäer hören wollen.« Damit wurde auf die armenische Frage angespielt. Das Überraschende war, dass der Vorwurf des Völkermords an die Osmanen von vielen meiner Gesprächspartner behandelt wurde, als würde er sie persönlich betreffen.

Trifft das auf Linke wie auf Rechte zu?

Mehr rechts als links natürlich. Die Linken reflektieren die Sache etwas gründlicher. Aber selbst die sozialdemokratische Partei, also die Partei, die Kemal Atatürk selbst gegründet hat, ist so extrem nationalistisch, dass einem das Grausen kommt.

Nach dem 11. September 2001 haben Thesen Konjunktur, die eine sogenannte westlich-abendländische Kultur gegen den Islam in Stellung zu bringen versuchen. Was halten Sie vor dem Hintergrund Ihrer Türkei-Erfahrungen davon?

Nichts. Davon halte ich nichts. Das ist ja mehr eine politisch initiierte Debatte. Die Kulturen selbst fließen ineinander über, wenn man sie lässt.

Sie unterstützen also die These Ihres Schriftstellerkollegen Ilija Trojanow, dass Gegensätze zwischen Kulturen zunächst nicht vorhanden sind, sondern erst durch politische Interessen künstlich geschaffen werden?

Ich habe Ilija Trojanow eben indirekt zitiert. Ich stimme ihm voll und ganz zu. Wenn ich an meinen Aufenthalt in der Küstenregion des Schwarzen Meeres denke, dann fällt mir ein, dass die Region seit alters her eine Gegend ist, in der die unterschiedlichsten Kulturen ineinander überfließen, denn sie liegt am Ende der Seidenstraße. Mord und Totschlag gab es immer nur, wenn politische, militärische oder ökonomische Interessen von außen, von unterschiedlichen Staatsapparaten dort eingebracht wurden.

In Denglers fünftem Fall, Das München-Komplott, *geht es um den bis heute nicht aufgeklärten Anschlag auf das Münchner Oktoberfest im Jahr 1980. Im folgenden Gespräch erzählt Wolfgang Schorlau, was ihn zum Schreiben dieses Krimis motiviert hat.*[2]

Wie ist es dazu gekommen, dass Sie in Ihrem aktuellen Krimi den Anschlag auf das Münchner Oktoberfest thematisieren?

Zunächst hat mich interessiert, warum das NPD-Verbotsverfahren gescheitert ist. Damit hatte ich mich schon eine Weile beschäftigt. Hinzu kam der überraschende Besuch von zwei älteren Herren, die mir eine Akteneinsicht in die Ermittlungen der Sonderkommission gegeben haben. Beide Themen habe ich in dem Roman zusammengeführt.

In Ihrem Roman lassen Sie einen BKA-Beamten behaupten, dass der Verfassungsschutz zu Wendezeiten die Strategie verfolgte, einer linken Protestbewegung von enttäuschten Jugendlichen in den neuen Bundesländern durch die Stärkung der NPD das Wasser abzugraben.

2 Erstveröffentlichung in *Hintergrund*, Heft 1/2, 2010

Das ist nicht aus der Luft gegriffen.

Wo haben Sie das denn her?

(lacht) Ich kann nur sagen, dass das nicht aus der Luft gegriffen ist.

Was hat Sie an dem Anschlag auf das Münchner Oktoberfest besonders interessiert?

Die schon erwähnten beiden Männer wiesen mich darauf hin, dass die Ermittlungsergebnisse offenbar falsch waren. Das sind sie ja wohl auch. Mir war das Attentat zu dem damaligen Zeitpunkt gar nicht mehr so präsent. Da ging es mir wie den meisten anderen auch. Da ist ja ziemlich viel am öffentlichen Bewusstsein radiert worden, möchte ich mal sagen.

Glauben Sie, dass der Fall jetzt noch einmal in einem größeren Maßstab aufgerollt werden kann?

Er muss noch einmal aufgerollt werden. Der Fall ist nicht abgeschlossen. Es gibt kein Urteil. Außerdem sind die Widersprüche zu groß, als dass diese Geschichte ewig unbearbeitet bleiben könnte.

Bücher von Wolfgang Schorlau

Das brennende Klavier. Der Musiker Wolfgang Dauner. Biografie, 2010

Das München-Komplott: Denglers fünfter Fall. Roman, 2009

Brennende Kälte: Denglers vierter Fall. Roman, 2008

Fremde Wasser: Denglers dritter Fall. Roman, 2006

Das dunkle Schweigen: Denglers zweiter Fall. Roman, 2005

Sommer am Bosporus. Roman, 2005

Die blaue Liste: Denglers erster Fall. Roman, 2003

Die Nation kann nur multikulturell sein

Saddek und Sabine Kebir[1]

Saddek Kebir (geb. 1945 in El Khroub, Algerien) ist Regisseur, Moderator und Erzähler. Seit 1988 lebt und arbeitet er in Berlin und Algier. www.saddek-kebir.de
Sabine Kebir (geb. 1949 in Leipzig) ist Literaturwissenschaftlerin und Publizistin. Von 1977 bis 1988 arbeitete sie in Algier. Habilitation über Antonio Gramsci, Lehraufträge an verschiedenen Universitäten.
Ein Gespräch über die Lage der Frauen in Algerien, Märchen als Aufklärungsressource in der islamischen Welt, Literatur in der interkulturellen Erziehung und ein deutsch-algerisches Publikationsprojekt.

Sabine Kebir, Sie sind in der DDR aufgewachsen. Der Staat wurde Ihnen als junger Frau und Literaturwissenschaftlerin zu eng. Sie reisten mit Ihrem Ehemann Saddek Kebir 1977 nach Algerien aus und wollten herausfinden, wie es dort um die Möglichkeit eines solidarischen Zusammenlebens bestellt war. Die Menschen in dem nordafrikanischen Land hatten sich in den fünfziger und sechziger Jahren selbst aus der französischen Kolonialherrschaft befreit. Was für Verhältnisse haben Sie dort vorgefunden?

Sabine Kebir: Ich bin aus einem exotistischen Antrieb nach Algerien gegangen. Damals dachte ich, dass kein Land biederer sein könnte als die DDR. Ich empfand, dass zumindest für meine Generation damals keine Entwicklung stattfand. Das führten wir unter anderem auf die Abhängigkeit von der Sowjetunion zurück. Ich dachte, dass in einem Land wie Algerien, das sich selbst die Unabhängigkeit

1 Erstveröffentlichung in *junge Welt* am 21.6.2008

erkämpft hatte, wo eine eigene Revolution stattgefunden hatte, die erst siebzehn Jahre zurücklag, die Gesellschaft in Bewegung ist. Ich glaubte dort größere Eigenimpulse für eine demokratische Entwicklung finden zu können. Stattdessen entwickelten sich Widersprüche, die in schreckliche Gewalt mündeten. Die Impulse der Unabhängigkeitsbewegung existierten schon nicht mehr, vor allem für die Jugend nicht. Nach meiner Ankunft Ende der siebziger Jahre, sah ich schon nach wenigen Monaten, dass dort die Gewalt gegen Frauen derart groß war, wie ich es aus der DDR überhaupt nicht kannte. Wenn man aus dem Fenster hört, wie eine Frau weint oder ein Kind weint, macht das traurig und nachdenklich. Eine neue Phase theoretischer Anstrengung begann. Nach einem Jahr kam ich ans Institut für Politische Wissenschaften in Algier und begann mich im Austausch mit jungen Studenten konzeptionell weiterzuentwickeln.

Auch im Austausch mit Studentinnen?

Sabine Kebir: Ja, sicher; schon damals waren über fünfzig Prozent der Studierenden in Algerien weiblich, das ist in arabischen Ländern schon lange üblich. Professorinnen gab es sogar in einem höheren Ausmaß als in Deutschland. Obwohl eine Emanzipation in der breiten Masse nicht stattgefunden hat, schicken bürgerliche Familien seit mehreren Generationen ihre Mädchen genauso wie ihre Jungs zum Studium, das in Algerien kostenlos war. Nicht das Geschlecht, sondern die Klassenzugehörigkeit ist in dieser Hinsicht ausschlaggebend. Die vielen hochqualifizierten jungen Frauen haben jedoch schlechtere Chancen auf dem Arbeitsmarkt. Seit Ende der 1980er Jahre tragen die Studentinnen unter islamistischem Einfluss ein Kopftuch. Wer das nicht aufsetzen wollte, wurde auf der Straße oder auf dem Campus mit brennenden Zigaretten, Salzsäure usw. angegriffen oder misshandelt.

Sie haben Ihre algerischen Erfahrungen in dem 1993 in erster Auflage erschienenen Buch *Zwischen Traum und Alptraum* anschaulich beschrieben. Was haben Sie in dieser Zeit politisch gelernt?

Sabine Kebir: In der DDR hatte ich meine Dissertation über Gramscis Kulturbegriff geschrieben, in der bereits von dem Begriff der Zivilgesellschaft die Rede war. Merkwürdigerweise glaubte ich, das Konzept der Zivilgesellschaft aber erst in Algerien, durch den Kontakt mit meinen Studenten Anfang der 1980er Jahre, zu verstehen. Das Land nannte sich sozialistisch. Die meisten Produktionsmittel waren Staatseigentum, die Medien staatlich kontrolliert. Es gab eine Einheitspartei, eine einzige Gewerkschaft, aber Vollbeschäftigung oder die Gleichberechtigung der Frauen, wichtige Merkmale des Sozialismus, die in der DDR realisiert waren, gab es dort nicht. Viele junge Leute wünschten sich ein unabhängiges Leben, was nur über Arbeitsplätze möglich gewesen wäre. Die konnte der Staat aber nicht zur Verfügung stellen, obwohl er alles beherrschte. In Algerien, genauso wie in der DDR, fehlte die Demokratie, das heißt die Legalität der Selbstorganisation einer Zivilgesellschaft, die dem Staat selbstbewusst mit Forderungen gegenübertreten konnte, und das auch in medialer Form.

Auf Ihren Reisen durch Algerien haben Sie traditionelle Gemeinschaften der Berber kennengelernt, in denen das Verhältnis der Geschlechter und die lokale Wirtschaft zumindest in der Vergangenheit egalitärer gewesen zu sein scheinen als in den Städten des algerischen Staates. Wären hier Ansätze für eine Demokratisierung der Gesellschaft zu finden gewesen?

Sabine Kebir: Das ökonomische System war aber bereits im Kolonialismus so umgekrempelt gewesen, dass man von einem echten Erhalt traditioneller Formen nicht reden kann. In den fünfziger Jahren hatte die Kolonialmacht Zwangsumsiedlungen und riesige Konzentrationslager organisiert, damit die Guerilla nicht von den Dörfern aus operieren konnte. Die ökonomische Basis für traditionelles Leben hat es schon damals nicht mehr gegeben, aber es existierten noch Erinnerungen daran, die von mir immer wieder erfragt und möglichst schriftlich festgehalten wurden. Die neu eingerichteten Kooperativen funktionierten auch nicht so richtig, so dass eine große Unzufriedenheit festzustellen war. Bei den Tuareg, bei denen sich die ökonomischen Verhältnisse damals allerdings auch drastisch änderten, waren die Traditionen in der Erinnerung noch da. Die Moderne wurde schmerzhaft erlebt, weil sie für sie keine Vorteile, sondern nur Nachteile mit sich brachte. Die Freiheit der Frauen ist heute, also unter den Bedingungen des modernen Staates, in den Berbergesellschaften nicht größer als früher. Die Verhältnisse sind aber regional sehr verschieden. Bei den Tuareg und in manchen Dörfern der Kabylei kann die Matriarchin heute noch eine gewisse herausgehobene Rolle spielen. Daneben hatte die Frau in manchen Berbergebieten traditionell ein Mitspracherecht in Fragen der Sexualität. Das ist bei den Tuareg und bei einigen Berberstämmen zu sehen, die keine Polygamie kennen. Auch verheiratet man die Jugendlichen nicht völlig ohne Berücksichtigung von Sympathien und Zuneigung. Das kann aber von Tal zu Tal verschieden sein. Doch gibt es selbst in der Kabylei in manchen Gegenden einen unglaublichen Patriarchalismus. Es gibt eine riesige Menge Literatur über das, was kabylische Frauen durch ihre männlichen Verwandten erleiden. Sie bringen Frauen um, die sich nicht richtig verhalten.

Saddek Kebir: In der kargen, gebirgigen, sehr, sehr armen Kabylei arbeiten die Frauen auf den Feldern, bis sie neunzig oder hundert Jahre sind. Die Männer treffen sich, reden über Politik und wie sie das Land verbessern wollen. Und die Frauen arbeiten.

Sabine Kebir: Andererseits ist das Matriarchat in den Märchen und den mündlich überlieferten Erzählungen noch zum Greifen nahe. Wenigstens in der kollektiven Erinnerung ist es noch vorhanden. In den Märchen der Berber kommen die matriarchalischen Sitten noch zum Ausdruck. Sie sind deshalb in den heutigen Kämpfen um die Gleichberechtigung der Geschlechter von Bedeutung. In der Auseinandersetzung mit dem Islamismus sind diese Märchen Gold wert, weil sie nicht als westliche Einmischung empfunden werden. Sie sind ein anerkannter Bestandteil der eigenen Kultur. Diese Märchen gibt es auch in Arabisch. Wir haben es mit einem authentischen Kulturgut zu tun, das nicht importiert worden ist. Unser Kinderbuch *Mistkäfers Hochzeit* basiert auf einem alten Berbermärchen, das aber auch in arabischer Sprache bekannt ist. Die Geschichte geht so: Eine kleine Mistkäferin möchte gerne heiraten. Sie macht sich schön, setzt sich auf den Markt und möchte sich unter den Bewerbern den richtigen aussuchen. Nun kommen verschiedene Tiere: Pferd, Esel, Hund, bis zum Schluss der Mistkäfer kommt und sie zusammen Mist rollen. Wichtig ist: Sie ist es, die sich ihren Mann aussucht. Sie verlässt das Haus und fragt nicht ihre Eltern. Aus heutiger islamistischer Sicht ist es vollkommen unmöglich, dass sich eine Frau auf den Markt setzt und dort Bewerber aussucht. Aber das ist ein reales Moment der alten Berberkultur. Es gibt bis heute in Marokko einen Ort im Hohen Atlas, wo einmal im Jahr so ein Heiratsmarkt auf einem ganz normalen Markt stattfindet und die heiratsfähigen, auch die geschiedenen Frauen aus der ganzen Region hinkommen, um sich mit Bewerbern zu treffen. Die Frau ist dabei ein aktives Element. Das wird vor einigen hundert Jahren in vielen Berbergebieten üblich gewesen sein. Insofern geht das Märchen sogar auf einen realen Brauch zurück. Wir halten es in der heutigen Situation für sehr fortschrittlich. Das Märchen ist eines der wichtigsten im Repertoire von Saddek als Erzähler.

Zurück nach Deutschland. Sie erzählen und publizieren gemeinsam Märchen der Berber und Geschichten aus *1001 Nacht* für Kinder und Erwachsene. Sie sagen, dass diese Märchen auch bei uns in Deutschland eine aufklärerische Wirkung entfalten können. Was meinen Sie damit?

Saddek Kebir: Nach den Terroranschlägen vom 11. September 2001 in New York waren die Lehrer, die Eltern und die Politiker in Deutschland völlig überfordert. Angesichts einer politisch geschürten Islamophobie auf der einen und islamistischen Bestrebungen auf der anderen Seite waren ihre Reaktionen aus Unkenntnis über den Islam zum großen Teil hilflos. Weil weder die muslimischen Kinder noch die Lehrer oder die Eltern den Islam gut kennen, kann ihnen im Grunde jeder erzählen, was er will. Auf diese neue Situation antworten wir mit der Publikation des Buches *Maria und Jesus im Islam*. Denn es ist sowohl unter Migrantenkindern als auch unter den Einheimischen kaum bekannt, wie wichtig Maria und Jesus nicht nur in der christlichen, sondern auch in der muslimischen Überlieferung sind. Wir gehen damit in die Schulen.

Sabine Kebir: In deutschen Großstädten, nehmen wir einmal Berlin, bilden muslimische Kinder einen großen Teil der Schulklassen. Die Kinder merken sofort, wenn endlich was in der Schule passiert, was mit ihrem kulturellen Hintergrund zusammenhängt. Sie nehmen an der Geschichte teil. Zum Beispiel kann sich *Jesus und Maria im Islam* sofort in ein Stehgreifspiel verwandeln. Dabei können überraschende Dinge passieren. Da vergisst ein elf-, zwölfjähriger muslimischer Junge seine Geschlechtsidentität und sagt: Ich bin Maria. Ein anderer: Ich bin Allah. Da ist ein ungeheures Bedürfnis, so etwas einmal zu probieren. *Maria und Jesus im Islam* richtet sich an Kinder, die einen muslimischen, einen christlichen oder einen atheistischen Hintergrund haben. Hier werden Unterschiede und Gemeinsames lebendig erlebt. Die Lehrer können das nicht allein leisten. Es ist wichtig für die Kinder, dass Menschen von außen in die Schulen kommen. Uns scheint dabei die Verbindung von Erzählen und Lesen wichtig zu sein. Über das Erzählen bekommt man die Aufmerksamkeit der Kinder. Später wollen die das nachlesen. Deshalb ist es wichtig, dass die Bücher später in der Schulklasse oder der Bibliothek bleiben.

Saddek Kebir: Es gibt im Berliner Stadtteil Wedding eine Kita, in der 98 Prozent der Kinder einen Migrationshintergrund haben. 80 Prozent sind Muslime und haben die deutsche Staatsbürgerschaft. Das sind keine Ausländer, die morgen irgendwohin zurückkehren.

Sabine Kebir: Diese Kinder, die bei uns bleiben werden, müssen ihre Ursprungskultur kennenlernen. Außer in Hinterhofmoscheen bekommen sie meistens davon nichts zu hören. Und auch für die Kinder der Alteingesessenen wäre es gut, wenn sie von der Kultur ihrer Mitschüler etwas wüssten. Der hohe Anteil muslimischer Kinder und Jugendlicher muss Konsequenzen für das Programm der Schulen haben. Dabei spielen Märchen und Geschichten eine wichtige Rolle. Das große Missverständnis besteht darin, dass die islamische Kultur nur mit der Religion identifiziert wird. Damit ist das existenzielle und kulturelle Problem der Jugendlichen aber nicht gelöst. Wir sind der Meinung, dass in den Deutschunterricht mindestens ein großer Roman der modernen laizistischen türkischen Literatur gehört. Die Nation kann nur multikulturell sein.

Um Ihre zum Teil reich illustrierten Märchenbücher zu publizieren, haben Sie eigens einen eigenen Verlag gegründet. Waren etablierte Verlage dafür nicht zu interessieren?

Sabine Kebir: Wir haben keine Verlage gefunden, die unser Konzept in dieser Form mittragen wollten. Deshalb haben wir selbst die Initiative ergriffen. Die Bücher erscheinen in vier Sprachen: Deutsch, Arabisch, Französisch und Berberisch in Deutschland und Algerien. In Algerien ist die Dreisprachigkeit für viele Menschen eine Lebensnotwendigkeit. Wir wollen, dass die Kinder die Märchen in den verschiedenen Sprachen lesen. In Deutschland ist es wichtig, dass die muslimischen Kinder eine Repräsentanz ihrer Schrift im Klassenraum haben. Manche Kinder können ein bisschen arabisch lesen. Uns haben Lehrer berichtet, dass das ihre Position in der Klasse stärkt. Die anderen Kinder sagen: »Aha, so sieht eure Schrift aus und Ali kann das sogar lesen.« Wir würden die Bücher deshalb auch gerne ins Türkische übersetzen, was uns bis jetzt aber noch nicht möglich war. Auch der Vertrieb gestaltet sich schwierig. Es fällt schwer, die Bücher überhaupt bekannt zu machen und an die Schulen heranzutragen. Wir fragen alle möglichen Organisationen an, damit sie uns Veranstaltungen in Schulen ermöglichen.

Wie ist es zu Ihrem gemeinsamen deutsch-algerischen Literaturprojekt gekommen? War dafür auch die produktive Arbeit des Brecht-Kreises ein Vorbild, über den Sie, Frau Kebir, als Literaturwissenschaftlerin publiziert haben?

Sabine Kebir: Sicher hat uns die Form der Zusammenarbeit, die im Brecht-Kreis üblich war, ermutigt, das auch zu versuchen. Das Wesentliche dort war natürlich Spaß an bestimmten Themen und am gemeinsamen Schreiben, das heißt daran, die Ideen zu realisieren. Das war bei uns eben auch der Fall, aber erst nach 15- oder 20-jähriger Ehe, in der wir lange getrennt gearbeitet haben. Heute arbeiten wir auf bestimmten Gebieten gerne zusammen und haben zunächst gemeinsam sieben oder acht Filmdrehbücher geschrieben, von denen leider keines bisher verfilmt wurde. Dann kam das Aufschreiben der Märchen.

Saddek Kebir: Bei meinen Märchen-Rezitationen haben viele Deutsche gefragt, ob sie die Geschichten auch nachlesen können. Da erschien es angezeigt, sie aufzuschreiben, damit andere sie lesen und selbst ihren Kindern erzählen können. Das Publikum kann die Bücher nun im Anschluss an meine Erzähl-Veranstaltungen erhalten. Da Sabine nun auch gerne erzählt und ich mittlerweile auch gerne schreibe, haben wir eine interessante Möglichkeit gefunden, gemeinsam zu arbeiten. Zum Beispiel in der Geschichte für Erwachsene *Zwei Sultane*. In ihr sind die männliche und die weibliche Perspektive zusammengebracht.

Bücher von Saddek und Sabine Kebir

Sabine Kebir: Mein Herz liegt neben der Schreibmaschine. Ruth Berlaus Leben vor, mit und nach Bertolt Brecht. Biografie, 2006

Sabine Kebir: Zwischen Traum und Alptraum. Algerische Erfahrungen zwischen 1977 und 1992. Erfahrungsbericht, 1998

Saddek und Sabine Kebir: Maria und Jesus im Islam. Interkulturelle Dialoge, 2007

Saddek und Sabine Kebir: Zwei Sultane. Roman, 2002

Saddek und Sabine Kebir: Unterm Feigenbaum. Algerische Verse und Geschichten, o.J.

Saddek und Sabine Kebir: Mistkäfers Hochzeit, o.J.

Saddek und Sabine Kebir: Mistkäfers Kochkunst, o.J.

Saddek und Sabine Kebir: Hamidusch und die Prinzessin der sieben Meere, o.J.

Widerstand braucht Literatur, um sich zu verständigen

Erasmus Schöfer[1]

Der Schriftsteller Erasmus Schöfer (geb. 1931 bei Berlin) ist Autor von Erzählungen, Hörspielen, Theatertexten und Romanen. Seit dreißig Jahren lebt er überwiegend in Köln. Er promovierte 1960 an der Universität Bonn mit einer Arbeit über die Sprache Martin Heideggers zum Doktor der Philosophie, arbeitete drei Jahre in Fabriken und wurde Mitgründer des »Werkkreises Literatur der Arbeitswelt« und des »Industrietheaters Der Wahre Anton«. Erasmus Schöfer engagierte sich in der Bewegung für Frieden und Demokratie in der BRD und war für westdeutsche Sender und den Rundfunk der DDR tätig. Der vier Bände umfassende Romanzyklus »Die Kinder des Sisyfos« (2001–2008) ist sein literarisches Hauptwerk.

Ein Gespräch über die demokratischen Impulse von 1968, das Verhältnis von Disziplin und Selbstorganisation, Heideggers Sprachexperimente und engagierte Schriftsteller.

Worum geht es in Ihrem gerade abgeschlossenen Romanzyklus *Die Kinder des Sisyfos*?

Gegenstand der vier Romane ist die Geschichte der Achtundsechziger bis zum Jahr 1989, und zwar aus der Sicht, die sie selber gehabt haben, aus ihrem eigenen Verständnis, warum sie auf die Straße gegangen sind, protestiert haben und politisch aktiv wurden. Während die Motive des damaligen Aufbruchs heute meist ironisiert, verballhornt oder völlig diskriminiert werden, möchte ich, der ich das alles miterlebt habe, die ursprünglichen Ansätze, die demokra-

1 Erstveröffentlichung in *junge Welt* am 7.3.2009

tischen Impulse und die moralische Empörung festhalten, die damals für uns maßgebend waren. Es war nicht etwa die Lust, Krawall zu machen und Steine zu schmeißen, wie das heute oft verkürzt dargestellt wird. Natürlich gab es im Jugendprotest auch solche Aspekte, aber die waren nicht bestimmend. Die Fortsetzung des Engagements der Achtundsechziger in den folgenden Jahrzehnten zeigt erst recht, wie wertvoll das Handeln dieser Tatkräftigen für die westdeutsche Demokratie gewesen ist.

Ihre Figuren stehen 1968 als junge Erwachsene schon mitten im Leben und bringen bereits politische Erfahrungen mit.

Das hängt mit meiner eigenen Erfahrung zusammen. Als realistischer Schriftsteller muss ich erst einmal auf das zurückgreifen, was ich auch selbst erfahren habe, was ich gut kenne. Das ist das eigentliche Motiv, warum ich 1968 aus der Perspektive darstelle, die ich selbst hatte, als einer, der damals schon Mitte dreißig war. Mit den Universitäten war ich damals nicht mehr so stark verbunden. Ich habe mich als Schriftsteller mit bestimmten Texten, Kampftexte haben wir die damals ganz keck genannt, in der Ostermarschbewegung und in der Kampagne für Abrüstung engagiert.

Wie hat sich Ihr politisches Bewusstsein herausgebildet?

Viele einzelne Bausteine haben dazu geführt. Meine politischen Erfahrungen haben 1946 angefangen nach dem Krieg, als ich die Knochenhaufen in Bergen-Belsen gesehen habe. Ich war noch im Jungvolk gewesen und in der Kinderlandverschickung. Da waren wir unter dem Einfluss des Systems und haben an die »Wunderwaffen« des »Führers« geglaubt. Als 1945 die Amerikaner in Hessen einmarschierten, bin ich davon überrascht worden, dass jetzt alles ganz anders wurde. Ich erlebte meist freundliche Soldaten, mit denen ich mich auf Englisch unterhalten konnte. Wir Jungen haben dann die Verfolgung der NS-Offiziellen in den Spruchkammerverfahren mitbekommen. Das waren erste Anstöße für mein politisches Denken. Aber auch dieses Todesurteil von 1951 gegen den 19-jährigen Schüler Hermann Flade aus Halle, der für die Volkskammerwahlen ein paar selbstgemachte Plakate geklebt hatte. Er hatte ein Messer dabei und verletzte damit einen Volkspolizisten, als er sich zu befreien versuchte. Gegen das Todesurteil in der ersten Instanz habe ich mich empört. Ich fand das unmöglich. Später ist er zu fünfzehn Jahren begnadigt worden, weil es einen riesigen Sturm der Empörung gab. Ich habe mein erstes Hörspiel darüber geschrieben. Das ist aber nicht gesendet worden. Ich war nicht gegen die DDR, wusste aber auch nicht viel über sie und dachte, es muss doch wohl möglich sein, dass man im Wahlkampf Plakate klebt.

Als ich ab 1950 an der FU Berlin studierte, habe ich Leserbriefe im *Colloquium*, der Studentenzeitung, gegen allzu autoritäre Professoren geschrieben. Ich fand 1958 den Vorschlag des polnischen Außenministers Adam Rapacki plausibel, eine atomwaffenfreie Zone in Mitteleuropa einzurichten. Adenauer hat diesen Rapacki-Plan aber abgelehnt. Als unser Philosophieprofessor in der großen Vorlesung darlegte, warum man diesen Vorschlag ablehnen müsse, und seine Ausführungen mit der rhetorischen Frage schloss: »Finden Sie nicht?«, bin ich aufgestanden und habe gesagt: »Nein.« Damals war es noch absolut ungewöhnlich, dass man einem Professor öffentlich widersprach. Es gab dann nur eine kurze Argumentation zwischen ihm und mir. Für mich war das aber ein Schlüsselerlebnis, dass man auch mal aufstehen und Widerstand leisten kann, auch wenn das nur verbal war. Der Krieg der Franzosen gegen die antikoloniale Aufstandsbewegung in Algerien war ein wichtiger Anstoß, um zu erkennen, dass die propagierte Demokratie immer dann, wenn der staatliche Konsens praktisch auf die Probe gestellt wurde, nicht mehr gelten sollte. Den Vietnamkrieg habe ich schon verfolgt, als die Vietnamesen gegen die Franzosen kämpften, erst recht dann, als die Amerikaner eingriffen. Darüber habe ich damals aus deutscher Sicht geschrieben, will sagen: Ich habe meine Sicht und die meiner Landsleute auf den Befreiungskampf der Vietnamesen thematisiert.

Die Kämpfe Ihrer Romanfiguren schildern Sie nicht so, als ob sie lange vergangen wären. Sie erscheinen ganz gegenwärtig: Wie machen Sie das?

Grundsätzlich war der Ausgangsgedanke meiner Romanarbeit, dass ich die Wahrheit der damals Handelnden aus ihrem Selbstverständnis festhalten und aufbewahren wollte. Wie das dann in der konkreten Einzelsituation funktioniert hat, weiß ich auch nicht so genau. Ich bemerke nur, wenn ich auf eine lange nicht gelesene Stelle in einem meiner Romane stoße, dass ich dann manchmal denke: »Wer hat das denn eigentlich geschrieben? Soll ich das gewesen sein? Woher wusste ich das alles, und wie habe ich es geschafft, das alles in so eine Form, in so ein Bild zu bringen?« Das sind die immer noch nicht so ganz erforschten Vorgänge beim Schreiben, über die schon viele Autoren nachgedacht haben. Man sitzt Stunden am Schreibtisch, kaut am Bleistift und kommt nicht weiter. Plötzlich taucht eine Idee auf. Im Hintergrund stehen natürlich meine damaligen Erfahrungen und die Situationen, die ich irgendwo im Kopf gespeichert habe. Wenn ich die Augen zumache, kommen sie plötzlich angeschwommen, ohne dass ich sie kontrollieren oder gezielt provozieren könnte. Manchmal übernehme ich aber auch Berichte von anderen über Vorgänge, bei denen ich oder meine Protagonisten hätten dabei sein können. Dass sich die Hauptfiguren meiner vier Bände entwickeln können und gleichzeitig die Zeitgeschichte aufscheint, das ist nicht etwas, von dem ich sagen würde: »Ich habe das jetzt gemacht, weil ich Schreiben gelernt habe.« So etwas wie Intuition und die den Romanfiguren zuwachsende Selbstentwicklung kommen dazu. Mir ist das auch erst aufgegangen, als ich zum ersten Mal gewagt habe, einen Roman zu schreiben.

Während Ihres sprachwissenschaftlichen Studiums haben Sie sich mit dem Philosophen Martin Heidegger beschäftigt und sogar über ihn promoviert. Welche Rolle hat Heidegger in Ihrem Leben gespielt?

Mit Heidegger bin ich zuerst in Philosophievorlesungen an der FU Berlin in Berührung gekommen. Mich hat dabei bald weniger die existenzielle Philosophie interessiert als vielmehr sein Umgang mit der Sprache. Er hat in den späteren Arbeiten, die er während des Krieges und nach dem Krieg verfasste, mit ihr experimentiert. Mich hat interessiert, was passiert eigentlich bei Heidegger, wenn er die Sprache so strapaziert? Erst im Laufe meiner Dissertation über »Die

Sprache Heideggers« habe ich allmählich erfahren, dass er diese braune Vergangenheit hatte. Das war meiner eigenen Überzeugung ganz konträr, und trotzdem hatte ich Hochachtung vor dem Philosophen. Dabei bin ich zum ersten Mal auf ein Phänomen gestoßen, das mich bis heute verfolgt: Wie ist zu verstehen, dass humanistisch höchst gebildete Menschen in bestimmten Situationen moralisch versagen und dies auch meist ohne Schuldbewusstsein rechtfertigen?

Sie selbst experimentieren auch mit der Sprache. In Ihren Romanen gehen Sie in Dialekte hinein, erfinden Wörter und benutzen eigene Schreibweisen. Ist Ihr eigener Umgang mit der Sprache durch die intensive Beschäftigung mit Heidegger angeregt worden?

Auch. Ich habe versucht auszuloten, was in der Sprache möglich ist. Angeregt worden bin ich aber nicht nur durch Heidegger, sondern auch durch Autoren wie Franz Mohn, Helmut Heißenbüttel, Eugen Gomringer, Max Bense und einige andere, die auf eine spielende Weise mit der Sprache gearbeitet haben. Diese Kollegen interessierte die Frage, was sich aus Sprache an neuem Sinn herausfinden lässt, ohne dass sie allerdings diese Methode zur Beschreibung der sozialen Wirklichkeit genutzt hätten. Ich habe eine Zeitlang auch solche Texte geschrieben, dann aber gemerkt, dass ich meine politischen Erkenntnisse damit kaum vermitteln kann. Das ist ein handwerkliches, unter Umständen auch philosophisches Interesse, aber nicht eines, das sich auf die soziale Wirklichkeit richtet, an der ich dann doch am stärksten interessiert bin. In einzelnen Kapiteln der *Kinder des Sisyfos* habe ich Traumskizzen geschrieben oder Wörter neu gebildet, die aber plausibel und nicht etwa unverständlich sind. Das ist nicht auf Heidegger zurückzuführen, sondern auf mein Interesse an der deutschen Sprache als einem Sinnkosmos, der für den Forscher voller Überraschungen steckt.

Es gibt einen Gebrauchswert von Sprachexperimenten, den vor allem Werbetexter erkannt zu haben scheinen: mächtige Sprachbilder, überzeugende Wortneuschöpfungen, eingängige Formeln, die so noch nicht da waren. Das kann sich doch auch die politische Literatur zu eigen machen?

Der Liedermacher Dieter Süverkrüp, der in der Nachfolge der Achtundsechziger sehr populär war, hat oft Sprachspiele benutzt, um damit Sachverhalte zu erhellen. Er hat Dinge sprachlich in einen ungewohnten Zusammenhang gestellt und damit zum Nachdenken angeregt. Für mich war Sprache immer ein wichtiges Moment des Wirkenwollens. 1968 hatten wir den Impuls, die schreienden gesellschaftlichen Widersprüche durch Kampftexte in das muffige, abgestumpfte bürgerliche Bewusstsein hineinzutreiben. Mir ist aufgefallen, dass die Werbung in den siebziger und achtziger Jahren anfing, mit der Sprache zu spielen. Das Sprachverständnis der aktiven Sprecher dieses Landes hat sich insgesamt verändert. Wahrscheinlich sind die Sprachexperimentatoren der frühen sechziger Jahre da Vorbild gewesen. In der DDR hat es so etwas nicht gegeben. Da wurde eins zu eins gesprochen, in der konventionellen Sprache.

Haben Sie eigentlich jemals mit dem Gedanken gespielt, in die DDR überzusiedeln?

Nein, daran war ich nicht interessiert. Aber ich hatte ja Kontakte. Ich bin 1964 mit meinem Hörspiel über Hiroshima, *Der Pikadon*, ganz rotzfrech nach Ostberlin gefahren und habe gesagt: »Ich möchte mit einem Hörspieldramaturgen sprechen.« Dann kam ein Horst Angermüller, mit dem habe ich bis zum Ende der DDR freundschaftlich zusammengearbeitet, und er wurde im Laufe der Jahre ein härterer Kritiker der Verhältnisse in seinem Land als ich. Als er Fernsehdramaturg wurde, haben wir auch drei Fernsehfilme zusammen entworfen und produziert. Einige Hörspiele, die ich mit westdeutschen Sendern gemacht habe, sind vom Rundfunk der DDR übernommen worden. Damals wurde gesehen, da ist ein engagierter Schriftsteller mit Ansichten über die Gesellschaft der BRD, die man auch in der DDR gut brauchen kann. Dadurch hatte ich immer wieder einen Kontakt zur DDR und bin hierhin und dahin gekommen. Ich wusste aber auch, wenn ich dort wohnen würde, dass ich Schwierigkeiten kriegen würde. Denn mir war vieles aufgefallen, was meinem Eintreten für demokratische Verhaltensweisen widersprochen hat. Zum Beispiel, dass bei Demonstrationen die Plakate und Transparente vorgegeben waren. Ich erinnere mich an das Verwundern dieses

Dramaturgen, als ich ihn herausgefordert habe: »Warum malt ihr nicht eure Plakate mal selbst?« Da sagte er: »Wo kämen wir denn da hin, wenn jeder seine eignen Ideen zur Schau tragen würde?« Für uns war es selbstverständlich, dass wir unsere Schilder malten, damit zur Demonstration gingen und unsere Meinung in vielen Variationen sagten. Ich habe in den fünfziger Jahren noch den Personenkult um Stalin wahrgenommen und mich gefragt: »Warum machen die das, nach unsern Erfahrungen mit dem Hitler-Kult?« Später dann: »Warum lassen die Unter den Linden wieder Soldaten mit Schaftstiefeln die Beine hochschmeißen?« Mich störte, wie dort der preußische Militarismus gefeiert wurde. Die Unisono-Geschlossenheit der Kundgebungen, die von oben vorgegeben war, missfiel mir. Einmal durfte ich bei einem Parteitag der SED als Journalist dabei sein. Da wurde mit außerordentlichem Erstaunen wahrgenommen, dass ich mich nicht dorthin setzte, wohin ich am Vortag eingewiesen worden war, sondern auf einen anderen freien Platz. Das ist eine Kleinigkeit unwichtiger Art. Aber ich dachte, es ist ein Indiz für die übervorsichtige Reglementierung der zivilen Verhältnisse, auf diese Weise kann man nicht die Zustimmung zum sozialistischen Staat und seine aktive Unterstützung gewinnen. Mir war schon auch klar, welche Furcht hinter diesem Mangel an Vertrauen stand. Dass alles auseinanderfliegt und die Leute rübermachen, sich dem damals noch so glänzenden Kapitalismus in die Arme werfen, wenn die Kontrollen und Restriktionen aufgehoben werden. Ich fand trotzdem, dass das eine ängstliche Politik war, die zu den eignen Deklamationen kein Vertrauen hatte. Ich habe das in meinen Romanen an einigen Stellen auch so beschrieben. Die DDR ist auch daran zugrunde gegangen, dass sie den Enthusiasmus der Menschen nicht zu entfalten und ihrer Initiative keinen Raum zu geben vermocht hat.

Ihre Romanfiguren streiten immer wieder über das richtige Verhältnis von Parteidisziplin und freier Selbstorganisation. Sie lassen Viktor Bliss einmal sagen, er möchte »eine heroische Arbeiterpartei aus hundertprozentigen Individualisten«. Haben Sie selbst einen Weg gefunden, im politischen Kampf mit dieser Spannung zwischen notwendiger Einordnung und dem Bedürfnis nach spontaner Selbstbestimmung umzugehen?

Ich glaube nicht, dass man das prinzipiell lösen kann, weder theoretisch noch praktisch. Ich denke an so etwas wie die Demonstrationen gegen den G8-Gipfel in Rostock und Heiligendamm. Das waren ja sehr viele junge Leute, die offenbar gar nichts mit politischen Parteien oder Gewerkschaften zu tun hatten, sondern da hingegangen sind, weil sie sich gegen die Zumutungen des Kapitalismus wehren wollten. Sie haben sich vorher zusammengesetzt und gemeinsam überlegt, mit welcher Strategie sie die polizeilichen Absperrmaßnahmen durchbrechen können. Ihnen ist es offensichtlich in großer Spontaneität gelungen, die Polizei mit der »Strategie der fünf Finger« matt zu setzen und die Zugangswege zu diesem G8-Gipfel zu sperren, so dass man den nur noch von See aus oder mit dem Hubschrauber erreichen konnte. Das ist für mich ein Beispiel, wie etwas in der Symbiose von Disziplin und Spontaneität erreicht werden kann. Allerdings nicht die Verhinderung des Gipfels oder die Neutralisierung dieser Polizeiarmee, die immer höher gerüstet und gefährlicher wird. Ich weiß nicht, wie das weitergehen wird, denke aber: Wenn sich an vielen Stellen in der Gesellschaft Widerstand regt, wird auch die Polizei irgendwann machtlos werden, weil sie nicht so stark ist, um überall gleichzeitig aufzutreten. Deshalb versuchen die Herrschenden ja auch, die Bundeswehr für Einsätze im Inneren freizukriegen. Bei ihnen wächst offenbar die Befürchtung, dass von unten, auch durch die wachsende Not, sehr viel Widerstand entstehen kann.

Ihre Romane enthalten Bausteine zu einer Geschichte engagierter, eingreifender Literatur. Können Sie im Rückblick sagen, unter welchen Bedingungen Literatur politisch wirksam werden kann?

Ich sehe jetzt, wo meine Romane auf dem Markt sind, wie schwer es ist, Aufmerksamkeit zu erreichen. Das mag daran liegen, dass von den tonangebenden Medien nicht gewünscht wird, auf solche widerständige Literatur aufmerksam zu machen. Sie ist in unserer gegenwärtigen Situation erst einmal eine Nischenliteratur, die große Schwierigkeiten hat, ihre Leser zu finden. Ich bin immer wieder erstaunt, wenn ein mir Unbekannter kommt und sagt: »Ich habe Ihr Buch gelesen. Ich möchte mich dafür einsetzen, dass es weiterverbreitet wird.« Aber das ist ein Sickereffekt, der viel Geduld braucht, weil er langsam vor sich geht. Ob dieses Bewussthalten unserer politisch-demokratischen Vergangenheit wirksam sein wird, kann ich auch nicht abschätzen. Die jungen Leute, die aufgebrochen sind, um gegen den G8-Gipfel in Heiligendamm zu demonstrieren, haben das ja nicht getan, weil ihre Eltern Achtundsechziger waren und sie von denen über die zerstörerischen Kräften des Kapitalismus informiert worden sind.

Eines ist klar. Wenn es eine soziale Widerstandsbewegung gibt, braucht diese auch Literatur, um sich zu verständigen, um andere zu gewinnen und um sich nach außen zu vermitteln. Das kann eine Literatur sein, die große gesellschaftliche Zusammenhänge in Romanen oder Essays sichtbar macht und Möglichkeiten des Widerstands beispielhaft zeigt. Oder eine aktuell eingreifende, wie bestimmte Brecht-Stücke oder -Gedichte oder solche Kampftexte, wie ich sie früher geschrieben habe.

Bücher von Erasmus Schöfer

Der gläserne Dichter. Roman, 2010

Winterdämmerung. Roman, 2008 (Die Kinder des Sisyfos)

Sonnenflucht. Roman, 2005 (Die Kinder des Sisyfos)

Zwielicht. Roman, 2004 (Die Kinder des Sisyfos)

Ein Frühling irrer Hoffnung. Roman, 2001 (Die Kinder des Sisyfos)

Politische Literatur braucht einen Resonanzraum

Michael Wildenhain[1]

Michael Wildenhain (geb. 1958 in Berlin) studierte Informatik, Philosophie, Mathematik und Wirtschaftsingenieurwesen. In den frühen achtziger Jahren war er Teil der Hausbesetzerbewegung in Berlin. Er lebt dort als freier Autor von Lyrik, Theaterstücken, Jugendbüchern, Erzählungen und Romanen. Zu seinen bekanntesten Büchern gehört »Erste Liebe – Deutscher Herbst«.
Ein Gespräch über die Hausbesetzerbewegung in Westberlin vor dreißig Jahren, linksradikale Geschichte und den Flaschenpostcharakter von Büchern.

Wie sind Sie zur Politik und zum politischen Schreiben gekommen?

Als ich 1971 aufs Gymnasium kam, war da zu Anfang wenig von Politik die Rede. Aber die Politik brach immer wieder ein. Zum ersten Mal in Gestalt eines sehr beliebten Referendars, der 1974 bei einer Klassenfahrt mit uns auf einer politischen Versammlung gegen das Atomkraftwerk in Wyhl in der Nähe von Freiburg im Breisgau war. Damals begann der Antiatomprotest. Diesem Mann wurde die Verbeamtung verweigert. Eine Schülergruppe, die dem Kommunististischen Bund Westdeutschlands (KBW) nahestand, hat ihn unterstützt. Aber auch diejenigen von uns, die, wie ich, eher unpolitisch waren, haben an einer Solidaritätsdemonstration teilgenommen. Der Referendar ist von der Schule verwiesen worden und hat auch keine Anstellung mehr im Schuldienst gefunden. Das war die Berufsverbotszeit. Auch nach dieser Episode spielte die Politik

1 Erstveröffentlichung in *junge Welt* am 15.8.2009
Foto © Marijan Murat

in meinem Leben erst einmal keine größere Rolle. 1977, im sogenannten Deutschen Herbst, habe ich bei Siemens ein Praktikum gemacht. Ich war damals zwar immer auf Seiten der Linken in einer diffus empfundenen Form. Das hatte aber nichts Begriffliches. Der eigentliche Bruch, der Beginn meiner politischen Sozialisation kam mit der zweiten Welle der Hausbesetzungen 1979 in Berlin. Daran habe ich mich sehr intensiv über eineinhalb Jahre beteiligt.

Wo verliefen damals die Konfliktlinien?

Mietervereine und deren Umfeld protestierten gegen die Abrisspolitik, die der Westberliner Senat zu forcieren begann. Man kann das am besten sehen am Gesundbrunnen, am Humboldthain und im übrigen Wedding. Dort sind die Altbauquartiere flächendeckend abgerissen und durch Neubauquartiere ersetzt worden. Im Kreuzberger Zentrum kann man davon übrigens gerade die Anfänge sehen. Weitere Abrisse sind durch die Hausbesetzungen verhindert worden.

Damals gab es eine Regelung, die zu einer eigentümlichen Form der Spekulation führte. Den Hausbesitzern wurde der Leerstand durch öffentliche Zahlungen entschädigt. Für sie war es deshalb gar nicht so ungünstig, wenn sie ihre Häuser entmietet haben, insbesondere im Hinblick auf die anstehenden Abrisse. Dadurch standen viele Wohnungen leer. Gleichzeitig gab es eine sehr hohe Nachfrage. Es gab damals in Westberlin kaum Wohnungen, die man mieten konnte, und auf der anderen Seite diesen eigentümlichen Leerstand. Das hat die faktische Grundlage geschaffen, um überhaupt Häuser besetzen zu können. Wegen der Spekulation gab es außerdem einen moralischen Rückenwind. Große Teile der Bevölkerung in den betroffenen Stadtteilen waren mit dem Zustand nicht einverstanden. Hinzu kamen mehrere Skandale, die sich alle um die Leerstands-, Bau- und Wohnungspolitik drehten. Aufsehen erregte insbesondere ein Finanzskandal, der nach dem Bauunternehmer Dietrich Garski benannt wurde und den vom Regierenden Bürgermeister Dietrich Stobbe geführten SPD-FDP-Senat in eine tiefe Krise stürzte. Stobbe trat am 15. Januar 1981 zurück und wurde durch Hans-Jochen Vogel abgelöst. In Kreuzberg, Wedding,

Schöneberg und Moabit gab es zu dieser Zeit Mieterinitiativen, die Häuser besetzten, um gegen die Kahlschlagsanierung zu protestieren. Die Bewegung war politisch diffus. Es gab Leute, die standen der Grün-Alternativen-Liste nahe, Obdachloseninitiativen, aber auch Leute, die mit der Roten Armee Fraktion (RAF) sympathisierten. Andere waren eher anarchistisch inspiriert. Alle Facetten des linksradikalen Spektrums waren vertreten.

Am 12. Dezember 1980 kam es dann zu einer ersten größeren sozialen Eruption. Bis zu diesem Tag waren höchstens achtzehn oder zwanzig Häuser besetzt, und ein weiterer Versuch wurde von der Polizei vereitelt. In der Folge wurden in ganz Kreuzberg Barrikaden errichtet, Supermärkte geplündert und es kam in der Nacht zu einer sehr heftigen Straßenschlacht. Sehr viele Kreuzberger haben sich daran beteiligt. Darauf war die Polizei nicht vorbereitet. Die folgende Verhaftungswelle hat zu einer großen Solidarisierung geführt. Große Teile der nicht einmal sehr anpolitisierten Jugend, und dazu würde ich mich auch zählen, der 16- bis 25-Jährigen, die eher von politischen Rückzugsutopien geprägt waren, trafen sich in Versammlungen und waren auf einmal bereit, ein leerstehendes Haus zu besetzen. Es gab einen antigesellschaftlichen, antikapitalistischen Impuls, der sich am Leerstand von Wohneigentum festmachte und ausdrückte: »Wir sind sowieso im Recht.« Es waren nicht wenige darunter, die eine Wohnung gesucht und keine gefunden hatten. Vor diesem Hintergrund wurden in den ersten drei Monaten des Jahres 1981 etwa 160 Häuser besetzt. Die davon überraschte und durch Skandale in die Defensive gedrängte SPD-FDP-Landesregierung hat nichts dagegen gemacht. Es entstand eine Art Machtvakuum, das man mit der Situation 1989/90 in Ostberlin vergleichen kann. Als sich die Lage erst einmal so weit entwickelt hatte, konnte man nicht mehr auf einen Schlag weit über hundert Häuser räumen. Die CDU, die im Juni 1981 das Ruder übernahm und nun mit Richard von Weizsäcker den Regierenden Bürgermeister stellte, wollte erst sehr konfrontativ vorgehen. Gleichzeitig wurde die Alternative Liste, deren Abgeordnete schon in verschiedenen Bezirksverordnetenversammlungen saßen, zum ersten Mal ins Abgeordnetenhaus gewählt und war in Kreuzberg, Wilmersdorf,

Schöneberg und Tiergarten so stark vertreten, dass sie dort jeweils einen Stadtrat bekam. In Kreuzberg bekamen die Grün-Alternativen den Posten des Baustadtrats, der dann als eine Art Moderator des Konflikts tätig werden konnte.

Als sich herausstellte, dass der Konfrontationskurs der CDU-Regierung nicht funktionierte und die Bereitschaft der Hausbesetzer bekannt wurde, Kreuzberg weiträumig zu verteidigen, begann die Regierung den AL-Stadtrat als Transformationsriemen für eine Verhandlungsstrategie zu nutzen. Mittlerweile hatte sich der Konflikt ein gutes Stück von der Wohnungspolitik abgelöst. Es gab Gruppen, die hatten lebensreformerische Ansätze und wollten in großen Gruppen zusammenleben. Das war eine Rückzugsutopie, die in den Häusern verwirklicht werden sollte. Andere waren sehr radikal. Bis hin zu der Aussage: »Was der Guerilla in El Salvador die Berge sind. Das sind uns die Häuser.« Es gab auch Ideen, die Häuser zu verteidigen. In den Häusern mischte sich das. Es gab eine große Fluktuation. Vorbilder waren Zürich, Amsterdam, Kopenhagen mit dem »Freistaat Christiania«. Schließlich schwärmten die Leute aus in ihre Heimatregionen und versuchten dort, die Sache der Hausbesetzung zu forcieren.

Wie haben Sie Ihre praktischen Erfahrungen theoretisch verarbeitet?

Mich hat die recht weit verbreitete Theoriefeindlichkeit gestört. Der Grund dafür war, dass man sich gegen die vermeintlichen Laberköpfe und Theoretiker aus den K-Gruppen und von der Uni abgrenzen wollte. Diese Abgrenzung ging von Studenten aus, die an der Uni diese theoretisierenden linken Intellektuellen im Übermaß kennengelernt hatten. Ich habe nach der Niederlage der Bewegung angefangen, Philosophie zu studieren. Ich wollte möglichst viel Theorie akkumulieren. Ich las Texte der RAF, der Revolutionären Zellen (RZ), der Weathermen aus den USA und die sonstigen Flugschriften. Das erfolgte nicht systematisch, sondern eher additiv. Ich versuchte das Gelesene jedoch immer auf die gegenwärtige Situation anzuwenden. Auch wenn ich im Philosophieseminar Adorno gelesen habe. Ich habe immer überlegt, was spielt das für eine Rolle für mein eigenes Leben. Wenn ich zum Beispiel Carl Schmitt gelesen habe, habe ich mich gefragt: »Inwiefern hat der Mann vielleicht recht mit seinem Dezisionismus? Und inwiefern gibt es da eine Hinführung zu dem, was die RAF meinte mit ›Der Sprung‹, ›Die Entscheidung‹?«

Ich habe die politischen Aktivitäten insofern angefangen, politisch zu befragen, als ich den Eindruck hatte, dass mich die sich nach und nach herauskristallisierende Kampagnenpolitik der Linken immer weniger zufriedenstellt. Ich hatte den Eindruck, dass die politischen Aktivistengenerationen immer schneller durchliefen und die jeweils folgende immer das machte, was ihre Vorgänger schon gemacht hatten – unter Umständen auf einem theoretisch noch niedrigeren Niveau. Ohne etwas lernen zu wollen, ohne an die Geschichte anknüpfen zu wollen. Sie wiederholten dann häufig dieselben Fehler und stießen an dieselben Grenzen. Für mich ist daraus ein Bedürfnis entstanden, an linke Geschichte anzuknüpfen. Nach 1977 hat sich die bundesrepublikanische Linke Reformprojekten zugewandt: die Grünen, die *taz*, andere Kollektivprojekte. Die Verbindung zu dem radikalen Impetus, der einmal da war, ist aber versiegt. Ich habe das empfunden als ein Stehen im luftleeren Raum. Für mich war der nächste Schritt das Literarische. Ich habe begonnen, mich systematisch für linke Literaturgeschichte zu interessieren, von Brecht und Anna Seghers herkommend. Später sehr stark festgemacht an Christian Geissler. Ich habe versucht, Anknüpfungspunkte für eine literarische Reflexion der linkspolitischen Geschichte zu finden.

Welche Rolle kann linke Literatur für die politische Befreiung spielen, und unter welchen Bedingungen kann sie ihre Wirkung am besten entfalten?

Diese Frage hat mich von Anfang an umgetrieben. Meinen ersten Roman *Zum Beispiel K.* (1983), der die Ereignisse des Jahres 1981 Revue passieren lässt, habe ich noch im besetzten Haus zu schreiben begonnen. Das Buch war noch stark inspiriert von bestimmten Fragestellungen, die sich aus meiner politischen Tätigkeit, aus meiner damaligen Lebensform entwickelt haben. Damals wollte ich kein literarisches, sondern ein politisches Buch schreiben. Ich hatte die etwas trügerische Hoffnung, dass die Wirkung immens sein könnte, dass sich danach etwas tut, dass es eine Diskussion anstoßen, der Reflexion unter den Mitstreitern eine wesentliche Facette hinzufügen könnte. Damit habe ich die Rolle der Literatur ein bisschen überschätzt. Das große Problem ist letztlich der Rezeptionszusammenhang. Brecht, insbesondere mit seinen Lehrstücken, ist nicht vorstellbar ohne die Situation Ende der zwanziger, Anfang der dreißiger Jahre, ohne eine sehr starke kommunistische Partei und die entsprechenden Publikationsorgane, die sich um sie rankten. Es gab also einen Resonanzraum für die Literatur, aus dem das Echo herausschallte. Heiner Müller ist nicht vorstellbar ohne die DDR. Er wurde zwar auch sehr stark im Westen rezipiert, aber nur vor dem Hintergrund dieses real existierenden Resonanzraumes. Ich glaube, politische Literatur braucht immer diesen Resonanzraum. Wenn dieser schmal und dünn ist wie im Moment, dann wird es schwer.

Es gibt zwar auf mein neues Buch *Träumer des Absoluten* (2008) Reaktionen, die aus einem Rest des linksradikalen Milieus kommen, aber die sind eher retrospektiv gerichtet: »Wie war es damals? Wie ist es da verarbeitet? Was bedeutet das noch für uns?« Ich verbinde nach wie vor mit so einem Buch die Hoffnung, dass es auf einen fruchtbaren Boden trifft und für die heute politisch involvierten Leute linke Geschichte transportiert. Selbst wenn der Resonanzraum in Form einer gesellschaftlich wirksamen linken Kraft nicht gegeben ist, kann so ein Buch jedoch einen Flaschenpostcharakter entfalten. Das motiviert mich heute, so etwas zu schreiben. Der im August 2008 verstorbene Schriftsteller Christian Geissler ist in der breiten Wahrnehmung fast vergessen. Aber seine Bücher sind noch da und können wiederentdeckt werden. Seine Romane *Das Brot mit der Feile* (1973), das von der illegalen KPD in der Bundesrepublik erzählt, und *Kamalatta* (1988), das im Milieu der RAF spielt, sind zeitgeschichtliche Dokumente, die in literarischer Form eine Wahrhaftigkeit erreichen, die sonst schwer zu erreichen ist.

Worum geht es in Ihrem jüngsten Roman *Träumer des Absoluten*?

Es geht um 35 Jahre linksradikale Geschichte. Der Roman beginnt 1970, endet 2004 und erzählt über diesen Zeitraum eine Freundschafts- und Liebesgeschichte zwischen drei Personen: dem Erzähler Jochen, Tariq und Judith. Die beiden jungen Männer wollen mit Judith zusammen sein. Tariq versucht das Dreieck zu schließen. Er ist immer absolut in dem, wofür er sich interessiert, und unversöhnlich in Konfliktsituationen. Im zweiten Kapitel gibt es einen Konflikt mit dem Direktor, der eine Art Pflegevater für Judith ist. Dieser Direktor heißt Schwaerdtfeger. Wie sich herausstellt, ist sein richtiger Name Schneidberger. Er hat nach dem Ende der Naziherrschaft den neuen Namen angenommen. Es gibt da eine historische Parallele, den Schneider-Schwerte-Fall in Aachen, den ich dabei vor Augen hatte.

Hans Schwerte war Direktor der RWTH Aachen und ein angesehener Germanist. Es stellte sich heraus, dass er seinen Namen geändert hatte. Er war unter seinem richtigen Namen Hans E. Schneider als Hauptsturmführer der SS für Himmler im Amt Ahnenerbe tätig gewesen. Er gehört zu einer Reihe von Leuten, die 1945 die Chance genutzt haben, eine neue Identität anzunehmen. Er ließ sich durch seine Ehefrau für tot erklären und hat die vermeintliche Witwe unter falschem Namen wieder geheiratet. Er galt während seines wissenschaftlichen Wirkens in der Bundesrepublik eher als linksliberal, wurde Rektor und erst 1995 enttarnt.

Auch in meinem Roman geht es auf verschiedenen Ebenen um den Wechsel von Identitäten. Tariq schließt sich den Revolutionären Zellen (RZ) an. Judith folgt ihm, Jochen nicht. Später sagt Tariq als Kronzeuge im Prozess gegen seine ehemaligen Mitstreiter von den RZ aus. Er verrät sie. Der Fluchtpunkt des Romans ist das islamistisch inspirierte Attentat auf die Vorortzüge in Madrid. Der Titel *Träumer des Absoluten* ist ein Zitat aus dem frühen Buch von Hans Magnus Enzensberger *Politik und Verbrechen* (1964). Dieses Zitat schreibt Enzensberger Karl Marx zu, der damit den anarchistischen Zarenattentätern habe Gerechtigkeit widerfahren lassen. Die anarchistischen Attentäter sind im Kontext der Aufklärung gegen den Absolutismus in Form des Zaren angetreten. Heute treten die Attentäter, insofern sie islamistisch konnotiert sind, unter dem Vorzeichen eines religiösen Absolutismus mit einem gegenaufklärerischen Impetus auf. Diesen Verlauf wollte ich zeigen.

Sie haben sich neben dem Roman auch in anderen Genres versucht. Darunter Dramen, Lyrik und Jugendliteratur.

Die Gedichte haben sich über die Zeit eher verloren. Ich habe zwei Lyrikbände gemacht. Der erste ist jetzt wieder aufgelegt worden. Der wurde, als er 1989 erschien, unter Kreuzbergliteratur subsumiert. Die Gedichte sind überwiegend gereimt, was damals überhaupt nicht angesagt war. Das galt geradezu als Sakrileg. Mir wurden von den Kollegen richtige Vorwürfe gemacht: Das könne man nicht machen. Das sei doch alles rückwärtsgewandt aufgrund der Form. Die Theaterstücke sind zum größten Teil in den neunziger Jahren entstanden und aufgeführt worden. Ich habe mich in meinem Schreiben, inspiriert von Anna Seghers, Bertolt Brecht und Heiner Müller, lange Zeit an der Frage orientiert: Wie ist es möglich, so etwas wie einen kollektiven Protagonisten in der Prosa zu etablieren? In der politischen Literatur geht es ja auch darum, wie eine Gruppe sprechen kann.

Dadurch bin ich zum Theater gekommen, denn da ist es einfacher: Da hat man einen Chor und damit automatisch ein Element des Kollektiven. Meine Theaterstücke versuchen zu einem guten Teil, unmittelbar einzugreifen. Viele drehen sich um die Frage des Rechtsradikalismus und des Umgangs damit. Darum geht es auch in einigen meiner Jugendbücher. *Wer sich nicht wehrt* (1994) war das erste. Das hat einen starken Modell- und insofern Lehrstückcharakter.

Sie haben eine ganze Reihe von Jugendbüchern geschrieben, die sich auch ganz gut verkaufen. Wie kommt es, dass man Sie öffentlich kaum als Jugendbuchautor wahrnimmt?

Es ist gar nicht so, dass diese Jugendbücher weniger bekannt sind. Doch sind die literarischen Sphären völlig getrennt. In den Buchhandlungen und Bibliotheken sind meine Werke in verschiedene Abteilungen sortiert. Meine Jugendbücher sind ganz gut in den Bibliotheken vertreten. Das hat aber keinerlei Auswirkungen auf die anderen Bücher. Das eine hat mit dem anderen nichts zu tun. Leute, die meine Romane kennen, wissen häufig gar nicht, dass ich Jugendbücher geschrieben habe. Diejenigen, die meine Jugendbücher kennen, wissen wiederum nicht, dass ich, aus ihrer Sicht, »Erwachsenenbücher« geschrieben habe. Auch zu *Wer sich nicht wehrt* gibt es einen ganzen Stapel Rezensionen. Doch wenn sie im »großen Feuilleton« erscheinen, dann stehen sie auf den seltenen Kinder- und Jugendbuchseiten und werden überblättert. Außerdem gibt es wenig wahrgenommene Rezensionsorgane wie *Eselsohr* und Sachen, die nur von Bibliothekaren oder Lehrern gelesen werden.

Bücher von Michael Wildenhain

Träumer des Absoluten. Roman, 2008

Russisch Brot. Roman, 2005

Der Augenblick des Absprungs. Roman, 2001

Erste Liebe – Deutscher Herbst. Roman, 1997

Wer sich nicht wehrt. Roman, 1994

Zum Beispiel K. Roman, 1983

Am wichtigsten ist, dass das Töten und die Unterdrückung aufhören

Sabine Kuegler[1]

Sabine Kuegler (geb. 1972) wuchs als Kind einer Familie deutscher Sprachforscher beim Stamm der Fayu im Dschungel des von Indonesien okkupierten West-Papua auf. Ihre Bücher »Dschungelkind« (2005) und »Der Ruf des Dschungels« (2006) wurden Weltbestseller. Im Frühjahr 2007 besuchte sie mit dem Menschenrechtler Steffen Keulig (freewestpapua.de) Flüchtlingslager in Papua-Neuguinea, um Verbrechen der indonesischen Sicherheitskräfte zu dokumentieren und notdürftig Hilfe zu leisten. Bis zu 10 000 Menschen halten sich vor dem Zugriff von Polizei und Militär im Urwald versteckt.
Ein Gespräch über Flüchtlingslager in Papua-Neuguinea, indonesischen Staatsterrorismus in West-Papua, den Minenkonzern Freeport, Interessen der USA und die Perspektiven der Befreiungsbewegung.

Sie waren im Frühjahr in Papua-Neuguinea und haben Flüchtlingslager besucht. Warum?

Ich wollte hin, um mit den Leuten zu reden. Es gab drei Wellen von Flüchtlingen, die von West-Papua nach Papua-Neuguinea gegangen sind: in den sechziger Jahren, 1984 und im Jahr 2000. Ich hatte gehört, dass sich dort auch Studenten versteckt halten, die an den Demonstrationen im Frühjahr 2006 teilgenommen hatten und dringend um Hilfe baten.

1 Erstveröffentlichung in *junge Welt* am 21.7.2007
Foto © Verlag Zabert Sandmann

Warum sind die Menschen aus dem indonesischen West-Papua in das unabhängige Nachbarland geflüchtet?

In Indonesien ist es üblich, dass Militär und Polizei nur zu 36 oder 34 Prozent vom Staat finanziert werden. Den Rest müssen sie sich selbst besorgen. Das größte Problem West-Papuas ist: Es ist ein sehr reiches Land. Jetzt gibt es dort indonesisches Militär und die Polizei, die ihre Truppen finanzieren wollen und schon seit Jahren Geschäfte machen. Das Militär geht zum Beispiel zu einem Stamm und erklärt: »Wir wollen das Holz. Von dem Erlös bekommt ihr soundso viel Prozent.« Irgendwann denkt die Polizei: »Die machen ganz schön viel Geld. Jetzt wollen wir das Land haben.« Also versuchen sie, die Eingeborenen gegen das Militär aufzubringen. Sobald das Militär weg ist, kommt die Polizei. Und dann fängt alles wieder von vorn an.

Manchmal versucht das Militär, einen Häuptling zu bestechen. Sie sagen: »Hör zu. Wir geben euch ein paar Säcke Reis, Taschenlampen. Wir helfen euch. Du wirst ein wichtiger Mann werden. Wir geben dir eine gute Position, und dafür überredest du deine Leute, uns das Holz zu geben.« Viele lassen sich bestechen. Ich habe bei meinem Stamm miterlebt, wie die Leute gesagt haben: »Wir wollen das nicht.« Darauf ist das Militär gekommen und hat angefangen, die Gärten zu zerstören, die Schweine zu töten, die Schule und die Häuser niederzubrennen. Wenn das noch immer nicht hilft, gehen sie massiv vor. Aber bis dahin sind die Leute so eingeschüchtert, dass sie sagen: »Okay, wir geben euch das Land.« Viele Papuas sind inzwischen gekauft worden. Jedes Mal, wenn jemand in der Befreiungsbewegung Erfolg hat, kommen die und sagen: »Hör mal zu, wenn du damit aufhörst, dann machen wir das und das.« Das ist mir auch passiert. Der verstorbene Gouverneur von West-Papua hatte angeblich zwanzig Millionen Dollar auf dem Konto.

Die Regierung in Jakarta erklärt dann: »Seht euch mal West-Papua an. Alle Leute in der Regierung sind Papuas.« Das stimmt. Was man aber nicht sieht: Hinter diesen Leuten steht das Militär mit den Gewehren. Die Weltbank unterstützt die Umsiedlung von Javanesen nach West-Papua. Indonesien will den indigenen

Bevölkerungsanteil zurückdrängen. Jede Woche kommen Schiffe mit Immigranten. Die Papuas werden vertrieben. Nachdem 2001 der Autonomiestatus eingeräumt worden war, wurde es noch schlimmer. All das Geld, das dem Westteil der Insel zur Verfügung gestellt wird, geht an die Immigranten, aber nicht an die Einheimischen. Ich unterstütze die Autonomieregelung nicht, weil sie nicht funktioniert. Für mich ist am wichtigsten, dass das Töten und die Unterdrückung aufhören.

Die Region war erst portugiesische, dann holländische Kolonie. Wie sind die heutigen Probleme entstanden?

West-Papua war holländische Kolonie, auch kurz unter japanischer Herrschaft, ebenso wie Indonesien. Als die Japaner gingen, kamen die USA, als die Amerikaner gingen, kamen wieder die Holländer. Das war in den vierziger Jahren nach dem Zweiten Weltkrieg. Die Papuas wollten nicht zu Indonesien gehören. Holland hatte damals erklärt, es wolle West-Papua in die Unabhängigkeit entlassen, aber anders als Papua-Neuguinea. Sie wollten die seit Jahrhunderten von der Außenwelt abgeschieden lebenden Stämme vorbereiten, erfolgreich ein eigenes Land zu führen. Die Holländer begannen, eine Infrastruktur zu entwickeln, Krankenhäuser und Schulen zu bauen und die Leute auszubilden: Krankenschwestern, Ärzte, Lehrer, Politiker. Sie haben ein Parlament eingerichtet, gaben dem Land eine eigene Flagge, eine eigene Nationalhymne und versprachen: »1970 bekommt ihr eure Unabhängigkeit.«

Den Indonesiern aber war bewusst, was es für Bodenschätze auf der Insel gibt. Irgendwann schafften sie es, die USA auf ihre Seite zu ziehen. Die machten sich im Kalten Krieg Sorgen, dass Indonesien ein Bündnis mit der Sowjetunion eingeht, gaben Jakarta nach und erklärten: »Ihr könnt West-Papua haben, aber wir können es euch nicht einfach so geben. Also werden wir Wahlen abhalten.« Die fanden 1969 statt. Nach den Vorgaben des »New York Agreement« zwischen den Niederlanden und Indonesien von 1962 hätten jede Frau, jeder Mann unter Aufsicht der Vereinten Nationen darüber abstimmen sollen, ob sie zu Indonesien gehören wollen oder nicht. Stattdessen versammelte man 1025

Männer und sagte ihnen: »Ihr werdet für euer Land die Abstimmung machen.«

Und die haben im Referendum einstimmig für den Anschluss an Indonesien gestimmt?

Der Act of Free Choice, die »freie Wahl«, fand so statt, obwohl sich Mitarbeiter der Vereinten Nationen beschwerten. Ein UN-Beobachter berichtete: »Wir wurden vom Militär mit Gewehren bedroht.« Henry Kissinger beriet damals Präsident Nixon, wie das ablaufen sollte. Schon damals war der US-Bergbaukonzern Freeport-McMoran Copper & Gold im Land und begann, Abbaustätten für Kupfer und Gold einzurichten – heute sind das die Minen mit den größten Reserven weltweit.

Leute, die 1969 dabei waren, erzählten mir, dass sie unter Druck gesetzt wurden. Ihnen wurde gedroht, es würde etwas Schlimmes passieren, wenn sie nicht zustimmten. 2002, glaube ich, wurden US-Dokumente zu West-Papua und den Aktivitäten der USA freigegeben: Besprechungen zwischen Kissinger und Nixon, Besprechungen mit John F. Kennedy etc. In ihnen wird deutlich, dass der US-Regierung klar war, dass da was nicht stimmte, aber sie wollten nicht das Risiko eingehen, Indonesien als Verbündeten zu verlieren. Es war ein ganz einfacher Tauschhandel: »Ihr bekommt West-Papua, und dafür werdet ihr euch nicht mit der Sowjetunion verbünden.«

Nach dieser »freien Wahl« erklärten die Papuaner: »Wir wollen für unsere Rechte kämpfen.« Damals bildete sich die Freiheitsbewegung OPM, die Organisasi Papua Merdeka. Die OPM wird von der indonesischen Regierung als terroristisch abgestempelt. Man darf die papuanische Flagge nicht hissen. Man darf »Papua Merdeka« – Freiheit für Papua – nicht sagen. Wer eine papuanische Flagge besitzt, den »Morning Star«, kann bis zu zwanzig Jahren Haft erhalten. Man darf gegen die Regierung nicht demonstrieren, obwohl es nach der Verfassung Indonesiens erlaubt ist. Die Papua fragen: Warum gilt das Gesetz für die Indonesier oder Javanesen, aber für uns nicht? Warum werden wir anders behandelt?

Welche Rolle hat der US-Minenkonzern Freeport in der Geschichte West-Papuas gespielt?

Freeport ist einer der größten Kupfer- und Goldschürfkonzerne der Welt und der größte ausländische Investor in Indonesien. Das Hauptquartier befindet sich im US-Bundesstaat Louisiana. Nach meiner Information war Henry Kissinger bereits 1969 oder früher Vorstandsmitglied von Freeport. Ich weiß, dass Freeport bis heute eng mit der US-Regierung zusammenarbeitet. Freeports Vertrag mit Indonesien wurde unterschrieben, bevor West-Papua überhaupt zu Indonesien gehörte. Dieser Vertrag ist nach dem Völkerrecht nicht gültig. Das Tragische ist, dass das Land oder die Schürfrechte den Stämmen damals für fünf Taschenlampen und fünf Äxte »abgekauft« wurden. Als die Stämme ihre Rechte zurückforderten, erklärte Freeport, vom Gewinn aus den Minen würden mehrere Millionen US-Dollar jährlich zur Verfügung gestellt. Der Witz ist, dass das Geld, das die Stämme bekommen sollten, auf ein Treuhandkonto gezahlt wird. Will ein Stamm etwas haben, muss er schriftlich begründen, wofür. Meistens bekommen sie das Geld nicht. Angeblich soll es für Entwicklungsprojekte genutzt werden. Aber die Stämme sind nach wie vor sehr arm. Das Schulsystem und die medizinische Versorgung sind schlecht. Was mit dem Geld passiert, ob es noch auf dem Konto ist, weiß eigentlich keiner. Es wird momentan von einem Indonesier verwaltet, der sehr gute Beziehungen zum Militär hat. Die Stämme wollen jetzt natürlich das Recht haben, selbst die Konten zu verwalten.

Das indonesische Militär bekommt mehrere Millionen US-Dollar im Jahr, um Freeport zu schützen. Vor ein paar Stämmen mit Pfeil und Bogen? Aufgrund von kritischen Presseberichten in den USA kam in dem Bergbaukonzern die Debatte auf, ob die Zahlungen an das Militär weiterlaufen sollen oder nicht. Einige Wochen nach dieser Diskussion wurde eine Gruppe von Amerikanern angegriffen. Dabei starben zwei Indonesier und ein amerikanischer Lehrer. Das Militär behauptete, die Täter seien Mitglieder der Befreiungsbewegung. CIA und US-Regierung schalteten sich ein. Dann passierte das Traurige. Einer der Führer der Freiheitsbewegung verriet seine eigenen Landsleute und gab dem Militär eine Liste mit Namen von

Männern, die angeblich an dem Überfall beteiligt waren. Darunter waren ein vierzehnjähriger Junge und ein Pastor. Er überredete sie, sich mit den Amerikanern zu treffen: »Wenn sie euch verhaften sollten, nehmen sie euch mit nach Amerika, und da bekommt ihr einen fairen Prozess.« Was ist passiert? Der amerikanische Geheimdienst hat die Leute eingesammelt und dem indonesischen Militär übergeben. Sie sitzen heute noch in Gefangenschaft in Jakarta. Zwei von ihnen sind inzwischen gestorben oder umgebracht worden. Die Amerikaner wissen, dass sie unschuldig sind. Die Indonesier wissen, dass sie unschuldig sind. Die Papua wissen, dass sie unschuldig sind. Den Amerikanern ging es nur darum, einen Schuldigen zu finden. Jedes Mal, wenn sich Freeport aus dieser Verbindung zum Militär zurückziehen will, geschieht Ähnliches.

Gibt es jemanden, der sich um diese Menschen kümmert?

Ich weiß es nicht. Ich kenne so viele Leute im Gefängnis, die alle Anwälte brauchen. Woran es dieser Bewegung wirklich mangelt, ist Geld. Ich habe das meiste, was ich verdient habe, dorthin gegeben. Man müsste versuchen, die Leute aus der Haft freizubekommen. Aber kaum hat man die raus, kommen die nächsten schon wieder rein. Man steht dort vor einem Berg von Tragik und Hoffnungslosigkeit.

Ist das, was in West-Papua passiert, eine Form von Kolonialherrschaft?

Das ist definitiv eine Kolonialherrschaft. Wenn die Niederländer das machten, die Deutschen oder die Japaner oder die Amerikaner, würde die ganze Welt aufstehen. Die Kolonialmacht kann sich aus zwei Gründen halten: erstens, weil sie Unterstützung aus Amerika hat, weil Papua so reich an Bodenschätzen ist, und zweitens wegen ihrer militärischen Überlegenheit.

Hinzu kommt heute die Furcht der USA vor den Islamisten. Vor kurzem sagte mir ein Papua: »Wir wurden damals wegen des Kalten Krieges verkauft. Jetzt werden wir wegen des ›Kriegs gegen den Terror‹ verkauft.« Und genau so ist es. Jetzt sagt der Bush: »Wir können uns nicht einmischen. Wir können es uns nicht leisten, Indonesien an die Islamisten zu verlieren.« Wenn Indonesien West-

Papua verliert, bricht seine gesamte Ökonomie zusammen. Über dreißig Prozent des Steueraufkommens kommen aus West-Papua. Die anderen Inseln würden ebenfalls ihre Unabhängigkeit erklären. Das entstehende Machtvakuum wäre eine Brutstätte für terroristische Organisationen. Indonesien ist sozusagen die Hintertür der USA, die der Auffassung sind, dass sie sich im größten islamischen Land der Welt keine Instabilität leisten können.

Wie sinnvoll ist unter diesen Umständen ein Engagement für West-Papua?

Wenn man es nicht wenigstens versucht, wenn man schon aufgibt, bevor man überhaupt anfängt, was hat das Leben dann für einen Sinn? Es gibt in der Geschichte so viele Beispiele dafür, dass Menschen für etwas gekämpft haben, das aussichtslos schien. Irgendwann gelang es doch.

In Asien gibt es dieses Denken: Wo man nichts sieht, ist alles erlaubt. Wenn man aber etwas in die Öffentlichkeit bringt, dann werden die viel vorsichtiger. Meine Hoffnung ist, dass die Regierung in Jakarta irgendwann sagt, wir müssen das Problem jetzt lösen, indem wir das Militär vor Ort entmachten. Ich unterstütze die Leute, die an vorderster Front sind, wo ich kann und wie ich kann. Ich wünsche mir Freiheit für West-Papua. Die Minimalbedingung ist: Die Menschenrechtsverletzungen müssen aufhören und die Stämme ihren Schutz bekommen. Ob sie »modern« werden wollen, müssen sie selbst entscheiden. Ich bin gegen Organisationen, die versuchen, sie in der Steinzeit zu lassen. Das ist falsch. Jeder Mensch hat ein Recht auf Bildung, auf Weiterentwicklung. Jeder Mensch hat das Recht, selbst zu entscheiden. Aber es gibt keine perfekte Welt, auch im Urwald und im Stammesleben nicht. Dieses Leben ist sehr hart. Ich bin glücklich, dass ich dort groß geworden bin. Aber als Fayu-Kind groß zu werden ist kein schönes Leben. Für mich war es schön, weil ich das Beste aus beiden Welten hatte. Ich will vor allem dafür arbeiten, der jungen Generation eine Möglichkeit zu geben, eine Ausbildung zu machen.

Es gibt eine Vielzahl von Stämmen, die rund 250 verschiedene Sprachen sprechen und sich zum Teil bis vor kurzem gegenseitig bekriegt haben. Wie könnte ein befreites West-Papua aussehen?

Es wird nicht leicht, aber ich glaube, mit der neuen Generation von Papuas, die anders denken als ihre Väter, besteht die Möglichkeit, dass sie es schaffen, eine einheitliche Regierung zu bilden. Ich hielte es für falsch, Demokratie in das Land zu importieren. Vielen Ländern versuchen wir eine Art des Denkens aufzudrücken, die nicht funktioniert. Meiner Meinung nach müssten sie ein ganz altes Stammessystem nutzen und es auf eine höhere Ebene übertragen. Ein Stamm hat einen Häuptling, der meistens gewählt wird, weil er weise, klug und sehr fair ist. Dann hat man verschiedene Repräsentanten, die alles diskutieren, bis man irgendwann eine Lösung gefunden hat. Das müsste man auch in der künftigen Regierung machen. Wenn sie sich selbst hinsetzen und selbst eine Lösung finden, dann wird es funktionieren.

Bücher von Sabine Kuegler

Jägerin und Gejagte, 2009

Gebt den Frauen das Geld. Und sie werden die Welt verändern, 2007

Ruf des Dschungels, 2006

Dschungelkind, 2005

Die Lösung ist: Mit dem Krieg aufhören und verhandeln!

Jürgen Todenhöfer[1]

Jürgen Todenhöfer (geb. 1940) war achtzehn Jahre lang Abgeordneter im Deutschen Bundestag und Sprecher der CDU/CSU für Entwicklungspolitik und Rüstungskontrolle. Über zwanzig Jahre war er Manager eines großen europäischen Medienunternehmens. Heute arbeitet er als freier Schriftsteller. Sein Buch »Warum tötest du, Zaid?« (2008) gibt dem irakischen Widerstand eine Stimme und plädiert für eine fundamentale Änderung der Politik des Westens gegenüber den islamischen Staaten.
Ein Gespräch über US-Besatzung und Widerstand im Irak, den gescheiterten Antiterrorkrieg in Afghanistan und eine Verhandlungslösung für den Mittleren Osten.

Am 1. Mai 2003 erklärte George Bush den Krieg gegen den Irak mit der Formulierung »mission accomplished« für beendet. Herr Todenhöfer, Sie haben das Land vor einigen Monaten besucht. Wie geht es den Menschen dort heute?

Wenn ich an den Irak denke, denke ich an unendlich viel Leid. Da ist ein ganzes Sozialsystem zerstört worden. Nach dem irakisch-iranischen Krieg überfällt Saddam Hussein Kuwait und wird von einer multinationalen Streitmacht unter Führung der USA vernichtend geschlagen. Danach werden über den Irak Wirtschaftssanktionen verhängt, die so verheerend sind, dass selbst der Vatikan sie pervers nennt, weil sie nicht Saddam treffen, sondern die Bevölkerung. Nach UNICEF-

1 Erstveröffentlichung in *junge Welt* am 26.4.2008
Foto © C. Bertelsmann Verlag Verlagsgruppe Random House GmbH

Aussagen sterben eine Million Menschen, davon 500 000 Kleinkinder. Nachdem dieses Land am Boden lag, behauptet der US-Präsident, das Land habe Massenvernichtungswaffen, die es nicht hatte, und Kontakte zu Al Qaida, die es auch nicht hatte. Zur völligen Fassungslosigkeit der Menschen dort wird dieses Land bombardiert. Die Schätzungen über die Zahl der Toten gehen von mehreren Hundertausend Toten nach Auffassung des irakischen Innenministeriums, das kein Interesse an hohen Zahlen hat, bis zu 1,2 Millionen nach Schätzungen des unabhängigen Forschungsinstituts ORB aus England. Ich stelle die Hälfte meines Honorars für die medizinische Versorgung von schwerverletzten irakischen Flüchtlingskindern zur Verfügung. Jede Operation für ein Kind, das eine zerschossene Hüfte hat, kostet 3000 bis 5000 Dollar. Der wichtigste Beitrag zur Beseitigung des Flüchtlingsproblems ist die Beendigung des Krieges.

Was sind die Gründe für Krieg und Besatzung?

Heute glaubt man, dass es einen Masterplan gab, eine von Neokonservativen geplante Strategie, den gesamten Mittleren Osten neu zu ordnen. Darin spielt das Öl eine große Rolle. Es gibt einige westliche Länder, die eine neokolonialistische Politik durchführen. Dazu gehört die jetzige Administration der USA und die vorherige Regierung Großbritanniens. Durch den Sturz von Saddam Hussein meinte man, man könne einen der großen Gegner Israels aus dem Weg räumen und würde damit eine völlige Neuordnung des Mittleren Ostens schaffen, angeführt von Demokratien. Man hat stattdessen das völlige Chaos geschaffen. Man hat die Ölversorgung aus dem Irak nicht erleichtert, sondern erschwert. Man hat den Irak an den Rand eines zerfallenen Staates gebracht. Man hat den Einfluss des nächstwichtigen selbsterklärten Gegners der USA, des Irans, massiv erhöht. Man hat das Gegenteil von dem erreicht, was man erreichen wollte, und man hat auch die Sicherheit Israels gefährdet.

Sie haben Peter Ustinov mit der Aussage zitiert, Angriffskriege seien der Terrorismus der Reichen.

Er liebte die scharfzüngigen Formulierungen und er war nicht, wie ich, Manager in einem großen europäischen Medienunternehmen, der ich keine Lust habe, Schlagzeilen zu liefern. Ich möchte auf dramatische Sachverhalte, auf das Leid von Menschen hinweisen. Es gibt in meinem Buch die Aussage des Leiters einer Terrorismuskommission unter Ronald Reagan, Edward Peck hieß der, der sagte, er habe mehrere Entwürfe zur Terrorismusdefinition erarbeitet. Aber sie hätten sie alle immer verwerfen müssen, weil ihr eigenes Land mit seiner Politik immer darunter gefallen sei. Für mich ist Terrorismus die Anwendung unrechtmäßiger Gewalt, der Versuch, Schrecken zu erzeugen und dadurch politische Ziele zu erreichen. Ich finde es illegal und völkerrechtswidrig, was die Regierung der Vereinigten Staaten im Irak und gegenüber den Menschen dort getan hat.

Sie haben im August 2007 in der irakischen Stadt Ramadi mit führenden Vertretern des irakischen Widerstands gesprochen. Was haben Sie von denen erfahren?

Ich war ja nicht nur in Ramadi. Ich war Pfingsten in Jordanien und Syrien und habe mit irakischen Exilanten, Exil-Politikern und Widerstandsführern gesprochen. Das war eine breite Palette: Nationalisten, Baathisten, Muslime. Ein Christ hat mir ganz stolz ein Bild gezeigt mit Johannes Paul II. Da habe ich die ersten Fragen gestellt über Widerstand, über Al Qaida, über das Verhalten der Amerikaner. Ich war dann fünf Tage in Ramadi. Danach war ich noch einmal zehn Tage in Syrien und Jordanien und habe alle Aussagen meiner verschiedenen Gesprächspartner aus Ramadi überprüft: wiederum mit früheren Außenministern des Irak, mit Journalisten, mit einem Intellektuellenzirkel, in dem Feministinnen drin waren, Kommunisten, Marxisten, Sozialisten, Baathisten, Nationalisten. Das war meine dritte Fact-Finding-Runde. Ich habe dann einen Freund hingeschickt, der dreißig Punkte, die bisher noch ungeklärt waren, in einer vierten Runde überprüft hat.

Als das Buch fertig war, bin ich in den Osterferien noch einmal nach Jordanien und Syrien, um die noch unsicheren Fragen zu klären. Zum Beispiel: Wie viele Kämpfer hat der Widerstand? Er hat zwischen 100 000 und 130 000 Kämpfer. Wendet der Widerstand Gewalt gegen Zivilpersonen an? Nein. Er lehnt sie kategorisch ab. Aus wem besteht der Widerstand? Es gibt zwei große Allianzen. Die eine ist stärker säkular, die andere ist stärker islamistisch geprägt. Ich habe bei unseren insgesamt fünf Fact-Finding-Runden immer wieder die Frage gestellt: Wie viel Prozent der Bevölkerung steht hinter dem Widerstand? Die durchschnittliche Zahl lag immer bei siebzig Prozent. Man kann das vergleichen mit den Zahlen der Résistance gegen die deutsche Besatzung in Frankreich. Ich habe gefragt, wie stark ist Al Qaida? Al Qaida ist eine marginale Gruppe und hat nicht einmal tausend Kämpfer. Wie verhält sich Al Qaida gegenüber Zivilisten? Al Qaida nimmt keine Rücksicht auf Zivilisten. Wie steht die Bevölkerung zu Al Qaida? Sie verachtet die Al Qaida. Ich habe die Frage gestellt: Wie kommt es, dass wir immer glauben, dass Al Qaida das Land beherrscht? Man hat mir in allen Runden gesagt: Wir haben pro Tag etwa hundert militärische Aktionen der US-Armee gegen die irakische Bevölkerung. Bombardierungen, Razzien, Schießereien. Wir haben etwa die gleiche Zahl, hundert Aktionen des Widerstandes, die sich gegen die amerikanischen Streitkräfte richten. Von beidem hören und sehen Sie nie etwas, weil das Pentagon ein Informationsmonopol hat und die Journalisten keine Chance haben, sich dort frei zu bewegen. Man hat mir gesagt, zeigen Sie bloß nicht Ihren Journalistenausweis, sonst werden Sie sofort zurückgeschickt. Die Journalisten sind darauf angewiesen, als *embedded journalists* dahin gebracht zu werden, wo das Pentagon sie hinbringt. Es bringt sie nicht dahin, wo es selber die Bevölkerung bombardiert. Und es bringt sie auch nicht dahin, wo der Widerstand seine militärischen Aktionen durchführt, zum Beispiel Militärbasen mit Raketen angreift. Denn dann müsste das Pentagon zugeben, dass es einen starken Widerstand gibt, der von einem großen Teil der Bevölkerung unterstützt wird. Sie kriegen das nie zu sehen. Nie. Was Sie zu sehen kriegen gegenüber den 200, 300, auch mal 150 militärischen Aktionen am Tag, sind die ein, zwei oder drei Anschläge der marginalen Al Qaida, die eine schreckliche Terrorgruppe sind, aber nicht bestimmend für das, was sich im Irak abspielt. Daneben gibt es jeden Tag noch dreißig bis fünfzig Aktionen verschiedener Politiker-Milizen, die sich untereinander bekriegen, weil sich in dem Chaos fast jeder Politiker eine eigene Privatarmee zugelegt hat. Das kriegen Sie manchmal auch noch zu sehen, den wirklichen Krieg zwischen Widerstand und US-Armee jedoch nicht. Die Anschläge von Al Qaida sehen Sie im Fernsehen, damit die US-Regierung ihrer Bevölkerung sagen kann: Wir führen im Irak einen Krieg gegen Al Qaida.

Wird die US-Propaganda von den hiesigen Medien genügend hinterfragt?

Alle Kriegsministerien der Welt haben versucht, ihr Informationsmonopol in den von ihnen besetzten Ländern zu nutzen und der Bevölkerung den Krieg zu zeigen, den sie zeigen wollen. Und Journalisten haben einfach keine andere Chance, als *embedded* in das Land zu gehen. Wenn Sie sehen, dass inzwischen mehr als 200 Journalisten im Irak gestorben sind, kann man eigentlich nur den Hut vor den Kollegen ziehen. Trotz der selektiven Faktenauswahl haben sich weltweit viele eine zutreffende Meinung gebildet. Bei der Lektüre mehrerer hundert Artikel über das Gebiet, in dem ich war, fiel mir natürlich schon auf, dass der Wortlaut der Berichterstattung selbst großer amerikanischer und englischer Zeitungen häufig identisch war, weil das der Wortlaut des begleitenden Presseoffiziers war und die Kollegen gar keine andere Chance hatten, als das weiterzugeben als Faktum. Sie wurden immer zu demselben Händler gebracht, der immer denselben Satz sagte. Was er nicht sagte, war, dass er einen großen Auftrag von den Amerikanern bekommen hatte. In der Tat, so wie sie bei der deutschen Besatzung in Frankreich natürlich auch Leute gefunden haben, sogar in der Regierung, die gesagt haben: »Großartig, dass die Deutschen hier sind.«

Der Journalist Peter Scholl-Latour hat gesagt, dass sich infolge der US-Besatzung Spannungen zwischen Schiiten und Sunniten zu einem Bürgerkrieg zuspitzen könnten. Können Sie das bestätigen?

Ich halte Scholl-Latour, was diese Form der Berichterstattung angeht, für ein großes Vorbild und für den am besten informierten und am besten informierenden Journalisten. In diesem Punkt bin ich anderer Meinung als er. Wir hatten vor dem Krieg, anders, als es im Westen immer dargestellt wird, eine Situation, in der sich Sunniten und Schiiten so gut verstanden wie in Deutschland Katholiken und Protestanten. Das wurde im Westen häufig übersehen, weil es im schiitischen Süden Aufstände gegen die Zentralregierung gab. Aber es gab im Norden auch Aufstände der überwiegend sunnitischen Kurden. Ausschlaggebend war nicht, ob jemand sunnitisch oder schiitisch war, sondern dass Saddam bestimmte Regionen und Stämme benachteiligt hatte.

Wenn ich meine Gesprächpartner gefragt habe, wer ist von Ihnen Sunnite oder Schiite, haben die gesagt: »Entschuldigung, wir lassen uns nicht von Ihnen verarschen. Wir fragen Sie jetzt auch nicht, sind Sie Katholik oder Protestant.« Jetzt ist durch die Politik der USA, die die Macht entlang von Ethnien verteilt haben, etwas entstanden, was auch in Deutschland entstehen würde, wenn jetzt plötzlich nur die Protestanten Bürgermeister, Oberbürgermeister und Landratsposten bekämen, die Katholiken dagegen enteignet und ihre Geschäfte konfisziert würden. Da entsteht Hass und es gibt auch offene Rechnungen. Die überschaubar großen Konflikte zwischen Sunniten und Schiiten sind größer geworden. Aber alle meine Gesprächspartner haben mir gesagt, wir brauchen ein paar Wochen, dann haben wir alle diese Problem gelöst. Auch aus diesem Grund: Die Amerikaner haben die Elite, die oberen und mittleren Kader der Verwaltung, der Polizei und des Militärs entlassen. Die sind zu Zehntausenden ins Ausland geflohen. Meine Gesprächspartner gehen davon aus, dass die alle, Schiiten, Christen, Sunniten, im Falle eines Abzugs zurückkämen und dass man dann relativ schnell wieder eine stabile Verwaltung, Polizei und Armee aufbauen könnte. Vielleicht müssen in einer Übergangszeit auch arabische, muslimische Staaten mithelfen. Das kann alles sein. Aber das Argument, sie bräuchten die Amerikaner, damit kein Bürgerkrieg ausbricht, haben meine Gesprächspartner immer als persönliche Beleidigung empfunden. Ich meine, das ist ja die totale Verhöhnung. Die haben das Chaos gebracht und jetzt sollen sie dableiben, um das Chaos umzuwenden? Das ist nun wirklich ein kolonialistischer Standpunkt.

Al Qaida ist in einigen sunnitischen Gebieten nicht von den Amerikanern vertrieben worden, wie sie stolz berichtet haben, sondern ihnen ist in dem Gebiet, wo ich war, einfach die Unterstützung der Bevölkerung entzogen worden. Solche Guerillas, für mich sind sie Mörder, können ja, wie Mao Tse-tung richtig erkannt hat, wie

Fische im Wasser nur leben, wenn es Wasser gibt. Wenn die Bevölkerung sagte, wir wollen mit euch nichts zu tun haben, waren sie erledigt. Neunzig Prozent der ehemals 3000 und jetzt noch knapp 1000 Al Qaida-Kämpfer sind Ausländer. Wenn die Amerikaner abziehen, geht ihnen der Feind verloren. Für den irakischen Widerstand ist Al Qaida kein diskussionswürdiges Problem, denn die Bevölkerung wird sie vertreiben. Ein größeres Problem sind die Politiker-Milizen.

Welche Politik sollten die europäischen Regierungen Ihrer Meinung nach einschlagen?

Ich halte die Antiterrorpolitik gegenüber Afghanistan, Irak und anderen muslimischen Staaten für eine Sackgasse, weil sie unintelligent, uninformiert und unmoralisch ist.

Man wird am Schluss fragen: Wer hat denn diesen absurden und dummen Satz gesagt »Unsere Freiheit wird am Hindukusch verteidigt«? Und wer hat deutsche Soldaten zum Kämpfen mit einem robusten Mandat dahin geschickt? Die Taliban beherrschen nach Erkenntnissen der CIA zehn Prozent des afghanischen Gebietes. Ihren überschaubaren Zulauf bekommen sie vor allem wegen der Präsenz der amerikanischen Truppen. Das ist eine Aufgabe der afghanischen Regierung, mit diesem Problem fertig zu werden. Soweit ich das überblicke, ich habe Karsai getroffen und kenne einige sehr wichtige Akteure, haben die Taliban durch ihre Regierungszeit total abgewirtschaftet und das Vertrauen der Bevölkerung völlig verloren. Die hatten einen grauenvollen Religionspolizeistaat eingeführt, den dort kein Mensch mehr haben will. Wir müssen da raus. Vielleicht könnten wir in einer Provinz, geschützt durch *Friedens*truppen, einmal zeigen, was wir an Entwicklung tun könnten. Mit jedem Kind aber, das am Hindukusch oder in Bagdad durch westliche Bomben stirbt, bekommt Al Qaida weltweit, auch in Europa, Zulauf und wächst die Terrorgefahr. Mit jedem Kriegstag wächst auch in Deutschland die Gefahr von Anschlägen von Al Qaida, weil die jungen Leute sagen: Das mache ich nicht mehr mit.

Die Politik ist uninformiert, weil wir zu viele Sofa-Politiker im Westen haben, die die Länder, über die sie entscheiden und gegen die sie Kriege führen, überhaupt nicht kennen. Kein amerikanischer, kein englischer und kein deutscher Politiker hat jemals eine Woche, wie ich es getan habe, in einer afghanischen oder irakischen Familie verbracht, weiß, welches Leid diese Menschen ertragen, welche Hoffnungen und Sorgen sie haben und auf was man sich gemeinsam verständigen könnte.

Ich finde schon, dass wir im Westen einige großartige Erfolge vorzuweisen haben in der Wissenschaft, in der Wirtschaft und auch in der Kultur, aber in Sachen Menschlichkeit sind wir weder im Vergleich zu muslimischen Ländern noch im Vergleich zu vielen asiatischen Ländern Spitzenreiter. Ich habe in meinem Leben feststellen müssen, dass ich mit jeder Reise, die ich gemacht habe, ein weiteres Vorurteil aufgeben musste. Man konnte vor dem Irak-Krieg in den Irak gehen. Ich war vor dem Beginn des Krieges zweimal mit meinen Kindern dort. Mein Sohn, mit dem ich in Bagdad war, der wollte, als 9/11 passierte, wie die Amerikaner alle muslimischen Staaten, wie er es sagte, »plattmachen«. Als Belohnung für sein Abitur habe ich ihn mit nach Bagdad genommen. Und schon nach dem ersten Tag sagte er: Die Leute sind ja so unglaublich. Er ging durch diese Stadt und die Menschen halfen ihm. Die Polizisten schrien ihn nicht, wie in Deutschland, an. Diese Liebenswürdigkeit ist überwältigend. Wenn Sie in ein muslimisches Land gehen, und zwar egal welches, erfahren Sie eine Hilfsbereitschaft. Die Leute reden nicht über Nächstenliebe, sie praktizieren Nächstenliebe in Form von Gastfreundschaft, in Form von Liebenswürdigkeit, die einen entwaffnet. Wir können viel von ihrem Familiensinn lernen. Der alte, kranke Mensch wird geliebt, umsorgt und toll behandelt. Man kann heute in den Iran reisen. Das ist ein großartiges, wunderschönes Land. Keiner hindert irgendwelche Politiker Amerikas daran, in dieses Land zu reisen und sich das mal anzuschauen. Das ist ein Land mit einer grauenvollen Regierung und einer großartigen Bevölkerung.

Die westliche Politik ist unmoralisch, weil unsere Politiker zwar zu Recht Al Qaida geißeln, die in den letzten zwanzig Jahren 5000 westliche Zivilisten brutal ermordet hat, aber dieselben Politiker verneigen sich vor dem amerikanischen Präsidenten, der im Irak mehrere Hunderttausend tote Zivilisten zu verantworten hat. Und sie sind stolz auf jede Minute, die sie mit dem amerikanischen

Präsidenten verbringen können. Wenn diese Invasion in den Irak nicht von den amerikanischen und englischen Regierungschefs durchgeführt worden wäre, sondern zum Beispiel vom Staatschef Venezuelas, Hugo Chávez, wenn der mehrere Hunderttausend irakische Menschenleben zu verantworten hätte, mehrere hundert Vergewaltigungen, mehrere tausend Folteropfer, würde der gesamte Westen fordern, dass Chávez vor den Internationalen Strafgerichtshof gestellt wird. Wenn das ein Engländer oder Amerikaner macht, fordert das keiner. An dieser Doppelmoral wird die westliche Wertegemeinschaft scheitern, wenn sie sie nicht beendet.

Was ist die Alternative zu dieser Sackgassenpolitik?

Die Lösung ist: Aufhören mit dem Krieg, anfangen mit dem Verhandeln! Das Motto muss lauten: Wir müssen die muslimische Welt genauso behandeln, wie wir selbst behandelt werden wollen. Wenn wir die arabische Welt und den Iran, die muslimische Welt genauso großzügig behandeln, wie wir zu Recht Israel behandeln, gibt es morgen keinen Terrorismus mehr, weil es für ihn keinen Nährboden mehr gibt. Diesen Vorschlag muss Europa auf den Tisch bringen. Das Modell dafür heißt KSZE. Im Ost-West-Konflikt hat man sich hingesetzt und verhandelt. Dieser KSZE-Prozess hat gedauert von 1972 bis zum Fall der Mauer. Das waren nicht irgendwelche Weicheier, die in den 1980er Jahren verhandelt haben, sondern Ronald Reagan. In einer Konferenz für Sicherheit und Zusammenarbeit für den Mittleren Osten müssten der iranische Staatschef genauso sitzen wie der israelische und der syrische. Dazu kämen Vertreter des irakischen Widerstands und natürlich die gewählten Vertreter Palästinas.

Bücher von Jürgen Todenhöfer

Warum tötest du, Zaid?, 2008

Andy und Marwa. Zwei Kinder und der Krieg, 2005

Wer weint schon um Abdul und Tanaya?, 2003

Die Angst, was zu verlieren

Wladimir Kaminer[1]

Wladimir Kaminer (geb. 1967 in Moskau) wurde mit dem Erzählband »Russendisko« bekannt. Seit 1990 lebt er in Berlin. Ende August erschien von ihm »Meine russischen Nachbarn«.
Ein Gespräch über die antirussische Ideologie im Westen, den drohenden Rechtsruck und sein Engagement für die Linke im Bundestagswahlkampf 2009.

In der BRD ist es Sitte, dass sich Schriftsteller im Wahlkampf für die SPD einspannen lassen: von Günter Grass bis Juli Zeh. Sie stellen sich im Wahlkampf an die Seite von Oskar Lafontaine, Sahra Wagenknecht und Katja Kipping. Warum engagieren Sie sich für die Linke?

In erster Linie ist das bei mir die Angst vor einem Rechtsruck, für den die Grundlagen heute alle da sind. Es gibt einen gewissen Wohlstand in einer Zeit der ökonomischen Rezession. Das Bürgertum hat Angst, etwas zu verlieren. Die Geschichte hat gezeigt: Wenn das Bürgertum in einer solchen Situation vor der Wahl steht zwischen links und rechts, entscheidet es sich im Zweifelsfall immer für rechts. Damit das nicht passiert, braucht Deutschland eine Linke. Früher habe ich die Grünen unterstützt.

1 Erstveröffentlichung in *junge Welt* am 21.9.2009
Foto: Wladimir Kaminer in Bielefeld, © Zefram 2008

Warum heute nicht mehr?

Die grünen Inhalte, die ich für richtig hielt, sind in der Gesellschaft angekommen. Jeder Joghurt ist inzwischen Bio. Die Leute haben mehr Verantwortung für das Grünzeug übernommen und leben gesünder. Die Grünen sind nette Menschen, wenn man von ihrer Haltung zum Krieg in Afghanistan absieht. Kein intelligenter Mensch darf für den Krieg sein. Abgesehen davon haben die Grünen nur einen Nachteil: Sie sind nicht links.

Was sind denn in Ihren Augen linke Inhalte?

Die Selbstverwirklichung verläuft in dieser Gesellschaft im Zeichen des Kapitals: durch Geld, mit Geld und wegen des Geldes. Auch die CDU und die SPD arbeiten im Sinne des Geldes und nicht für die Menschen. Mich reizen Themen wie das bedingungslose Grundeinkommen. Ein System, das zwischen faulen und guten Arbeitslosen unterscheidet, muss abgeschafft werden. Ich möchte nicht, dass man den Wert des Menschen an seiner Nützlichkeit für die Herstellung eines bestimmten Produkts bemisst. Jeder Mensch ist an sich wertvoll.

Selbst die Reichen sind Sklaven des Kapitals. Das kann man gut in Russland beobachten. Menschen, die dort im Turbokapitalismus sehr schnell reich geworden sind, haben dieses »dem Kapital dienen« noch nicht so im Blut. Aber wenn sie sagen: Ich steige aus, kaufe mir eine Insel und liege nur noch am Strand, dann funktioniert das nicht.

Das Kapital entledigt sich dieser Herren und sucht sich neue sogenannte Besitzer, deren Aufgabe in Wirklichkeit ja nur darin besteht, das Kapital seiner selbst wegen zu vermehren. Das ist eine Angelegenheit, die mir nicht menschlich erscheint. In einer menschlichen Gesellschaft würde der Mensch an Stelle des Kapitals stehen. Die Menschen werden dann vermehrt, gestreichelt und gebildet.

Das entspricht den Motiven derjenigen, die den Sozialismus erkämpft haben.

Ja, aber diese Menschen scheiterten immer am mangelnden Bewusstsein des Volkes. Sie konnten die große Mehrheit nicht für diese progressiven Ideen gewinnen. Dann bekamen sie einen Hass auf ihr Volk und fingen an, es zu terrorisieren. So hat Stalin in der ersten Hälfte seiner Zeit als Diktator politische Ziele verfolgt, die durchaus nachvollziehbar sind. In der zweiten Hälfte hat er mit einer unglaublichen Wucht auf alle gesellschaftlichen Schichten, Nationalitäten und Berufsgruppen eingeschlagen.

Zur Zeit des Kalten Krieges galt die Sowjetunion in ultrakonservativen Kreisen des Westens als »Reich des Bösen«. Zwanzig Jahre nach ihrem Zusammenbruch ist Russland längst ein kapitalistischer Staat, wird von den Medien aber immer noch als bedrohlich dargestellt.

Die Linke will eine Öffnung dem Osten gegenüber vorantreiben. Die liegt auch mir sehr am Herzen. Man hat die Menschen im Westen ideologisch in einer bestimmten Richtung gefüttert. Es gab bestimmte Informationen, die überhaupt nicht lebensnotwendig sind, die sie aber alle wissen mussten, und anderes, das sie nicht wissen sollen. So kam es zum »Reich des Bösen«.

Auf Drängen der US-Regierung darf General Motors heute Opel nicht an die Russen verkaufen. Selbst mit einem kleineren Aktienpaket, als kleinerer Bruder, sind die Russen nicht gerne gesehen.

Die Realität im Jahr 2009 sieht so aus, dass Übersiedler aus den sozialistischen Staaten, dem sogenannten Ostblock, für diese Gesellschaft überqualifiziert sind. Gestern fuhr ich hier mit einem Taxifahrer aus Montenegro, der mir erzählte, dass die Russen in seiner Heimat viel investiert haben. Ich fragte ihn: »Warum bist du dann hier und fährst Taxi?« – »Ich habe hier vier Jahre lang den jugoslawischen Konsul gefahren«, sagte er. Dann kam der Krieg und die Mutter riet ihm, nicht zurückzukehren. Seitdem fährt er Taxi. Der Konsul lustigerweise auch. Nun fragte ich ihn, was denn der Botschafter heute mache, ob der auch Taxi fahre. »Nee«, sagte er, »der Botschafter hat eine Baufirma. Aber der Botschafter in Chicago fährt Taxi.«

Bücher von Wladimir Kaminer

Meine kaukasische Schwiegermutter. Erzählungen, 2010

Meine russischen Nachbarn. Erzählungen, 2009

Helden des Alltags, 2002 (mit Helmut Höge)

Schönhauser Allee. Erzählungen, 2001

Russendisko. Erzählungen, 2000

Ein Rock'n'Roll-Leben ist strukturell nicht möglich

Eva Jantschitsch (»Gustav«)[1]

Eva Jantschitsch ist Sängerin, Texterin und Komponistin. Sie schreibt Musik für Bühne und Film. Ihr Popmusikprojekt »Gustav« wurde 2005 mit dem Amadeus Austrian Music Award als »FM4 Alternative Act des Jahres« ausgezeichnet. Sie komponiert Musik für die Shakespeare-Produktion »Ende gut, alles gut«, die 2008 am Burgtheater Wien Premiere hatte.
Ein Gespräch über politische Popmusik, Bertolt Brecht, Ladyfeste und die Bedingungen ästhetischer Produktion im Neoliberalismus.

Ihr erstes Album *Rettet die Wale* wurde von manchen Kritikern als Erneuerung des Genres »politisches Lied« gefeiert. Wollen Sie mit Ihren Texten eigentlich etwas bewirken?

Natürlich. Sonst würde ich nicht schreiben. Was ich suche, ist ja die Kommunikation oder die Konfrontation mit bestimmten Verhältnissen, Bedingungen, Menschen, mit politischen Haltungen, mit denen ich mich auseinandersetze. Ich merke, dass ich oft missverstanden werden kann. Andererseits können sich manche Menschen ganz gut mit dieser Form von Sprache identifizieren, weil sie an Lebensrealitäten andockt und Probleme behandelt, mit denen sich auch andere Leute beschäftigen. Ich denke aber nicht darüber nach, wie ich Thematiken so verständlich wie möglich kommuniziere. Das würde meine künstlerische Arbeit so sehr beschneiden, dass ich irgendwann in einer Werbeagentur enden würde.

1 Erstveröffentlichung in *junge Welt* am 4.10.2008
Foto © Pamela Rußmann / www.miupar.com

Sie schreiben auf Deutsch und auf Englisch. Gibt es Überlegungen, wann Sie die eine und wann Sie die andere Sprache einsetzen?

Schon. Wenn ich bereits eine Musikskizze habe und weiß, es gibt den und den Rhythmus und diesen Beat, von dem er ausgehen wird, dann weiß ich, das wird irgendwann einmal ein deutsches oder ein englisches Lied. Oft bedingt schon die Rhythmik ein bestimmtes Sprachmuster, einen bestimmten Sprachklang. Aber auch inhaltlich weiß ich manchmal, welches Thema ich über welche Sprache transportieren will. Wenn es bei der neuen Platte um Grenzüberschreitungen geht, Schengen-Grenze, wie komme ich da rein? Da war es mir wichtig, dass ich das auf Englisch schreibe, weil es die Sprache des Transports, der Wirtschaft der westlichen Welt ist.

Bei »Alles renkt sich wieder ein« wiederum beruht der Text auf einer bestimmten Tradition des Schlagers. Es geht um die Sehnsucht nach einem exotischen Moment, dem Ausbrechen aus dem Alltag, aus der Realität, dem Herbeisehnen des Ortes, an dem man wieder den Kern des »Ich« oder des »Wir« findet. Die Arbeit mit dieser Schlageridentität kann ich nur in deutscher Sprache machen.

Dann gibt es den Song »Total Quality Woman«, in dem es um feminisierte Arbeitsbereiche geht. Um diese Heimarbeit, von der ich ganz stark in meiner eigenen Arbeitsrealität geprägt bin. Ich stehe auf, trinke im Morgenmantel Kaffee, nehme die Tasse mit in das Zimmer, wo der Computer steht. Dann schalte ich irgendwann das Musikprogramm ein, stecke zwischendurch die Wäsche in die Waschmaschine und mache den Abwasch. Dann kommt eine Mail rein, und ich muss Termine ausmachen. Ich wechsele permanent zwischen verschiedenen Realitätsebenen oder Rollen, die ich einzunehmen habe, Hausfrau, Putze, Managerin, Sekretärin, die ich gar nicht kann, Musikerin, Textschreiberin. Diese Poesie, dieses Künstlerleben habe ich im Alltag eigentlich gar nicht.

Auch nicht auf der Rockbandebene mit Tourleben usw.?

Nein. Ich habe es probiert. Es würde mir sehr viel Spaß machen. Aber irgendwie geht das nicht. Es ist strukturell nicht möglich, dieses Rock'n'Roll-Leben zu machen. Ich vermute ja, die, die behaupten, das zu machen, die lügen. Die sind natürlich institutionell verankert, haben ihre Booking-Agentur, ihr Management und dergleichen. Das ist dann ein Betrieb, der dieses Rock'n'Roll-Leben gewährleistet. Verschiedene Versicherungsanstalten, die um dich herum arbeiten, damit du eine Woche lang so tun kannst, als ob du ein Rock'n'Roll-Leben führst – frei und dem Alkohol verfallen. Aber das stimmt einfach nicht. Das ist eine Lüge. Das schreiben wir uns alle herbei.

Im Titelstück Ihrer neuen CD heißt es im Refrain »Verlass die Stadt, die keine ist!«. Was ist das für ein Ort, von dem die Erzählerin sich fort wünscht? Und wo sehnt sie sich hin?

Man kann schon von dem Ort ausgehen, den ich Ihnen vorher beschrieben habe: den meiner Arbeitsrealität. Wo ich die Strukturen lebe, die durch die Flexibilisierung des Arbeitslebens vorgegeben sind und bis ins Privatleben hineinreichen. Du kannst das in deiner Wohnung beobachten, in deinem Haus, in deiner Straße und in den Stadtstrukturen. Man sucht nach einer Lösung, daraus zu entkommen, dieser vorgegebenen Ordnung der Personen und Lebensbereiche. Das ist mein persönlicher Zugang zu dem Text. Inspiriert ist er von den ganzen Bränden, die vor einiger Zeit in den Städten entfacht wurden, zum Beispiel in Athen. Es geht natürlich auch um den isolierten Zustand eines Individuums in der Stadt, wo öffentliche Plätze nicht mehr öffentlich genutzt werden können. Wo Parks geschlossen werden. Wo man nicht mehr umherschweifen kann, weil man umherschweifen will. Alles wird privatisiert. Alles wird diesem Gentrifizierungswahn ausgesetzt. Ich möchte einen Ort haben, auf den diese Strukturen und Ordnungen keinen Zugriff haben. Wo das alles neu verhandelt wird, und zwar abseits von wirtschaftlichen Überlegungen und ökonomischen Bedingungen, die manche Leute in Gemeindebaughettos versenkt.

Sie treten nicht nur mit eigenen Stücken auf, sondern haben schon einmal ein Programm mit Liedern von Bertolt Brecht und Kurt Weill gemacht.

Zwei Jahre nachdem ich mit »Gustav« begonnen hatte, habe ich ein Duo-Projekt gemacht. Wir haben uns zwei Akkordeons besorgt, weil ich mal wieder Lust hatte, ganz räudige analoge Musik zu machen. Mit Punk-Ethos, ausgehend von drei Akkorden, weil ich das Instrument nicht beherrschte. Wir haben Songs aus der feministischen Arbeiterinnengeschichte genommen, Working Songs, Streikballaden, quer durch die Bank. Dazu gehörten dann auch Brecht-Weill-Songs.

Welche waren das?

Ganz klassisch natürlich der Epilog zur Dreigroschenoper. Den finde ich einfach extrem schön vom Text her. So viel Brecht/Weill haben wir gar nicht gemacht. Aber Brecht beschäftigt mich generell.

Ich habe den Eindruck, dass die Haltung, mit der Sie künstlerisch arbeiten, Lieder schreiben und aufführen, der von Brecht durchaus ähnelt.

Ich habe begonnen, mich mit Brecht zu beschäftigen, als ich für das Brecht-Jahr ein Projekt besprochen habe, das dann aber nicht stattfand. Ich fing an, mich mit seiner Theater-Ethik auseinanderzusetzen. Jetzt, wo Sie es sagen: Die Distanz zwischen Performer und Text und die Moral, die über allem steht und besprochen wird, ist durchaus ähnlich vom Zugang her. Wobei ich sagen muss, dass der Zugang nicht bewusst über Brecht gebrochen wurde. Dadurch, dass ich so mit dem Projekt »Gustav« verbunden bin, da so sehr »ich« bin, als Alleinunterhalterin, Mastermind, ausführende Produzentin, Musikerin, habe ich eine Methode finden müssen, um für mich selbst Distanz zu schaffen. Sonst macht dich alles kaputt: die positive Kritik, die negative Kritik, der Zuspruch, das Wegschauen. Ich habe diese Methode also aus ganz persönlichen, berufsethischen Gründen gewählt. Um das Projekt ein bissel hygienisch zu halten.

Für Brechts Arbeit war das Kollektiv sehr wichtig. Was bedeutet Ihnen die Kooperation mit anderen Künstlerinnen und Künstlern?

Im Austausch mit anderen Künstlern entstehen die spannenden Ideen. Hätte ich diesen Austausch nicht, würde ich womöglich nur noch über Wikipedia Inspiration suchen, und dabei kommt nicht viel raus. Es geht schon darum, dass man Betrachtungen der Welt und der Umstände austauscht und darüber Beschreibungsformen findet. Austausch mit anderen Künstlern ist unumgänglich, wenn man sich weiterentwickeln will. In den letzten Jahren ist das ein bissel abgeflacht, weil ich ständig produziert habe, allein, am Computer, und dann kam dieses Projekt rein und jenes Projekt rein. Man muss das dann mehr verlagern in den privaten Bereich und sich bei freundschaftlichen Treffen inspirieren lassen.

Ich habe gelesen, dass Sie auch mit der Schriftstellerin Kathrin Röggla zusammengearbeitet haben.

Ich habe nicht direkt mit ihr zusammengearbeitet, sondern mit Texten von ihr. Das war eine Regiearbeit von Schorsch Kamerun von der Band »Goldene Zitronen«. Der hat mich eingeladen, an dieser Inszenierung teilzunehmen, Songs zu schreiben und aufzutreten. Ich habe Fragmente ihrer Texte zu Songs umgearbeitet. Das Stück war eine Auftragsarbeit für die Wiener Festwochen und hieß »Und draußen tobt die Dunkelziffer«. Der Text ist sehr trocken. Kathrin Röggla hat eine sehr trockene, harte Sprache, sezierend, schneidend, unbarmherzig. Das finde ich spannend. Es ist nahe an der Realität. Ich glaube, das macht es so hart. Ich habe auch ihren Roman *Wir schlafen nicht* gelesen. Sie hat dafür die Interviewform gewählt, die schon auch zu Fiktion wird. Sie recherchiert monatelang für so einen Text und macht daraus Literatur. Trotzdem ist das die Realität.

Sie schreiben politische Lieder, treten aber nicht auf Parteiveranstaltungen auf. Wie entscheiden Sie, was Sie machen und was nicht?

Einerseits ist natürlich klar: Ich lebe von der Musikproduktion, zwar dilettantisch, aber ich bin Musikerin. Das macht natürlich auch biegsam. Der ökonomische Zwang macht einen kompromissbereit. Das muss ich ehrlich zugeben. Das versuche ich in meinen Liedern auch zu besprechen. Es ist nicht ohne Grund, dass die zweite Platte mit einem Abgesang beginnt; dass ich auf der ersten Platte noch die österreichische Fahne verbrenne und auf der zweiten steht: gefördert vom österreichischen Musikfonds. Trotzdem versuche ich, nach bestimmten Prinzipien zu leben: nicht mit Arschlöchern zusammenarbeiten, nicht mit Chauvinisten, nicht mit Parteien. Ich setze mich damit auseinander, wie weit ich meine eigenen Bedingungen behaupten kann, und versuche in den Liedern zu kommunizieren, dass das keine einwandfreie Position ist, die ich behaupte. Es ist gar nicht möglich, kompromisslos zu leben. Dann würde ich so nicht stattfinden, der Musikzeitschrift *Spex* kein Interview geben, und vermutlich auch Ihnen nicht. Jedenfalls nicht in dieser Form.

Ich habe manchmal den Eindruck, dass politische Künstler, die heute aus dem akademischen Milieu kommen, den vergleichsweise privilegierten sozialen Ausgangspunkt ihrer Kritik nicht genügend reflektieren. Spielt für Ihre Arbeit die Klassenfrage eine Rolle?

Solche Überlegungen spielen bei mir permanent eine Rolle. Das ist mir natürlich total bewusst, dass das kein existenzieller Kampf ist, den ich da betreibe. Aber mir ist Folgendes wichtig: Auch meine Form von Heimarbeit ist aus der Not geboren. Weil ich kein Studio anmieten kann, weil ich mir kein teures Mischpult leisten kann. Ich greife auf Fördergelder zurück, um mir bestimmte künstlerische Formen zu ermöglichen. »Gustav« als Alleinunterhalterinnenprojekt machte aus der Not eine Tugend. Aber ich ernähre keine siebenköpfige Familie, indem ich Lieder schreibe.

Ich arbeite zwar prekär, aber meine Herkunft ist der Wohlstand, ist die Mittelschicht. Und ich kann natürlich nicht die Position einnehmen, die ich zum Beispiel als Kind einer Einwandererfamilie aus Serbien einnehmen würde. Es geht um eine klare Positionierung zu dem Feld, aus dem man kommt. Das gehört zu einer künstlerischen Arbeit dazu.

Können Sie beschreiben, wo Sie künstlerisch herkommen?

Ich begann während des Kunststudiums, mit Studienkollegen Gruppenarbeiten zu machen: Web-Projekte. Wir haben eine Internetplattform zusammen kreiert, die hieß damals 0RF.at. Wir haben das O durch die Null ersetzt und haben als Kollektiv sicher vier Jahre lang mit eigenen Aktionen auf Aktionen des Staatsmonopols reagiert. Das fing 2001 an. Ich habe relativ lange studiert und das Studium auch nicht abgeschlossen. Dann begannen wir uns zu splitten: Die Frauenabteilung dieser Gruppe, also Esther Straganz, Elke Auer und ich, hat ein feministisches Girl-Zine herausgebracht.

Das hieß *Cunt-Stunt*. Wir haben uns in die Ladyfestbewegung eingeklinkt und dann in diesem feministischen Kontext gearbeitet, zum Beispiel Ausstellungen gemacht.

Worum handelt es sich bei diesen Ladyfesten?

Ladyfeste begannen bereits 1999 in Olympia in den USA. Es handelt sich um eine Weiterentwicklung des Riot-Grrrl-Begriffs, mit dem sich in den neunziger Jahren neue Feministinnen selbst bezeichnet haben. Das ging vor allem über die Zine-Kultur und die Musik.

War das die feministische Seite von Grunge?

Na ja, es gibt da natürlich so ein paar Vernetzungen über Leute wie Courtney Love, die Band Hole. Aber es ging auch darum, autonome Zonen zu behaupten, Seilschaften zu bilden, und das mit dem emanzipativen Begriff des Riot Grrrl. Bands wie Babes in Toyland oder Bikini Kill haben damals richtig harte Rockmusik gemacht. Die Ladyfestbewegung hat sich darauf bezogen. Sie haben einen neuen Terminus gesucht, um das »Girl« abzustreifen und eine neue emanzipative Haltung bezüglich der Weiblichkeit in der Popkultur zu bezeichnen.

Es geht also nicht um eine Mode, sondern um das Ergebnis einer Diskussion?

Das weiß ich nicht. Es ist zumindest eine Weiterentwicklung, die Weiterschreibung einer feministischen Geschichte. Mittlerweile gibt es auch Ladyfeste, die sich vom Begriff Lady abwenden und mehr dieses Transgender, diesen postfeministischen Aspekt einarbeiten, wo die feministische Theorie jetzt auch hingeht.

Ich behaupte, dass wir in Europa nicht so viel mitbekommen haben von dieser Riot-Grrrl-Bewegung. Im deutschsprachigen Feuilleton wurde sie sehr schnell zu diesen Girlies umgewandelt. Das passierte über Personen wie Heike Makatsch, die Viva-Moderatorin war und plötzlich »Zicke« auf dem T-Shirt stehen hatte. Dann hieß es, das sind Frauen, die sind sexy, aber sie sind selbstbestimmt. Ähnlich wie dieses Alpha-Mädchen-Klischee heute: »Zwar bin ich unbeschreiblich weiblich, aber ich kann auch vorne mitspielen.« Die Riot-Grrrl-Bewegung wurde in Europa gleich in den Mainstream eingearbeitet, entschärft und verniedlicht. Ich war damals vierzehn oder sechzehn Jahre alt und habe das auch nur über MTV-Formulierungen mitbekommen. Die Ladyfestbewegung schwappte rüber nach Europa und führte dazu, dass man Frauenbands förderte. Sie werden von Frauen organisiert, und es geht darum, die Bühnenpräsenz von Frauen zu steigern, um ganz pragmatisch zu sagen: Die Bands, die hier auftreten, sind Frauenbands oder queere Bands, die einen feministischen Anspruch haben.

Geht es dabei nur um Musik?

Nein. Es geht auch um bildende Kunst, Aktionen, Demonstrationen und Diskussionen. Aber jedes Ladyfest wird anders organisiert. Das hängt von den jeweiligen Gruppen ab. Ich war 2003 beim ersten Ladyfest in Hamburg. Da waren sehr viele Wienerinnen, und wir haben alle gesagt: »Das müssen wir in Wien auch machen.« Ein Jahr später gab es dann auch in Wien ein Ladyfest. Diese Idee hat angesteckt. Ich glaube, die Ladyfestgeschichte ebbt schon wieder ein bissel ab. Dieser starke Impuls ist schon wieder weg.

Schon mit Ihrem ersten Album *Rettet die Wale* wurden Sie in den österreichischen Medien als neuer Stern am Indie-Pop-Himmel gefeiert. Sie haben in einer Fernsehgala einen sogenannten Amadeus-Preis verliehen bekommen. Dabei kam es zum Eklat. Was war das für eine Veranstaltung?

Ich würde es als dreckige kleine Schwester des »Echo« bezeichnen. Die Musikszene in Österreich ist sehr klein. Die Acts sind dementsprechend unaufregend. Das ist der Versuch, einmal zu zeigen, dass es die österreichische Musik gibt. Man verleiht sich gegenseitig Preise, um das zu bestätigen. Ich bekam 2005 einen Publikumspreis über die Radiostation FM4. Da konnten Leute anrufen für den Favorite Independent Act. Das war zur Zeit der schwarz-blauen Regierung, wo Monika Lindner, die Intendantin dieses Monopols, begonnen hatte, das Programm schwarz einzufärben. Das passierte alles zu jener Zeit, wo die Regierung eine unerträgliche rechtspopulistische Politik betrieben hat. Dann gehst du in die Veranstaltung rein, und vor dir sitzt der schwarze Kulturminister Franz Morak, der klatscht und toll findet, dass er in der ersten Reihe sitzt. Stefan Weber, der Chef der Band Drahdiwaberl, hat für sein Lebenswerk an dem Abend einen Preis bekommen. In der ersten Reihe, wo eben auch dieser Morak saß, haben alle Schutzanzüge bekommen für den Auftritt von Drahdiwaberl, die mit Champagner, Blut oder Ketchup herumgepappt haben. Also, es war sehr skurril, es war – grauslich.

Wie haben Sie sich auf Ihren Auftritt vorbereitet?

Ich wollte die Leute, die ihre Stimme für das Projekt »Gustav« gegeben hatten, nicht vor den Kopf stoßen. Ich wollte aber auch nicht vereinnahmt werden: von der Radiostation FM4, die auch zu diesem staatlichen Monopolkomplex gehört. Andererseits gab es da einen bestimmten Druck, sich zu zeigen, weil ich die erste Frau war, die in dieser Kategorie einen Preis bekam. Es kam also eine Vertreterinnenverantwortung dazu. Ich habe überlegt: »Soll ich jemand anderen da hinschicken oder eine Videobotschaft übermitteln?« Dann kam die Idee, mit einem Chor aufzutreten, gemeinsam mit Freunden, mit mir verbundenen Künstlerinnen eine Gaudi zu machen, ein Lied zu trällern und dann das Buffet zu stürmen. Wir haben dann ein Lied gesungen, das auch auf der neuen Platte drauf ist: »Alles renkt sich wieder ein«. Das war so intendiert, dass es für einen kurzen Moment diese Hochglanzwelt verkümmern lässt.

Hat das funktioniert?

Ja, es gab hinterher viele böse Mails. Viele haben gesagt, wenn man subversiv sein will, dann muss man das schon richtig gut machen. Natürlich kannst du nur scheitern an so einem Vorhaben. Das ist ja klar. Aber probiert haben wir es.

Tonträger von Eva Jantschitsch

Gustav: Verlass die Stadt, 2008

Gustav: Rettet die Wale, 2004

Wie es sein könnte

Kai Degenhardt[1]

Kai Degenhardt (geb. 1964) ist Musiker und Liedermacher. Seit 1987 arrangiert er die Lieder seines Vaters Franz Josef Degenhardt und begleitet ihn bei seinen Studioaufnahmen und Live-Konzerten auf der Gitarre. Kai Degenhardt mischt sich als Autor in die kulturpolitischen Debatten der Linken ein. Einige seiner Artikel erschienen 2008 unter dem Titel »Roll over Song & Dance« im Neue Impulse Verlag. Seit 1997 veröffentlichte Kai Degenhardt mehrere Alben unter eigenem Namen. Im Jahr 2008 erschien »Weiter draußen«.
Ein Gespräch über richtige und falsche Freiheit sowie das politische Potenzial des Liedermacher-Genres.

Der Titelsong Ihrer CD heißt *Weiter draußen* und ist eine Art Selbstporträt. Wie sieht sich der Künstler Kai Degenhardt?

Ich sehe mich »weiter draußen« in mehrfachem Sinne. Draußen gegenüber dem Mainstream und draußen gegenüber dem herrschenden gesellschaftlichen Gefüge. Das Lied ist ein Selbstporträt im fiktionalen Sinne. Das heißt, es wird ausgesponnen, wie es sein könnte, wenn man sich als Teil eines Milieus empfindet, das in der hiesigen Gesellschaft keinen anerkannten Platz hat. Der Widerstand gegen die Verzweckung des Lebens spielt eine wichtige Rolle. Für mich ist das Teil einer widerständigen Perspektive, die gesellschaftliche Imperative von weiter draußen beobachten und kritisieren kann. Ich habe eine Weltanschauung als politisch denkender Mensch, als Kommunist, die sich auch in meinen Liedern darstellt. Ich will Herrschaftsverhältnisse kenntlich machen, die

1 Erstveröffentlichung in *junge Welt* am 7.10.2008

hier und heute in der Mainstream-Kunst und den Medien gerne verschleiert werden.

Manche sprechen von der Freiheit und meinen die totale Selbstverwertung des Individuums als unablässig kreative Ich-AG. Sind Ihre Lieder getragen von der Sehnsucht nach dem Ausbruch aus solchen Zwängen?

Es ist eine gute Herrschaftsmethode, die Leute dahin zu kriegen, dass sie sich selbst ausbeuten und das als künstlerisch-kreative Tätigkeit vorgemacht bekommen. Man kann ihnen dann jede soziale Zumutung als Teil des künstlerischen Bohème-Daseins verkaufen. So wird Kritik vermieden und eine Freiheit suggeriert, die keine ist und nie eine war. Freiheit kann ja erst wirklich werden, wenn soziale Bedingungen geschaffen sind, die es ermöglichen, sich jenseits dieser Verwertungszwänge zu entfalten, zu leben und zu arbeiten. Das ist ein Grundthema meiner Texte. Bei aller Sehnsucht nach einem freieren und ungezwungenen Leben versuche ich, die soziale Realität als eine solche darzustellen – die unter den vorgefundenen Bedingungen veränderbar ist. Ich mache das zum Beispiel in dem historischen Lied mit dem Titel »1476« anhand der Geschichte des Pfeiferhänsleins, der den bewaffneten Bauernaufstand noch vor den Deutschen Bauernkriegen organisierte. Oder ich versuche es in der »Weißmacherballade Nr. 2« kenntlich zu machen, das die Sinnlosigkeit des studentischen Lebens im heutigen Rattenrennen um die raren Plätze in den Teppichetagen des Establishments zum Thema hat.

Wie schätzen Sie heutzutage das politische Potenzial des Liedermacher-Genres ein?

Es ist nicht mehr so sichtbar wie früher, und es gibt auch nicht mehr so viele politische Liedermacher wie früher, sagen wir mal, noch vor zwanzig Jahren. Die kulturelle Hegemonie ist heute in ganz anderen Händen. Es gibt aber, wenn man in diesem Zusammenhang einmal von so etwas wie »Gegenkultur« reden möchte, leider inzwischen eine ganz starke Szene von politischen Künstlern bei den Nazis. Das sollte man jedenfalls bedenken, wenn man einfach nur das Fehlen einer musikalischen Sub- oder Gegenkultur beklagt. Die gibt es längst, nur eben nicht bei uns.

Sie beschreiben Ihre neue CD als eine Art Konzeptalbum. Was für eine Idee steckt dahinter?

Die Idee hat sich erst im Laufe der Arbeit entwickelt. Nachdem die ersten Stücke fertig waren, blieben Fragmente übrig, die ein anderes Tempo hatten oder als Szenen in ein Lied nicht mehr hineinpassten. Ich hatte dann die Idee, daraus kurze Stücke, Miniaturen zu machen, die ich als eine Art Bindemittel zwischen den Stücken einsetzte, wo Motive aus den Songs wieder auftauchen und die Themen von einer anderen Seite, aus einer anderen Perspektive neu beleuchtet werden. Diese Miniaturen werfen Streiflichter auf die prekären Zonen des heutigen Zusammenlebens. Ob es der auf der Bank sitzende Arbeitslose ist oder eine Szenerie, in der ein Taxifahrer andere Leute im Park beobachtet. Das war die Geburt von so etwas wie einem Konzept. Diese Rhythmik, die sich durch die Platte hindurchzieht, die bestimmte Art, wie die Stücke aneinandergereiht werden, hat sich also erst während der Arbeit ergeben.

Verglichen mit Ihrer letzten Platte *Briefe aus der Ebene* ist das neue Album erzählerischer geraten.

Das ergab sich zum einen über die Themen, die ich gewählt, und die Ideen, die ich umgesetzt habe, die einfach ein bisschen mehr Text beanspruchten. Zum anderen habe ich eine Haltung entwickelt, die sagt: »Es ist mir egal, ob die Lieder ein Popsong-Format von drei Minuten haben.« Ich wollte auf so etwas keine Rücksicht nehmen. Ich muss darauf achten, dass der Spannungsbogen gehalten wird, aber nicht darauf, dass ich die Erfordernisse eines herkömmlichen Songformates erfülle.

Sie arbeiten auch musikjournalistisch. Wird Ihre Musik davon beeinflusst?

Ich glaube schon. Dadurch, dass ich in den letzten Jahren viel über Musik geschrieben habe, habe ich auch viel Musik gehört, und zwar auch Sachen, die ich mir sonst vielleicht gar nicht angehört hätte. Das hat, weil ich das irgendwie verarbeitet habe, sicher auch meine Musik mal bewusst und mal unbewusst beeinflusst. Mich hat zum Beispiel »My Name is Buddy«, die letzte Platte von Ry Cooder, sehr beschäftigt. Das Album erzählt Song für Song eine Geschichte.

Das ist eine Reise durch die USA der Vor-Reagan-Zeit. Die Platte hat mir sehr gut gefallen und ist bestimmt ein Baustein dafür, dass meine eigene Platte so geworden ist, wie sie geworden ist. Ein anderes Beispiel ist die Platte von The Streets, einem Projekt des Rappers Mike Skinner. Die heißt »A Grand Don't Come for Free«. Dort wird eine ganz banale Alltagsgeschichte in den verschiedenen Songs des Albums einfach immer weiter durcherzählt. Das fand ich reizvoll.

Wie setzen Sie die Sachen, die Sie auf Ihren Alben mit mehreren Musikern einspielen, allein auf der Bühne um?

Entweder arrangiere ich die Stücke so um, dass ich sie als Solist spielen kann, mich also nur mit der Gitarre begleite. Bei anderen Stücken benutze ich auf der Bühne einen Loop-Recorder. Das ist im Grunde ein kleines Echogerät, wo ich eine musikalische Phrase mit Gitarre oder Melodica reinspiele, die mir das Gerät dann immer wiederholt. Ich kann mehrere Phrasen übereinanderschichten und mir auf diese Weise ein kleines Live-Playback erstellen. Zu diesem Loop kann ich dann singen und noch eine weitere Stimme auf der Gitarre spielen. Der dabei mitunter entstehende musikalische Verfremdungseffekt gefällt mir.

Tonträger von Kai Degenhardt

Weiter draußen, 2008

Briefe aus der Ebene, 2003

Dekoholic, 2000

Brot und Kuchen, 1997

Wir haben dieses Scheißfernsehen nicht gebraucht

Hans und Christoph Well von der Biermösl Blosn[1]

Die Brüder Hans, Michael und Christoph (»Stofferl«) Well sind Musiker und treten seit 1976 unter dem Namen Biermösl Blosn auf. »Biermösl« ist abgeleitet von Biermoos (Beerenmoor), das für den Bau eines Großflughafens und einer Mülldeponie vorgesehen war. »Blosn« (Blase) ist ein bayerisches Wort für Gruppe. Seit 1979 arbeiten sie eng mit dem Kabarettisten Gerhard Polt zusammen.
Ein Gespräch über eine Südafrikareise, die bayerischen Verhältnisse, Kritik an der Kirche, Volksmusik und dreißig Jahre Kabarett mit Gerhard Polt.

Sie stehen seit dreißig Jahren immer wieder mit Gerhard Polt auf der Bühne. Wie ist es zu dieser Zusammenarbeit gekommen?

Christoph Well: Wir kannten Gerhard von den Schallplatten eines Freundes. Das hat uns gut gefallen. Wir haben ihn dann bei einer Fernsehsendung kennengelernt.

Dann sind wir einfach mal zusammen für eine Veranstaltung engagiert worden. Wir haben uns gedacht, bevor der Gerhard eine halbe Stunde Text macht und wir eine halbe Stunde Lieder und Musik, mischen wir das ein bissel.

Hans Well: Vorher haben wir mit dem Dieter Hildebrandt ab und zu gemeinsame Auftritte gemacht. Wir haben mit ihm zur Eröffnung einer Kleinkunstbühne in München gespielt. Da saß Polt im Publikum. Hinterher hat er uns gefragt, ob wir nicht Lust hätten,

1 Erstveröffentlichung in *junge Welt* am 11.4.2009
Foto © Christian Kaufmann

auch mit ihm so was zu machen. Zunächst war das recht unkoordiniert, aber mit der Zeit haben sich richtige Programme daraus entwickelt. Die haben wir in den Münchner Kammerspielen, auf Kleinkunstbühnen, Theatern und Bierzelten gespielt.

Christoph Well: Wir proben nicht extra. Wir machen die Nummern, die wir gerne machen und die am aktuellsten sind. Wenn wir in eine Stadt zum dritten oder vierten Mal kommen, schauen wir auch, dass wir frische Nummern dabeihaben. Der Aufbau ist immer ähnlich, aber wir tauschen Nummern aus. Innerhalb von drei Jahren wechseln Programmteile, aber nicht die Art, wie wir es aufführen. Es sei denn, wir machen ein Theaterstück.

Hans Well: Für die Münchner Kammerspiele, die waren achtzehn Jahre lang unser Haus, haben wir richtige Revuen entwickelt. Für *Offener Vollzug*, das letzte Programm, sind wir auf die andere Straßenseite ins Residenztheater gewechselt.

Was war das für eine Szene, in der Sie in den siebziger Jahren begonnen haben?

Hans Well: Volksmusik splittert sich seit je in verschiedene Bereiche auf. In Städten wie München gab es Couplets, Parodien, Spottlieder. Anders die Lieder, die es in einer bäuerlichen Kultur am Alpenrand über Liebe oder das Besingen der schönen Landschaft gab. Ein Teil der städtischen Kulturszene Münchens waren ja die Brettlbühnen. Wo Valentin, Ringelnatz usw. auftraten. Die Kleinkunstszene bot uns noch in den siebziger Jahren ein gutes Forum, um aus der etwas musealen Volksmusikschiene, die wir in der Familie gelernt haben, auszubrechen. Dort trafen wir auf Leute wie Fredl Fesl. Wobei der eher die städtische Couplet-Kultur gepflegt hat, während wir die ländliche Kultur auf die Kleinkunstbühnen brachten. Wenn wir dort Lieder gesungen haben, die gar nicht als Parodie gedacht waren, sind diese aber von den Städtern bisweilen als solche aufgenommen worden. Wir haben Melodien genommen, die in der Volksmusik in einer unglaublichen Vielfalt vorhanden sind, und neue Texte dazu gemacht, die in der Zeit stehen und nicht mehr im

Heimatmuseum handeln. Und Figuren wie Marianne und Michael oder Trachtenandroiden wie der Florian Silbereisen, das Klischeebild der Volksmusik, dieser Schlagerkitsch des Bayernpop, laden ja geradezu zu Parodien ein.

Christoph Well: Die Kleinkunstszene hat zur traditionellen Volksmusik wenig Bezug gehabt. Das linke, grüne und studentische Publikum war damals relativ erstaunt darüber und hat nun wieder ein bissel Zugang zur Volksmusik gefunden, die vom Dritten Reich und danach durch die CSU vereinnahmt worden war.

Hans Well: Die siebziger und achtziger Jahre waren geprägt durch die Umwelt- und Antiatomkraft-Bewegung. Damals gab es den Widerstand gegen den Rhein-Main-Donau-Kanal und Wackersdorf. Das war eine gemähte Wiese für uns. Wir konnten die heile Welt der Volksmusik ganz wunderbar spiegeln an dem, was reell durch solche Projekte geschah.

Was ist das für eine Familie, aus der Sie drei kommen?

Christoph Well: Unser Dorf hat 261 Einwohner gehabt. Jeder von uns dreien hat sieben Schwestern und sieben Brüder. Wir haben daheim immer Volksmusik gespielt. Unser Vater war Dorfschullehrer und wollte eigentlich, dass seine Schüler gemeinsam Abende gestalten und die Volksmusik als Gebrauchsmusik verstehen lernen, mit der man sich selber unterhalten kann. Aber das hat nicht geklappt, weil ihre Eltern dagegen waren. Die wollten, dass ihre Kinder arbeiten gehen, und nicht, dass sie auf der Bühne herumhampeln. Da hat unsere Mutter zum Vater gesagt: Du hast doch selber Kinder. Und so haben wir begonnen, als Familie in einem relativ großen Umkreis übers Land zu ziehen und auf Vereinsabenden und Gründungsjubiläen zu spielen. Das fing Anfang der sechziger Jahre an.

Hans Well: Weihnachten war die hohe Zeit der »Betlehem-Ralleys«.

Was ist das denn?

Hans Well: Weihnachtsfeiern für Schützenvereine, Feuerwehren. Da sind wir bis zu 33-mal mit der Familie unterwegs gewesen. Unser Vater hat jedes Jahr ein neues Weihnachtsspiel geschrieben. Er war ein frommer Mensch; unsere Mutter ist eher Agnostikerin.

Christoph Well: Als wir in die Münchner Kleinkunstszene gekommen sind, haben wir andere Leute kennengelernt, andere Einflüsse gehabt und angefangen, das Bild der Volksmusik zu hinterfragen. Wir haben dann mit den Eltern und dem Rest der Familie anstrengende Auseinandersetzungen gehabt, weil wir eine Zeitlang mit der großen Familie Well in Konkurrenz standen. Mittlerweile hat sich das erübrigt. Wir spielen ein- oder zweimal im Jahr mit der Mutter, den Kindern und zum Teil schon mit den Enkelkindern in der Kirche.

Wohnen Sie alle noch in der Nähe?

Hans Well: Ich wohne nicht weit weg, Stofferl inzwischen mehr in Stadtnähe.

Christoph Well: Die fünfzehn Kinder haben sich relativ weit zerstreut. Um das Elternhaus herum wohnen noch vier Geschwister. Alle anderen sind ungefähr im Umkreis von 100 Kilometern.

Sie gehören beide eigentlich zu der Generation, die sich für Rockmusik begeistert hat.

Christoph Well: Ich habe das überhaupt nicht gekannt. Wir haben daheim keinen Fernseher und keinen Schallplattenspieler gehabt. Der Hans war der Erste, der ein Tonbandgerät gehabt hat. Ich bin unter einer musikalischen Käseglocke aufgewachsen. Ich habe nicht einmal gewusst, wer Gustav Mahler ist. Nur Volksmusik war gut. Das andere war »Negermusik«.

Hans Well: Ich kann mich gut daran erinnern, wie meine älteren Brüder in München auf der Straße angepöbelt worden sind, weil sie lange Haare gehabt haben. Unser Großvater war ein Friseur. Man muss sich einmal vorstellen, was das für den für eine Provokation war, dass die sich die Haare haben wachsen lassen und diese Schlaghosen getragen haben. »Beatle« war damals ein übles Schimpfwort. Ich, der Stofferl und Michael haben Degenhardt, Biermann oder Hannes Wader gehört.

Christoph Well: Da war ich aber schon sechzehn Jahre alt.

Hans Well: Ich war damals Trachtenverweigerer. Die Tracht ist mir total rückständig und hinterwäldlerisch vorgekommen. Themen der Texte, die ich zuerst schrieb, waren Umwelt und Kirche. Aber auch heute noch gilt in Bayern: Wenn du zum Beispiel die CSU angreifst, wird das toleriert. Aber wenn du etwas gegen die Kirche machst, scheiden sich daran die Geister. Das ist für manche Leute immer noch Blasphemie. Wir haben immer Lieder gegen die Kirche gemacht.

Christoph Well: Gegen die Amtskirche, aber nie gegen die gläubigen Menschen. Gegen den Glauben an sich täte ich nicht singen.

Hans Well: Das haben wir aber wirklich auch nie gemacht. Wenn wir etwas über die Kirche gemacht haben, dann natürlich über deren Machtpositionen. Darüber, wie Leute in moralische Zwickmühlen gebracht werden durch das sexualfeindliche Verhalten der Kirche. Das war für uns eine ganz wichtige Auseinandersetzung. Die Kirche ist auch immer auf der Seite der Stärkeren gewesen.

Christoph Well: Die Amtskirche vielleicht schon, aber der Pfarrer ist auch Kirche, die ganze Gemeinde ist Kirche. Natürlich ist die Kirche rückwärtsgewandt gewesen, hat Kreuzzüge veranstaltet. Aber in unserer Zeit habe ich das Gefühl, dass durch die Kirche ein Bruch geht. Es gibt darin Leute, die den alten Formen anhängen, und solche, die sich vor Ort für die Armen engagieren, zum Beispiel in Lateinamerika.

Hans Well: Von der Befreiungskirche in Lateinamerika ist leider Gottes nichts übrig, weil der Papst …

Christoph Well: Doch!

Hans Well: Da sind wir unterschiedlicher Meinung. Ich sehe die Kirche eher wie den Staat als Ausdruck einer bestimmten Organisationsform, die von Haus aus hierarchisch aufgebaut ist. Wenn irgendein Pfarrer zum Beispiel Ökumene praktiziert, dann wird er rausgeschmissen.

Christoph Well: Aber sie sind trotzdem noch Kirche. Der Pfarrer ist entlassen, aber deswegen noch nicht exkommuniziert.

Hans Well: Angefangen mit unserem Marx, der nix mit Karl zu tun hat, sondern ein religiöser Fundamentalist, gibt es viele Beispiele in Bayern, wie etwa vom Bischof Mixa oder Müller mit Abweichlern umgegangen wird. Der Ratzinger war lange Zeit radikal. Momentan hat er sich ein liberaleres Mäntelchen umgehängt, weil er ja eine andre Position hat. Nun ist er quasi Ministerpräsident von dem Haufen geworden und hat sich ein andres Image zugelegt, das ihm aber immer wieder mal entgleitet.

Christoph Well: Hans sieht die Kirche als Amtskirche, ich sehe das als Veranstaltung, wo ganz viele Leute mitmachen.

Hans Well: Ich hab diesen Verein immer als machtgeil und von oben nach unten strukturiert kennengelernt.

Was hat sich in den letzten dreißig Jahren in Bayern geändert?

Christoph Well: Die Kirche hat sich geändert. Die Leute werden heute nicht mehr vom Pfarrer von der Kanzel herunter fertiggemacht, wenn sie einen Liebhaber haben. Außerdem ist Seehofer nicht Franz Josef Strauß. Die Partei wird nicht mehr so sehr mit einer einzigen Person identifiziert. Aber die Menschen, die diese Partei gewollt haben, bleiben die gleichen. Die Leute sind nicht liberaler geworden. Aber wir haben immerhin die letzten dreißig Jahre die CSU unter hundert Prozent gehalten.

Hans Well: Die CSU hat nach 46 Jahren nicht mehr die absolute Mehrheit. Früher herrschten ja zum Teil SED-Verhältnisse. Nun kann man sagen, die FDP, das ist doch diese dubiose neoliberalistische Partei. Aber immerhin muss die CSU koalieren und das ist für ihr Selbstverständnis ein schwerer Schlag. Hinzu kommt, dass die Landesbank mit dreißig Milliarden im Feuer steht und unter Stoiber das Tafelsilber verscherbelt wurde. Jetzt gibt es nichts mehr zu verteilen für diese Staatspartei a. D. Vor der Wahl hetzten diese »Christen« im Bierzelt ein bisserl über Asylanten, ein bissel gegen das Kruzifixurteil und schon gab's die absolute Mehrheit. Das ist vorbei. Sogar die Bauern sind wegen dem Milchpreis abgesprungen. Die sind mittlerweile bei den Freien Wählern. Sie wollen sogar die CSU-Politik für Gentechnologie nicht mehr. Da war in Rosenheim kürzlich eine Veranstaltung in einem Bierzelt mit über 3000 Bauern.

Sie haben mit ein und demselben Lied in Bayern gleich mehrmals für einen Skandal gesorgt.

Hans Well: 1978/79 habe ich den Text geschrieben: »Gott mit dir, du Land der Baywa, deutscher Dünger aus Phosphat. Über deinen weiten Fluren liegt Chemie von fruah bis spaat. Und so wachsen deine Rüben, so ernährest du die Sau. Herrgott, bleib dahoam im Himmi, mir hom Nitrophoskablau.« Die Baywa ist ein Agrarchemiegroßhändler, ein Dealer. Wir haben das in einer Silvestersendung des bayerischen Fernsehens, *Scherz, Satire und Kleinkunst*, gesungen. Der Stofferl hat damals als Solotrompeter bei den Philharmonikern gespielt und war danach gleich weg zum Neujahrskonzert. Wir waren im Studio und der Redakteur hat gesagt: »Wunderbare Geschichte. Tolles Lied. Aber lassen wir es lieber weg.« Der leitende Redakteur der *Abendschau* war der frühere Pressesprecher der CSU. Das Lied ist schließlich doch gesendet worden, weil wir hart geblieben sind. Man hatte uns eine eigene Sendung und viel Geld angeboten. Aber wir haben gesagt: »Entweder dieses Lied kommt oder alle Lieder von uns müssen raus.« Darauf gab's eine große Presseresonanz. Dieser Text wurde dadurch zum alternativen Text der bayerischen Nationalhymne.

Aufgrund dieses Vorfalls sind wir zehn Jahre lang nicht mehr im Radio oder Fernsehen vorgekommen. Mir hat ein Redakteur erzählt, dass auf der CD draufstand: »Nur gegen Rücksprache zu spielen.«

War das finanziell für Sie ein Problem?

Hans Well: Überhaupt nicht. Wir waren immer eine Liveband. Wir haben doch dieses Scheißfernsehen oder Staatsradio nicht gebraucht. Im Gegenteil. Die Leute haben uns das als Qualitätsmerkmal ausgelegt.

Um 2002 ist das Lied dann aus Versehen in ein bayerisches Liederbuch für den Schulunterricht gekommen. Auflage 70 000. Nachdem die Kultusministerin Hohlmeier das entdeckt hat, ist das Buch eingestampft worden. Die Kosten hat der Steuerzahler übernommen. Dann ist die nächste Auflage gekommen. Darin war das Lied noch im Inhaltsverzeichnis vorhanden. Erst die dritte Ausgabe war ganz bereinigt und wurde ausgeliefert.

2007 hat die Biermösl Blosn gemeinsam mit ihren Kindern eine Südafrika-Reise unternommen und darüber einen Film gemacht.

Hans Well: Ein Bekannter von uns, Wolfgang Landgraeber, der beim WDR arbeitet, hat immer schon die Idee gehabt, was darüber zu machen, wie der Schuhplattler nach Südafrika kam. Dort gibt es die Gumboot-Tänzer. Die schwarzen Arbeiter durften sich in den Gold- und Diamantenbergwerken nicht unterhalten und haben dort mit Patschen auf die Gummistiefel so etwas wie einen Schuhplattler entwickelt. Weil wir auch einen Schuhplattler im Programm haben, wollte uns Landgraeber mit diesen Gruppen zusammenbringen. Wir sind dann für vierzehn Tage da runtergefahren, jeder von uns hat seine Kinder mitgebracht. Zuerst waren wir drei Tage in Johannesburg, dann in Namibia und schließlich in Kapstadt. Dabei haben sich wunderbare Begegnungen ergeben. Wir haben in Kapstadt bei so einem Outreach-Programm mitgemacht. Da gibt es Leute, die unterrichten Musikinstrumente, um den Jugendlichen in den Armenvierteln eine Perspektive zu geben. Damit sie aus einem Alltagstrott herauskommen, der oft in Kriminalität mündet.

Wir waren erschüttert, dass die Kinder dort auf Holzgriffbrettern Geige spielen üben, weil sie keine Instrumente haben. Wir sammeln jetzt Instrumente. Ein Admiral der südafrikanischen Marine, der nach Bremen kommt, weil sie dort die U-Boote warten lassen, die sie während der Apartheid von Franz Josef Strauß vermittelt bekommen haben, nimmt beim Rückweg einen Container mit. Der Transport ist also gesichert durch Franz Josef Strauß (lacht).

Wir sind in Südafrika auch mit dem Antiapartheidskämpfer Dennis Goldberg zusammengetroffen. Den haben die Machthaber besonders gehasst, weil er Weißer ist und deshalb als Verräter gegolten hat. Er hat 22 Jahre in einer Zelle gesessen. Mit uns hat er eine Führung durchs Apartheidmuseum gemacht, die uns sehr beeindruckt hat. Die Apartheid hat sogar die Widerstandskämpfer getrennt. Die Weißen sind in ein anderes Gefängnis gekommen als die Schwarzen.

Goldberg haben wir für einen Vortrag vor den 11. Klassen eines Münchner Gymnasiums gewinnen können. Die Veranstaltung war wunderbar. Die Schüler haben fundierte Fragen gestellt, weil sie sich vorbereitet hatten.

Haben Sie auf Ihrer Reise auch musikalisch etwas gelernt?

Christoph Well: Da hat jeder Straßenzug so seine eigenen Gesänge gehabt. Das waren Vokalnummern, die klangen wie eine Mischung aus Gotteslob und irgendeinem afrikanischen Dorfgesang. Als Schlagzeug benutzen sie die Bibel und machen eine riesen Gaudi daraus. Es war für mich neu, dass Kirche so einen Spaß machen kann. Ich habe etwas gelernt über die Art, wie die da unten spielen. Sie nehmen sich nicht so wichtig. Es ist egal, wenn mal eine falsche Note dabei ist. Der Spaßfaktor für die Musiker selbst ist wahnsinnig wichtig. Wenn du mit anderen zusammenspielst, musst du dir keinen Kopf machen, besonders gut zu spielen. Es ist richtig entspannt. Das habe ich vorher nicht gekannt. Bei uns sagt jeder dem anderen, wie gut er ist usw. Das ist eine Selbstdarstellerei.

Hans Well: Die Leute drücken sich viel mehr über Gesang oder Tanz aus als bei uns, wo man halt singen lässt. Das erinnert irgendwie an die Zeit, als wir beim Vater in die Schule gegangen sind. Mich hat die Musik in der Kirche in Guguletu an Gospelchöre erinnert. Ich habe immer gemeint, das wäre ursprüngliche afrikanische Musik. Aber mir hat jemand gesagt, dass die schon sehr durch westliche Einflüsse geprägt ist und die ursprüngliche Kultur aus den Zulu- oder Khosa-sprachigen Dörfern durch die lange Zeit der Unterdrückung durch die Weißen verschüttgegangen ist.

Christoph Well: Durch die Mischung entsteht wieder etwas Neues. Das ist dann Volksmusik.

Bücher und Tonträger

Biermösl Blosn: Grüß Gott, mein Bayernland. Erweiterte Neuauflage, gebunden, 2008

Plattln in Umtata: Mit der Biermösl Blosn in Afrika. DVD, 2008

Gerhard Polt und die Biermösl Blosn: Offener Vollzug. DVD, 2008

Unterbayern. CD, 2003

Jürgen Roth / Hans Well: Der Untergang des Bayernlandes. Hörcollage, 2008

Jürgen Roth / Hans Well: Stoibers Vermächtnis. Hörcollage, 2007

Die Donau als Ausweg

Erwin Riess[1]

Erwin Riess (geb. 1957 in Wien) war nach einem Studium der Gesellschaftswissenschaften in verschiedenen Verlagen und Zeitschriften tätig. Seit 1983 ist er Rollstuhlfahrer. Von 1984–94 arbeitete er im österreichischen Wirtschaftsministerium (Wohnbauforschung/Barrierefreies Bauen). Seit 1994 publiziert er als freiberuflicher Schriftsteller Erzählungen, Romane, Theaterstücke und Essays. Der Autor ist Aktivist in der autonomen Behindertenbewegung. Er lebt heute in Wien-Floridsdorf und in Pörtschach-Pritschitz. 2010 erschien sein dritter Groll-Roman: »Herr Groll und der rote Strom«.
Ein Gespräch über den neuen Groll-Roman, den vermeidbaren Niedergang der österreichischen Werftindustrie und eine Grundsicherung, die ihren Namen nicht verdient.

Die zentrale Figur in Ihren Erzählungen und Romanen ist ein gewisser Herr Groll. Wenn Sie einen Steckbrief über diesen Mann machen müssten: Was ist das für ein Kerl?

Groll wohnt in Floridsdorf. Das ist ein Arbeiterbezirk nördlich der Donau in Wien. Er hat eine, wie man sagt, profunde Halbbildung und bezieht eine kleine Rente. Er verdient sein Geld durch Aktivitäten am Rande der Legalität und auch jenseits davon. Das ist ein bisschen getarnt als Lebenshilfe und Vermögensberatung, die er in einem Wiener Heurigen anbietet. In seine Sprechstunden kommen alle möglichen Leute, die sich Hilfe erwarten. Daneben arbeitet er auch als Korrespondent einer New Yorker Behindertenzeitschrift.

1 Erstveröffentlichung in *junge Welt* am 25.8.2010

Abgesehen von seinen halbkriminellen Aktivitäten hat Groll aber auch einen Klassenstandpunkt.

Er ist ein alter Linker. Er hat einen Mentor und Freund, der Mitglied in der kleinen kommunistischen Partei in Österreich ist und ihn berät. Manchmal hält er sich dran, manchmal auch nicht. Groll ist ein Linker, aber auf eine sehr eigenartige Art und Weise.

Wie ist diese Figur eigentlich entstanden?

Sie hat sich im Laufe der letzten zwanzig Jahre über viele Hundert Kurzgeschichten und Storys entwickelt. Sie war am Anfang eher zufällig da und hat sich dann bei mir immer mehr behauptet. Im Gegensatz zu meinen Theaterstücken ist in meiner erzählenden Prosa Herr Groll eine Figur, durch die ich die Welt brechen kann, aus deren Blickwinkel ich der Welt einen Spiegel vorhalten kann. Noch dazu, wo ich wie Groll selber Rollstuhlfahrer bin und sowohl das linke Milieu kenne als auch Floridsdorf, weil ich dort lebe. Wobei ich das Glück hatte, eine normale Bildung durchlaufen zu haben. Das heißt, ich habe Politikwissenschaft und Ökonomie studiert, habe mich in der Linken herumgetrieben und bin seit dreißig Jahren in der autonomen Behindertenbewegung, der Selbstbestimmt-Leben-Bewegung, aktiv. Ich halte dort Vorträge und schreibe auch in mehreren Behindertenzeitschriften. Aber in meiner erzählenden Prosa ist der Herr Groll mit seinen Kurzgeschichten, mittlerweile zwei Erzählbänden und drei Romanen nach wie vor für mich wichtig. Ich schreibe auch im AUGUSTIN. Das ist eine große Straßenzeitung mit einer Auflage von 40 000 oder 50 000. Dort gibt es seit einigen Jahren eine Kolumne, eine Geschichte von Herrn Groll. Sie hat meistens nicht mit Behindertenthemen zu tun, sondern mit allgemeinen politischen oder sonstigen Entwicklungen.

Nun gibt es in Ihren Groll-Geschichten eine andere Figur, die mir mittlerweile ebenso wichtig erscheint wie Herr Groll. Das ist sein Gegenüber, Gegenpart, sein vielleicht bester, aber auch am meisten gehasster Freund: der Dozent. Im Unterschied zu Groll hat der auch keine Halbbildung, sondern stammt aus dem akademischen Milieu. Wie ist der Dozent in die Geschichten hineingekommen?

Die beiden sind von Anfang an als Paar aufgetreten. Der Dozent war zu Anfang ein reiner Widerpart, wurde aber dann mehr und mehr zu einer eigenen Figur. In meinem neuen Roman *Herr Groll und der rote Strom* ist der Dozent fast zu einer Hauptperson geworden. Man erfährt auch viel über seine Hintergründe. Das ist auch gut so, weil es die Geschichte etwas bricht und man die Dinge aus unterschiedlichen sozialen Zusammenhängen erzählen kann. Außerdem ist es auch so: Manchmal ist man ja wirklich auf Hilfe angewiesen. Und manchmal ärgert man sich darüber. Manchmal bekommt man auch keine Hilfe. Die beiden sind ein gut eingespieltes Paar.

Manchmal hat man den Eindruck, dass der Dozent ein Prügelknabe des Herrn Groll ist. Aber das ist er nicht nur. Es gibt auch eine gegenseitige Abhängigkeit, die im Laufe der Zeit immer deutlicher hervortritt.

Das stimmt. Der obige Zusammenhang war bei den ersten Romanen und bei den frühen Geschichten stärker. Da war der Dozent mehr Prügelknabe. Jetzt hat er sich zu einer gleichberechtigten Figur entwickelt, speziell im dritten Roman. Man erfährt nun Privates von Groll, etwa über seine Freundin, die Nebenerwerbsnutte, aber auch über die Herkunft des Dozenten: seine Mutter, wie er in einem Wiener Nobelbezirk lebt und mit welchen Widersprüchen er lebt.

Ihre Figuren reflektieren über die Weltläufte und streiten politisch miteinander. Groll und der Dozent sind Verkörperungen von zwei Varianten linken Denkens. Einerseits der Dozent, der dem akademischen Diskurs verhaftet ist, und andererseits Herr Groll, der ein »traditionskommunistisches« Verständnis geradezu kultiviert und deutlich praxisnäher denkt als sein Gegenpart. Sind das zwei Seiten Ihres eigenen politischen Denkens?

Ich mag das eigentlich nicht so gern, ständig zu erklären, wie ich als Person denke. Meine Figuren sprechen ohnehin für sich. Durch mein Studium der Politikwissenschaft in den Ausläuferjahren der 68er-Bewegung habe ich den akademischen Diskurs miterlebt. Ich habe mich viel mit Gramsci und marxistischen Schriften beschäftigt. Herr Groll kommt von einer ganz anderen, sehr praktischen

Seite her. Insofern ist das Akademische Teil meiner Geschichte, aber wo das Herzblut fließt, ist auch klar. Da die Linke in Österreich tot ist und es keine Strukturen mehr gibt, splittern sich die überlebenden Linken in Einzelkämpfer auf. Herr Groll ist ein Vertreter dieser Entwicklung. Der Dozent ist im Gegensatz einer jener Linken, die ohnehin immer wieder SPÖ wählen und deren ganzen Scheiß mitmachen.

Können Sie einmal skizzieren, worum es in diesem neuen Groll-Roman geht?

Der Roman erzählt die Geschichte von Horst, einem Freund Grolls, der als herzkranker Rentner mit seinem elfjährigen Sohn in einer Fischerhütte an der Donau lebt und mithilft, die Leiche einer jungen slowakischen Prostituierten in die Donau zu bringen. Das heißt, er organisiert das für seinen Nachbarn, der in seiner Hütte Herrenabende veranstaltet und dafür immer wieder Prostituierte einlädt. Das sind drei Herren, die dort zusammenkommen: ein hoher Beamter aus dem Verteidigungsministerium mit adeligem Hintergrund, ein Edelwinzer und ein Primar, ein Chefarzt. Dummerweise hat dieses Mädchen einen Kreislaufkollaps und verstirbt. Horst, der Freund von Groll, bugsiert die Leiche in die Donau. Sie treibt aber an der nächsten Biegung schon ans Ufer, wird gefunden und nun beginnen die Ermittlungen. Horst versucht diese Umstände für eine Erpressung auszunutzen, damit sein Sohn noch ein bisschen Geld für seine Ausbildung hat, wenn er an seiner Herzkrankheit versterben sollte. Er ist mit dieser Erpressung aber heillos überfordert und wird von den drei Herren abgeschmettert. Dann steigt Groll ein, übernimmt die Erpressung und fordert wesentlich mehr Geld. Der Dozent hilft dabei, ohne zunächst zu wissen, worum es überhaupt geht, und als er es weiß, steckt er selbst schon zu tief drin. In die Hauptgeschichte ist die Geschichte der Mutter des Dozenten verwoben. Die ist Unternehmerin, hat eine Fabrik zur Herstellung von Maschinen für Gummiprodukte aller Art und findet immer wieder Puppen vor in ihrem Garten, die so ausschauen wie sie. Man weiß nicht so recht, wer das macht, ob jemand die zu Tode erschrecken will.

Groll wird von der Mutter des Dozenten hinzugezogen, und er löst diesen Fall auf eine ungewöhnliche Art und Weise. Die dritte, die Hauptgeschichte, das ist die Donau selbst, der Strom, der in ein Jahrhunderthochwasser hineinkommt. Dieses Hochwasser führt dazu, dass es am Schluss eine ungewöhnliche Lösung für die ganze Geschichte gibt, durch die sich dann auch der Name des Romans erklärt: der rote Strom.

Herr Groll ist ein großer Fan der Donauschifffahrt. Ist das etwas, was Sie mit Ihrer Figur verbindet?

Ja, das teile ich. Ich bin an der Donau aufgewachsen und die Schiffe waren und sind für mich Lebensbegleiter. Die Möglichkeit, aus diesem Binnenland sowohl über das Mittelmeer als auch über den Atlantik, über den Rhein-Main-Donau-Kanal einen Ausgang zu haben, auch einen denkmäßigen Ausgang, das ist schon sehr wichtig für mich. An der Donau ist es selbst mitten in der Provinz Österreich so, dass man nicht ganz von der Welt entfernt ist. Immerhin fahren Schiffe vorbei, die mit der Welt zu tun haben. Man kann sich vorstellen, einzusteigen, mitzufahren und etwas anderes mitzukriegen als die bornierten österreichischen Verhältnisse.

Vor wenigen Jahren gab es in der österreichischen Literaturzeitschrift *Wespennest* mal eine Ausgabe mit dem Themenschwerpunkt Donau.

Darin habe ich einen Beitrag geschrieben über die Schiffswerft Korneuburg und wie diese Werft, die damals noch zur verstaatlichten Industrie zählte, politisch bewusst zugrunde gerichtet wurde, um dann die Reste zu privatisieren und zu verscherbeln. Das war kurz nach der sogenannten Wende in den sozialistischen Staaten, als die Sowjetunion, die jahrzehntelang der Hauptabnehmer der Schiffe in Korneuburg und in Linz war, für ein, zwei Jahre lang als Käufer ausgefallen ist. Dann wäre das wieder weitergegangen. Mittlerweile fahren nicht mehr fünfzehn Kabinenschiffe regelmäßig auf der Donau, sondern 160. Die müssen alle im Winter gewartet, überholt und restauriert werden. Allein mit den Restaurationsarbeiten hätte die Werft locker ihr Auskommen. Aber genau in dieser Zeit haben sich in der Sozialdemokratie die neoliberalen Tendenzen durchgesetzt gehabt und man hat gesagt: »Wir wollen nicht, dass dieser verstaatlichte Betrieb weiterexistiert. Wir verscherbeln das.« Jetzt gibt es die Schiffswerft nicht mehr. Es gibt nur noch einen Rest in Linz. Die Schiffswerft Korneuburg, die über Jahrzehnte 1600 Leute beschäftigt hat, gibt es nicht mehr.

Sie treten nicht nur als Schriftsteller in die Öffentlichkeit, sondern mischen sich auch politisch ein. Vor einiger Zeit sind Sie mir aufgefallen durch Ihr Eintreten für eine Grundsicherung für alle.

Das habe ich so nicht geschrieben. Ich trete für menschenwürdige Lohnverhältnisse und Assistenzzahlungen für jene ein, die keinen Arbeitsplatz kriegen. Aber ich bin nicht für jene Grundsicherung, die bei uns in Österreich nach Hängen und Würgen beschlossen wird. Dabei handelt es sich um nichts anderes als eine verallgemeinerte Sozialhilfe auf niedrigerem Niveau. Für die meisten, die ohnehin schon Sozialhilfe beziehen, stellt das eine Verschlechterung dar, weil sie weniger kriegen als jetzt. Man schafft jetzt ein Transferkonto, wo alle Transferleistungen aufscheinen. Natürlich mit dem Ziel, wenn das alles aufscheint, weiter zu kürzen, damit es keine Doppelförderungen gibt. Alle, die je in die Situation kommen, Grundsicherung beziehen zu müssen, und alle Transferbezieher, ob es sich um Kinderbeihilfe, Pflegegeld, Wohnbeihilfe etc. handelt, werden in Zukunft damit rechnen müssen, dass ihnen die eine Leistung gegen die andere angerechnet wird. Ob Auto oder Wohnung, alles wird angerechnet. Was durch diese verschlechterte Grundsicherung eingeführt wird, ist eine österreichische Variante von Hartz IV. Nur für einen kleinen Prozentsatz jener, die auf dem Arbeitsmarkt nicht mehr unterkommen, ist die Grundsicherung ein Vorteil. Das sind diejenigen, die nicht in der Lage sind, selber zur Sozialhilfe zu gehen, und ganz ausgegrenzt werden. Die haben jetzt einen Rechtsanspruch auf die geringe Grundsicherung und müssen nicht mehr betteln gehen. Die Sozialdemokratie hat dem Kuhhandel (Transferkonto) zugestimmt. Es gab kaum Widerstand der Zivilgesellschaft, auch von den Grünen kam nichts.

Bücher von Erwin Riess

Herr Groll und der rote Strom. Roman, 2010

Herr Groll auf Reisen. Erzählungen, 2008

Der letzte Wunsch des Don Pasquale. Roman, 2006

Stücke 1994–2004. Theaterstücke, 2004

Heimatkunde Österreich. Essays für *konkret*, 2003

Giordanos Auftrag. Roman, 1999

Herr Groll erfährt die Welt. Im Rollstuhl durch gelähmte Zeiten. Erzählungen, 1996

Kuruzzen. Ein Stück, 1993

Unsere Kultur hat ein Y-Chromosom

Christine Lehmann[1]

Christine Lehmann (geb. 1958) lebt in Stuttgart und Wangen (Allgäu). Sie ist als Nachrichten- und Aktuellredakteurin beim SWR tätig. Sie schreibt Romane und Kurzkrimis, Kriminalhörspiele (Radio Tatort), Glossen und Artikel.
Ein Gespräch über die unorthodoxe Krimiheldin Lisa Nerz, Veränderungen in der Verlagswelt, eine feministische Schreibhaltung und die Frage, warum weibliche Heldinnen im bürgerlichen Roman am Schluss sterben müssen.

Worum geht es Ihrem letzten Krimi *Mit Teufelsg'walt*?

Mich hat die Macht interessiert, die das Jugendamt hat, Kinder in Obhut zu nehmen und dadurch einen sehr dramatischen Eingriff in die Familien zu machen. Der Anlass, das Buch zu schreiben, war meine Entdeckung, dass Eltern praktisch keine Chance haben, gegen Maßnahmen des Jugendamtes etwas zu tun. Das ist eine juristische Grauzone.

Man kann in Ihrem Buch andererseits aber auch nicht klar zwischen Gut und Böse, zwischen mächtiger Bürokratie einerseits und bloßen Behördenopfern andererseits unterscheiden.

Das ist klar. Familienverhältnisse sind komplex. Für mich ist das Leben nie in Gut und Böse aufgeteilt. Ich erlebe Menschen so nicht. Oft haben sie den Willen zum Guten und machen das Böse. Diesem Aspekt bin ich nachgegangen.

1 Originalbeitrag für diesen Band

Lisa Nerz, die Heldin Ihrer Krimireihe, ist selbst eine Figur, für die man als Leser nicht nur Sympathie aufbringen kann.

Sie ist als Figur so konzipiert, dass sie dabei hilft, Vorurteile aufzubrechen und das, was man für allgemeine Wahrheiten hält, zu hinterfragen. Lisa Nerz guckt immer hinter die Fassade. Als so eine Person ist sie natürlich nicht immer sympathisch, denn das schmerzt ja auch. Wenn sie zum Beispiel aufdröselt, was eine alleinerziehende Mutter für Geld bekommt und dass sie davon eigentlich gut leben kann, dann stört das alle, die sich darüber beklagen, dass die Hartz-IV-Sätze zu niedrig sind und dass man zu wenig für Mütter tut. Lisa Nerz ist eigentlich immer politisch unkorrekt. Sie findet die Schwachstellen in unseren Konstrukten, an die wir glauben und die wir für wahr halten.

Auf der anderen Seite ist sie aber mit einer gewissen Beharrlichkeit darum bemüht, Ungerechtigkeiten und Skandale aufzudecken. Das ist der herrschaftskritische Zug, den sie auch hat.

Mein Interesse als Autorin ist es, eine Figur zu haben, die bricht, zerstört und dadurch auch lästig wird. Sie ist für mich ein Vehikel, um tiefer in die Realität zu dringen oder in das, was wir für die Realität halten. Manchmal wird sie auch mir lästig, weil sie nichts einfach unhinterfragt akzeptieren kann.

Ist diese Figur auch eine Möglichkeit für die Autorin, die Grenzen ihrer eigenen Political Correctness zu überwinden?

In Büchern kann man ja sehr weit gehen. Etwas anderes wäre es, wenn ich mich zu einer Podiumsdiskussion begeben würde und mit Jugendamtsbeamtinnen darüber diskutieren würde, ob ihr Verhalten richtig oder falsch ist. Das Buch ist fiktiv. Ich kann die Situationen darin so zuspitzen, dass sich etwas entlarvt, was wir bisher für in Ordnung gehalten haben. Das ist ein Freiraum, in dem man das machen kann, ohne auf tatsächlich lebende Personen Rücksicht nehmen zu müssen. Im Buch verletze ich niemanden. In konkreten Auseinandersetzungen mit Personen würde ich mich viel differenzierter und auch respektvoller verhalten. Ich müsste immer akzeptieren, wie schwierig das Leben und die Einmischung in das Leben anderer ist. Lisa Nerz ist ja eine Person, die es so nicht gibt und nicht geben könnte in dieser Konsequenz und mit diesen geringen Selbstzweifeln, mit denen sie agiert. Ein realer Mensch, der Schwierigkeiten hat, seine Geschlechterrolle zu finden, wäre vermutlich unsicherer, passiver und sehr viel zurückgezogener. Lisa Nerz trägt das nach außen, auch um zu zeigen, dass unsere Genderrollen dringend einer Überarbeitung bedürfen.

Lisa Nerz neigt dazu, auch Leute aus ihrer nahen Umgebung sehr schnell zu verdächtigen, ein schweres Verbrechen begangen zu haben. Wäre sie ein realer Mensch, würde sie das kaum über längere Zeit durchhalten können, ohne daran psychischen Schaden zu nehmen.

Man kann damit eigentlich nicht leben als normaler Mensch. Man kann ja nicht jedem misstrauen. Oder man hätte keine Beziehungen. Lisa Nerz kann das, weil sie eine Kunstfigur ist, ohne dabei verrückt oder daran krank zu werden. Sie kann uns die Fragilität unserer Beziehungen permanent vor Augen führen. Wenn man eine gewisse Lebenserfahrung hat, erscheinen einem Verhältnisse als brüchig oder gefährdet. Man steckt ja im anderen Menschen nicht drin. Alle kennen das Beispiel vom netten, unauffälligen Nachbarn, bei dem sich später herausstellt, dass er Frauen ermordet hat. Dieses Misstrauen, diese Unsicherheit, dass wir nicht wissen, auf welche Brutalitäten Menschen kommen, spiegelt die Figur Lisa Nerz wider. Das ist der Vorteil der Fiktion. Die darf erfunden und irreal sein. In meinen Krimis gebe ich den Elementen, die drum herum gebaut sind, den Charakter der Wahrscheinlichkeit. Ich beziehe mich auf Realität, lasse sie aber in einer zugespitzten und eigentlich unwirklichen Form vorkommen. Ich schätze diese Freiheit, als Schriftstellerin etwas zu konstruieren, was in der Realität zwar existiert, von uns aber nicht tagtäglich wahrgenommen wird. Mir macht es Spaß, beim Schreiben zu probieren, wie es denn wäre, wenn wir das Misstrauen gegen andere Menschen aussprechen würden. Oder ich zerstöre eine gewohnte und vertraute Konversation, indem ich Lisa Nerz aggressiv antworten lasse. Das sind Experimente, die ich in meinen Büchern durchführe, weil ich selber ganz gespannt bin, was dann vielleicht zutage kommt. Die Stärke von

Lisa Nerz ist, dass sie so lange provoziert, bis eine neue Wahrheit entsteht, ein neues Verständnis, auch Einverständnis. Für mich ist es ein Gedankenexperiment.

Lisa Nerz ist die Heldin nicht nur eines Buches, sondern einer ganzen Krimi-Serie. Macht sie darin eine Entwicklung durch, wird sie älter und lernt dazu?

Meine Schwester, die eine Testleserin ist, hat zu *Mit Teufelsg'walt* gesagt: »Jetzt lernt Lisa Nerz endlich mal nachdenken. Das gefällt mir ganz gut.« In den ersten Krimis tritt sie deutlich mehr als Haudegen auf, als Prügelbereite, die ständig Schläge erhält oder aber austeilt. Sie ist jünger, sportlicher und traut sich mehr zu. Heute springt sie nicht mehr über jeden Zaun. Lisa Nerz macht aber auch schon deshalb einen Reifeprozess durch, weil ich mich selbst verändert habe. Der erste Lisa-Nerz-Roman erschien vor fünfzehn Jahren. Heute bin ich einfach anders.

Die ersten Romane erschienen noch nicht als Ariadne-Krimi im Argument Verlag, sondern noch bei Rowohlt. Warum hat Rowohlt die Serie beendet?

Es war zunächst eine große Leistung, dass Rowohlt überhaupt damit angefangen hat. Denn diese Figur Lisa Nerz war Mitte der Neunziger sicherlich singulär und eine Provokation.

Worin bestand denn der Mut des Verlags, diese Reihe zu beginnen?

Damals erschienen Krimis von Frauen gerne in Frauenkrimi-Reihen. Es gab damals schon Lesbenkrimis und es gab auch immer Krimis mit Ermittlerinnen, die waren aber meistens rothaarig und hatten Katzen. Das waren Frauen, die in ihrer Frauenrolle aufgegangen sind. Lisa Nerz, eine Frau, die als Mann auftritt, sich sexuell in beide Richtungen engagiert und permanent die Frauenrolle verlässt, um in der Männerrolle das Verhalten der Männer zu entlarven, war zu dieser Zeit für die Leserinnen und Leser nicht so einfach. Heute gibt es die Bereitschaft, zu akzeptieren, dass Lisa Nerz bisexuell ist, und auch Männer haben als Leser Spaß an ihr. Der Lektor, der mich entdeckt hat und der sich dahintergeklemmt hat, dass die Bücher erscheinen, ist damit auch ein persönliches Risiko eingegangen. Mein erster Krimi wurde von einem namhaften Stuttgarter Kritiker verrissen. Das war für den Lektor und den Verlag nicht einfach. Der zweite Krimi wurde dann schlecht verkauft, und als ich den dritten schrieb, sagte mir der Verlag, sie könnten mit mir nicht weitermachen, weil das die Verkaufszahlen einfach nicht erlaubten. Das war damals die Zeit, als die Verlage sich umbauten und zum Beispiel Krimi-Reihen eingestellt wurden. Man kann sagen, dass ich wegen Erfolglosigkeit bei Rowohlt rausgeflogen bin. Damals kaufte man in Stuttgart keine Regionalkrimis. Das hat sich erst so um das Jahr 2000 geändert. Jetzt bin ich bei einem anderen Verlag und die Leser kaufen die Bücher unter anderen Kriterien. So eine Figur wie Lisa Nerz passt auch besser zu Ariadne, als sie damals zu Rowohlt gepasst hat. Aber die Leistung von Rowohlt, so etwas zu wagen, finde ich heute noch großartig.

Können Sie etwas über die Kriterien sagen, nach denen der Rowohlt-Verlag damals gesagt hat, dass sich die Reihe für ihn finanziell nicht lohnt? Immerhin verkauft sich Lisa Nerz bei Ariadne ja ganz gut.

Das Kriterium war damals, dass mehr als fünfzig Bücher pro Monat verkauft werden müssen. Jetzt kommt aber hinzu, dass damals im Rowohlt-Verlag ein großer Umbruch stattfand. Das war die Zeit, wo rundherum alle Verlage quer durch Deutschland verkauft wurden. Ich hatte damals mit Verlagen zu tun, wo die Lektoren immer wieder verschwanden. Heute ist da mehr Stetigkeit drin. Tatsächlich ist es so, dass Ariadne, ein kleiner Verlag, heute mehr meiner Bücher verkauft als damals Rowohlt, ungefähr 2000 bis 3000 pro Buch mehr. Insofern sind die Verkaufszahlen heute sehr gut, zumal das Buch eines kleinen Verlags nicht in allen Buchhandlungen liegt.

In Ihrem neuen Krimi *Malefizkrott* geht es um den Buchhandel. Können Sie dazu etwas sagen?

Die Grundidee ist mein Entsetzen darüber, dass die Vielfalt der Kultur verloren geht, in dem Maß, wie kleine Buchhandlungen verschwinden. Heute bekommt man in den Buchfilialen zunehmend fast nur noch die Bestseller. Unsere Kultur entwickelt sich insgesamt dahin, dass man sich auf einige wenige Prominente konzentriert, die dann alle kennen. Diejenigen, die nicht prominent sind, werden weniger angeboten. Für viele Autoren ernsthafter Literatur ist das ein echtes Problem. Sie finden keinen Verlag, weil der Verlag nicht mehr weiß, in welche Buchhandlung er das eigentlich verkaufen soll. Literatur ist wichtig. Hätte ich in meiner Jugend nicht Bücher entdeckt, die heute keiner mehr kennt und auch damals schon kaum jemand kannte, wäre mein Leben vielleicht ganz anders verlaufen. Die Literatur kann für die persönliche Entwicklung von Menschen sehr wichtig sein. Wenn ich aber immer nur Bestseller in die Hand kriege und meine persönliche Bildung nur noch über Schätzing, Mankell, Larsson, Brown und andere Erfolgsschriftsteller läuft, dann ist das wenig, weil es immer nur Mainstream ist. Man bekommt dann nicht mehr das Kleine, das Absurde, das Abseitige vor Augen, sondern nur noch das, was alle denken. Deswegen finde ich die Vielfalt der Literatur so wichtig. In meinem Krimi geht es um eine junge Frau, die als Autorin sehr schnell diesen Erfolg hat. Wobei sich herausstellt, dass dieser Erfolg ein Scheinerfolg ist und eigentlich ein gemachter. Und es stirbt eine alte Stuttgarter Buchhandlung. Sie wird gewissermaßen ermordet.

Sie selbst haben nicht nur Romane geschrieben, sondern sich auch in anderen Genres geübt. Sie schreiben Glossen und Essays. Aus was für einer Haltung heraus machen Sie das?

Eine kleine Vorbemerkung: Ich habe schon sehr früh angefangen, Essays zu schreiben, schon für die Literaturzeitschrift *Flugasche*. Die Form des Essays, also diese Mischung aus Nachdenken, Philosophieren und wissenschaftlichem Arbeiten, ist eine, die ich sehr liebe. Ich habe eine Schwäche. Das ist mein schlechtes Gedächtnis. Ich konnte mir schon im Studium keine Sekundärtexte merken und ihren Inhalt auch nicht wiedergeben. Das führt dazu, dass ich Dinge, die ich lerne, immer selbst erdenken muss. Die Ergebnisse meines Nachdenkens dann anderen mitzuteilen macht mir einfach Spaß. Ich möchte anstoßen, dass wir darüber nachdenken, wie wir miteinander umgehen, wie wir einander behindern. Ich möchte eine gerechtere Welt. Mein Hauptthema ist die Benachteiligung der Frauen. Mir geht es darum, aufzudröseln, in welchen groben, aber auch subtilen Ebenen Frauen benachteiligt werden und wo der Ansatz sein könnte, diesen Nachteil aufzuheben. Ich bin eigentlich noch so eine alte Feministin. Unsere Kultur wird sehr stark von Männern bestimmt, die einen Blick auf Männer werfen. Die meisten Preise, vor allem im Krimi-Bereich, gehen an Männer. Unsere Kultur hat ein Y-Chromosom. Das macht einer Autorin wie mir auch zu schaffen. Ich habe zum Beispiel einen Krimi geschrieben, der zum Teil auf dem Mond spielt und mit einem Ingenieur zusammen konstruiert wurde. Das ist Science-Fiction im wahrsten Sinne des Wortes, also Wissenschaft, die in die Fiktion gesetzt wird, nicht Fantasy. Ich glaube, dass man mir diesen Ansatz nicht abnimmt, weil ich eine Frau bin. Frank Schätzing hat ebenfalls einen Roman geschrieben, der auf dem Mond spielt und ziemlich exakt meinen Ideen folgt. Ich werfe ihm nicht vor, dass er es abgeschrieben hätte. Er ist nur den gleichen Rechercheweg gegangen. Sein Buch wird ganz anders aufgenommen als meins. Ich glaube, dass man mir als Frau nicht jedes Thema und jeden Denkansatz abnimmt. Frauen ordnet man eher dem Gefühl zu. Sie sollen die Psychologie bearbeiten. Wenn ich versuche, wissenschaftlich-abstrakte Themen in Fiktion umzusetzen, dann enttäusche ich Erwartungen. Als ich anfing, Krimis zu schreiben, haben die meisten Pressetexte immer Miss Marple ins Spiel gebracht. Als ob ich eine Agatha Christie wäre. Dieses verniedlichende Gruseln darüber, dass da eine Frau am Schreibtisch sitzt und rummordet, ist das Klischee, mit dem ich immer wieder konfrontiert werde und mit dem man Krimis von Frauen wahrnimmt. So ein Autor wie Wolfgang Schorlau, den ich sehr schätze, hat es da leichter, als politisch und gesellschaftskritisch wahrgenommen zu werden. Ich habe dazu noch diesen Ansatz, dass ich die Genderrollen auflöse, was ja in unserer Gesellschaft im Moment praktisch gar nicht gedacht wird. Das ist ja etwas, womit wir uns überhaupt nicht beschäftigen, obwohl es Gender Studies gibt. In unserer Gesellschaft ist noch nicht angekommen, dass die Unterscheidung in weibliche und männliche Rollen nicht sinnvoll ist und vor allem den Frauen schadet, sie zuweilen sogar das Leben kostet, wenn man das männliche Gebaren der Kriegsherren betrachtet. Es ist also nötig, sich über männliches und weibliches Verhalten äußerst kritisch Gedanken zu machen.

Dabei scheint das an den Universitäten im Augenblick geradezu ein Modethema zu sein.

Aber in der Zwischenwelt, die für uns so bedeutend ist, in der Medienwelt kommt es nicht an. Da geht es wirklich nur darum, wie hübsch eine Frau aussieht, was sie zu irgendeiner Gala trägt und ob man ihren Babybauch sieht. Bei Männern wiederum fragt man: »Was hat er angezogen, welche Freundin hat er und wie viele hat er?« Wir bearbeiten das Geschlechterthema immer nur auf dieser klischeehaften Ebene, und für eine Frau ist das einzig Wichtige, so kommt es zumindest über die Medien rüber, dass sie möglichst weiblich aussieht und sich verhält.

In einer wissenschaftlichen Arbeit haben Sie die Frage untersucht, warum weibliche Heldinnen im bürgerlichen Roman am Schluss sterben müssen.

Ich habe in meiner Dissertation herausgefunden, dass es eine patriarchale Ästhetik gibt, die eine Dominanz der Väter über das sexuelle Verhalten der Töchter einklagt und dazu führt, dass Frauen in der Fiktion sterben müssen, wenn sie eigenwillig und eigensinnig sind, das heißt ganz banal, wenn sie außereheliche Sexualität haben. Das ist ein ästhetisches Modell, in dem es einen Patriarchen gibt, eine Mutter, die seine Macht hintertreibt und deswegen Böses hervorruft, nämlich dem Verführer Tür und Tor öffnet. Die Verführte ist anfangs die Tochter, im 19. Jahrhundert dann die junge Frau eines zu alten Mannes. Die Rollen sind bis ins zwanzigste Jahrhundert hinein klar vergeben, bis hinein in Romane, die von Frauen verfasst worden sind. Weiblicher Eigensinn und die weibliche Suche nach sinnlichen Erfahrungen ist nach diesem Modell böse und tödlich. Bis heute werden Frauen von Autoren geopfert, um zu zeigen, dass sie Verräterinnen sind oder die Liebe des Mannes getäuscht haben. In der Literatur kommen Frauen eigentlich meistens schlecht weg.

Sehen Sie Ansätze dafür, dass sich das ändern könnte?

Da bin ich vielleicht nicht belesen genug, um ein wirkliches Urteil abgeben zu können. Ich habe aber nicht das Gefühl, dass Männer ihre Perspektiven auf Frauen groß ändern. Die Frau tritt im Roman als Gegenüber des Mannes auf. Er arbeitet sich daran ab, welches Verhältnis er zu Frauen hat, oft auch daran, dass die Frau ihn nicht so akzeptiert, wie er ist. Dass er sie liebt, sie ihn aber nicht, dass er sie haben möchte, sie sich aber von ihm abwendet. Was er nicht als ihr gutes Recht wahrnimmt, sondern als eine Kränkung, als Verrat. Und dann tötet oder diffamiert er sie als allmächtiger Autor. So funktionieren viele Romane, die von Männern geschrieben werden.

Wie ist es bei Romanen, die von Frauen geschrieben werden?

Die stellen oft das Leiden am Mann dar: Er ist mir nicht treu, er redet nicht mit mir, ich weiß nicht, was er denkt. Es gibt auch viele Romane, die daraus eine Komödie machen oder Hass auf Männer kultivieren. Das erscheint mir allerdings klischeehaft, weil die Frau ihr weibliches Verhalten dabei nicht überdenkt, sondern vom anderen Geschlecht verlangt, dass es sich so verhält, dass sie damit leben kann. Es ist ein nie hinterfragtes Spiel, ein Drama, das beiden Seiten schadet. In beiden Ansätzen, dem männlichen und dem weiblichen, geht es nicht darum, den Dauerkonflikt »Ich liebe jemanden, aber er mich nicht« zu lösen. Da stellt sich nicht die Frage: Ist Liebe eigentlich Besitz, Kontrolle und Herrschaft oder gibt sie frei und respektiert auch das Unverständliche und Eigenwillige? Unsere westlichen Gesellschaften sind Meister im Entwickeln gewalttätiger Strategien: Karriere, Machterwerb, Machterhalt, Sieg. Wir mahnen zwar Rücksicht auf Schwache an, die jedoch stets von unserem Willen zur Rücksicht abhängig bleiben. Sie bekommen kein eigenes Recht zugesprochen. In den öffentlichen – vor allem in den in den Medien gespiegelten – Diskursen finden sich kaum Lehren der Deeskalation, der Gewaltfreiheit, der Toleranz. In Schulen wird Verstehen erst geübt, seitdem die Gewalt auf den Schulhöfen unbeherrschbar geworden ist. Und man darf nie vergessen: Die Gewalt geht von Männern aus. Frauen sind nur – leider viel zu oft – ihre Helferinnen. Dass jetzt auch schon Mädchen zuschlagen, ist eine notwendige Randerscheinung unserer grundsätzlich gewalttätigen

Gesellschaft. Diese Strukturen versuche ich schreibend zu zeigen, oft so, dass es wehtut, und damit zu durchbrechen. Ob das ein sinnvoller Weg ist, weiß ich nicht. Ob es auch verstanden wird … keine Ahnung!

Bücher von Christine Lehmann

Malefizkrott. Roman, 2010

Mit Teufelsg'walt. Roman, 2009

Von Arsen bis Zielfahndung. Das aktuelle Handbuch für Krimiautorinnen und Neugierige. Sachbuch, 2009 (mit Manfred Büttner)

Nachtkrater. Roman, 2008

Allmachtsdackel. Roman, 2007

Höhlenangst. Roman, 2005

Harte Schule. Roman, 2005

Pferdekuss. Roman, 1999 (neu 2008)

Training mit dem Tod. Roman, 1998 (neu als Gaisburger Schlachthof, 2006)

Das Modell Clarissa. Liebe, Verführung, Sexualität und Tod der Romanheldinnen des 18. und 19. Jahrhunderts. Sachbuch, 1992

Der Masochist. Roman, 1987 (neu als Vergeltung am Degerloch, 2006)

Ich wollte die DDR erhalten und zu einem demokratischen Land machen

Dagmar Scharsich[1]

Dagmar Scharsisch (geb. 1956 in Magdeburg) arbeitet als freie Schriftstellerin und Trauerrednerin. Sie studierte Kultur- und Theaterwissenschaften, ließ sich am Prenzlauer Berg zur Pantomimin ausbilden und engagiert sich für die Hospizbewegung. Für ihren Roman »Die gefrorene Charlotte« erhielt sie den Brandenburgischen Literaturpreis.
Ein Gespräch über eine Krimiheldin im Kaiserreich, künstlerische Lehrjahre in der DDR, die Erfahrung des Umbruchs und eine neue Form des Engagements.

Die Binnenerzählung Ihres Romans *Der grüne Chinese* spielt zu Anfang des zwanzigsten Jahrhunderts in Berlin.

Eine junge brandenburgische Gutsbesitzertochter namens Wanda wird in einen Kriminalfall verstrickt. Menschen, die ihr sehr nahestehen, verschwinden. Vor ihr steht plötzlich die Aufgabe, Onkel und Tante zu suchen. Sie findet einen Verbündeten in dem Chauffeur ihrer verschwundenen Verwandten und verstrickt sich immer tiefer in Intrigen des kaiserlichen Berlins, muss sich immer mehr Wissen aneignen, um zu verstehen, worum es im Leben von Onkel und Tante ging, fällt dabei von einer Überraschung in die andere und lernt Menschen kennen, die in dieser Zeit für etwas stehen: für bestimmte Prinzipien, für eine bestimmte wissenschaftliche Richtung. Am Ende schafft sie es, das

1 Originalbeitrag für diesen Band
Foto © Martin Grundmann

Rätsel um Onkel und Tante zu lösen, ist dabei aber eine andere geworden.

Was ist diese Baroness Wanda für eine Person?

Die Idee zu dieser Figur kommt aus einer wissenschaftlichen Abhandlung, in der es um weibliche Serienhelden in Krimiheftchen der Jahrhundertwende ging. Da gab es eine Baroness Wanda von Brannburg. Dass es zu dieser Zeit eine weibliche Romanheftheldin gegeben hat, die selber ermittelt, fand ich so spannend, dass ich mich nach ihr auf die Suche gemacht habe. Ich wollte herausfinden, wer das überhaupt war. Wen haben die da beschrieben? Ich habe aber bei meinen Recherchen nichts über sie herausgefunden und habe mir gedacht, dann musst du sie eben erfinden. Der Kaiser hat diese Hefte irgendwann als jugendgefährdende Schriften verboten. Damals ging die Diskussion nicht um Killerspiele, sondern um solche Hefte.

Haben Sie sich in Ihrer eigenen Geschichte an die Schauplätze und Szenerien der Hefte angelehnt?

Ich zitiere aus einem Heft, das ich als Kopie wirklich einmal in der Hand hatte, und mache auch deutlich, dass ich daraus zitiere. In meinem Buch entbrennt auch ein Streit darum, ob es sich nicht einfach um ganz furchtbaren literarischen Schund handele oder ob es etwas Prickelndes und Spannendes hat. Ich habe mich sehr bewusst daran angelehnt und bin dann aber auch ganz bewusst große Schritte davon weggegangen und habe Wanda in die Richtung entwickelt, in der mich eine Heldin interessiert. Das ist eine Frau, die sich im Laufe der Geschichte sehr wandelt. Sie hat eine Vorgeschichte, wie wahrscheinlich jede adelige Tochter aus reichem Hause sie zu dieser Zeit hätte. Sie kommt aus einer Brandenburger Gutsbesitzerfamilie. Sie hasst die Landwirtschaft und liebt Berlin über alles. Im Laufe der Geschichte entwickelt sie sich dann zu einer Ermittlerin. Sie schaffte es, nach Berlin zu kommen, wahrscheinlich wird sie auch hier bleiben und nimmt ihr Leben selbst in die Hand.

Wanda ist von Anfang an eine unkonventionelle Frau für ihre Zeit. Beispielsweise will sie nicht heiraten. Hatten Sie dafür Vorbilder?

Ich denke, es gab damals eine ganze Reihe von Frauen, die so ungewöhnlich waren und ihre eigenen Wege gegangen sind. Am Anfang besteht Wandas Ungewöhnlich-Sein mehr im Nein-Sagen. Sie hat noch keinen eigenen Entwurf und kann immer nur sagen: »Das will ich jetzt nicht.« Sie kommt im Laufe der Geschichte immer wieder in Situationen, wo sie sich entscheiden muss, und dann gibt es endlich mal die Möglichkeit, sich *für* etwas zu entscheiden. An dieser Stelle geht sie dann den ungewöhnlichen Weg und nicht den Weg zurück, wo sie sowieso nicht sein will.

Sie schildern eine erotische Annäherung, die die Klassenschranken zu überwinden scheint. Das finde ich für die damalige Zeit außergewöhnlich. Ich stelle mir vor, dass solche Annäherungen, die es sicher auch gegeben hat, viel heftiger moralisch reflektiert worden wären.

Wanda versucht es ja auch vor ihrer Umwelt zu verbergen. Dass da eine Berührung stattgefunden hat, ist ja eigentlich schon zu viel.

Aber sie hat damit keinen innerlichen Konflikt.

Ich glaube, dass sie das nicht so tangiert. Das ist für sie nicht noch eine größere Übertretung. Sie lebt ja schon in dem Bewusstsein, dass sie ständig Übertretungen begeht und dass sie sich verteidigen oder verstecken muss.

Bei historischen Romanen ist es immer schwierig, die Art und Weise einzufangen, wie die Leute wirklich gedacht haben. Die Gefahr besteht, dass die Figuren des Romans genauso denken, fühlen und handeln wie wir heute.

Das war mir von Anfang an bewusst, dass ich da mächtig aufpassen muss. Ich habe über diese Zeit waschkorbweise Literatur gelesen. Kultur- und literaturwissenschaftliche Untersuchungen: Küche, Kirche, Kinder. Ich habe viele Autobiografien gelesen und Biografien über Frauen aus der damaligen Zeit, die anders sein wollten und ungewöhnliche Wege gegangen sind. Ich habe mich zum Teil sprachlich an Vorbilder angelehnt. Im Laufe der Geschichte wird

Wanda aber mehr und mehr zu einer heutigen Figur. Ich glaube, dass sie am Ende sehr nahe an uns ist.

Ich hatte beim Lesen Freude an Detailschilderungen, etwa wenn Limonade mit Zitronenmelisse gereicht wurde. Haben Sie auch kulinarische Forschungen betrieben?

Aber ganz sicher. Ich hatte drei Omas in meinem Leben, die alle gerne gekocht und gebacken haben, und deren Kochbücher besitze ich. Ich habe im Kochbuch meiner Großmütter und meiner Urgroßmutter recherchiert. Wenn Wandas Frau Mutter lange darüber referiert, wie ein Menü zusammengestellt zu sein hat, dann habe ich mir das zusammengelesen. Das fand ich sehr spannend.

Eine wichtige Rolle in Ihrer Geschichte spielt der Zeppelin. Beim Eintauchen in die Geschichte hat mich fasziniert, wie eine Welt entsteht, die zwar bereits hundert Jahre vergangen ist, aber einem trotzdem das Gefühl vermittelt, auf der Höhe des technischen Fortschritts zu sein. Die Luftschifffahrt erscheint als das große Ding. Vielleicht, weil es den Zeppelin nicht mehr gibt, er einen Weg der Entwicklung des Verkehrswesens markiert, der nicht weitergegangen wurde.

Mir war am Anfang auch nicht klar, dass es Zeiten gegeben hat, in denen Flugzeuge technisch noch keine Perspektive hatten. Der Zeppelin war zur gleichen Zeit etwas, was weit über die Zeit hinauszuweisen schien. Er galt als das Verkehrsmittel der Zukunft. Ich habe meine Heldin das gleiche Erstaunen, die gleichen Entdeckungen machen lassen, auf die ich beim Recherchieren selber stieß.

Wie wichtig waren für Sie die Schauplätze beim Schreiben des Romans?

Die waren für mich einer der Antriebe, dieses Buch so akribisch zu schreiben. Ich kam aus einer Kleinstadt nach Berlin und habe lange in Berlin-Mitte gewohnt. In meinen zwanzig Jahren Berlin habe ich auch gelernt, hinter die Fassaden des heutigen Berlins zu blicken, in jedem Haus seine Geschichte zu sehen. Als ich damals meine Wohnung in der Linienstraße renovierte und die alten Tapeten abriss, kam ich Schicht für Schicht schließlich bei einer schwarz gemalerten Wand an. Dabei wurde mir klar, wie lange dieses Haus schon steht und wie viele Moden und soziale Schichten von Bewohnern es gegeben hatte, die in diesen vier Wänden gewohnt hatten. Damals hatten viele Häuser noch die Einschusslöcher des Krieges, und viele Kellerläden trugen alte Inschriften. Ich wollte durch mein Buch auch bewusst machen, dass wir in einer Umgebung wohnen, in der so viele Generationen vor uns schon gelebt und geliebt haben.

Sie haben zwei Zeitschichten in Ihren Roman eingearbeitet. Die Rahmenhandlung spielt in der Gegenwart, und zwar zum Teil an den gleichen Orten wie die Binnenerzählung. Darin ist auch wieder eine Frau die Heldin. Sie ist ein bisschen älter als Wanda.

Sie ist eine Antiquarin, die alte Bücher und alte Menschen liebt. Sie lebt mit ihrem Großvater zusammen und mag ihren Kiez. Ihr werden eines Tages diese Romanhefte angeboten und sie dringt immer tiefer in die Geschichte von Wanda ein. Während sie sich diese Romanhefte erobert, bemerkt sie immer mehr, wie sich diese Räume mit ihrem eigenen Lebensraum überschneiden. Die Geschichte spielt in den Straßen und Häusern, die sie selber kennt. Ich wollte damit zeigen, dass wir mitten in solchen Geschichten leben. Wenn wir die Augen aufmachen und den alten Leuten zuhören, tun sich ganz viele Türen in die Vergangenheit auf.

Ist es richtig, dass Sie eigentlich vom Theater herkommen?

Ich habe an der Humboldt-Universität in Berlin Kulturtheorie und Theaterwissenschaften studiert und habe gemerkt: Das ist ja alles nur Theorie. Dann habe ich mir etwas Praktisches gesucht und habe am Prenzlauer Berg Pantomimen-Theater gemacht. Dabei habe ich erste praktische Theatererfahrungen gesammelt. Ich habe später mal hier und mal da Theaterarbeit gemacht, war aber nie an einem Theater angestellt.

War dieses Pantomimen-Theater Teil dieser berühmten Prenzlauer-Berg-Szene in der DDR?

War es und war es auch wieder nicht. Wir waren ein sozialistisches Volkskunstkollektiv, gefördert und gut bewacht. Einzelne von uns waren sicher auch in dieser Szene drin. Ich war es vielleicht teilweise. Eigentlich war ich ein artiges Mädchen.

Wie ging es mit der Theaterarbeit weiter?

Später habe ich auch fürs Theater geschrieben. Ich habe auch mal hospitiert bei einem Bühnenbild, das mein späterer Mann gemacht hat. Ich war lange in Schwerin und habe dort zugucken dürfen, wie der Regisseur Christoph Schroth Theater macht. Ich habe dabei viel darüber gelernt, wie ich eine Figur baue und wie ein Theater mit einem vorhandenen Text umgeht. Dort habe ich mindestens noch einmal so viel über das Theater gelernt wie an der Uni.

Was waren das für Texte, die Sie fürs Theater geschrieben haben?

Ich habe nach der Wende ein Stück geschrieben über eine Frau, die obdachlos wird. Das war zu dieser Zeit eine meiner existenziellen Erfahrungen, dass ich gemerkt habe: Mein Gott, das kann ja wirklich passieren. Bis dahin kannte ich so etwas nur aus dem Fernsehen. Da waren plötzlich bei uns, vor meiner Haustür in Berlin-Mitte Menschen unterwegs mit Tüten, die in Zelten und hinter Bretterwänden lebten. Mir ist das damals so nahegegangen, dass ich darüber schreiben musste. Mich hat interessiert, wie so etwas passieren kann, wie jemand obdachlos wird. Ich habe dazu eine Geschichte erfunden, die am Cottbusser Theater auch gespielt wurde. Das Stück ist dann nicht von anderen Theatern übernommen worden. Ich habe dann vom Ministerium für Kultur Fördermittel bekommen für ein Theaterstück über Paul Gerhardt. Ich habe das Stück geschrieben. Als ich es fertig hatte, gab es die Mannschaft nicht mehr, mit der ich zusammenarbeiten wollte. Danach habe ich eine Zeitlang nur noch für den Rundfunk gearbeitet und habe Hörspiele geschrieben.

Was waren das für Hörspiele?

Das eine hieß *Salve* und war eine Geschichte über ein brandenburgisches Dorf, wo nach der Wiedervereinigung die westlichen Besitzer zurückkommen und in die Atmosphäre des Dorfes eindringen, das ein großes Geheimnis hat. *Zwischen zwei Nächten kommt manchmal ein Tag* war ein Hörspiel vom Ende der DDR für die Deutsche Welle.

Sie haben in Ihren ersten Theater- und Hörspielarbeiten also den Einbruch der BRD-Wirklichkeit in Ihre Heimat verarbeitet?

Mein erster Krimi, *Die gefrorene Charlotte*, war ja auch mein Abschied von der DDR, den habe ich Jahre nach der Wende geschrieben und wusste damals auch schon, dass es dieses Land nicht mehr gibt und nie wieder geben wird. Ich habe versucht, diesem Land und seinem Ende mein Denkmal zu setzen, mich noch einmal darüber zu verständigen, was jetzt aufgehört hat und warum, was ich verloren habe. Habe ich wirklich etwas verloren?

Gibt es etwas, was Sie aus der DDR in die neue Zeit gerettet haben?

Ich glaube ja. Aus der DDR gerettet habe ich meine Sozialisation, mich mit anderen solidarisch fühlen zu wollen. Das war damals unser ganz großes Pfund. Der Zusammenhalt mit Menschen aus meiner Nähe, das Füreinander-da-Sein, das Aufeinander-Gucken, das habe ich gerettet.

Heute wird in den Medien meist zweierlei behauptet: dass nämlich diese Solidarität entweder staatlich verordnet und pompös inszeniert gewesen sei oder aber rein aus der Not geboren, weil man nichts hatte und auf gegenseitige Hilfe angewiesen war.

Ich habe damals in Berlin-Mitte gewohnt und die Leute dort hätten jedem was gehustet, der etwas hätte anordnen wollen. Dem konnten wir uns sehr gut entziehen und haben das auch gemacht. Und eine bedrängende Not gab es für uns nicht. Wer jetzt sagt: »Es gab ja nichts und man hat sich Dinge austauschen müssen, die man ganz dringend brauchte.« Das war es auch nicht. Ich glaube, es war einfach das Gefühl, dass wir alle in einem Boot sitzen, dass dieses Boot ziemlich wackelig ist und man deshalb besser miteinander ist. So war mein Hinterhof im Prenzlauer Berg. Meine Seminargruppe im Studium war aber nicht so.

Wie meinen Sie das?

Die Seminargruppe war nicht meine Welt. Kulturwissenschaften an der Humboldt-Universität zu studieren hieß damals, politische Bekenntnisse abgeben zu müssen: zum Staat und zur Regierung. Mir wurde damals manchmal von den Dozenten gesagt: »Körperlich sind Sie immer anwesend. Aber ich habe das Gefühl, dass Sie gar nicht wirklich dabei sind.« Ich habe eben dabeigesessen und nichts gesagt, bis wieder etwas kam, zu dem ich ehrlich etwas sagen konnte. Ich hätte einfach gehen sollen und etwas anderes machen.

Sind Sie heute immer noch solidarisch engagiert?

Ich habe die Ebene des politischen Arbeitens verlassen. Das hat sich auch dadurch ergeben, dass ich mit drei Kindern jahrelang richtig was zu tun hatte und dann einen neuen Ansatz für mein Leben finden musste. Mein damaliger Mann war in der Partei und hat für diese Alexanderplatz-Demonstration am 4.11.1989 sehr viel vorbereitet. Ich war mehr der vorsichtige Mensch, immer in dem Bewusstsein, dass ich Kinder habe und für sie dableiben wollte. In den Wendezeiten habe ich mich dann sehr engagiert. Aber an und für sich bin ich ein ängstlicher Mensch und ein Familienmensch.

Es gab damals Leute, die wollten die DDR verändern und demokratisieren. Andere wollten sie abschaffen und den Kapitalismus einführen. Wo standen Sie damals?

Ganz eindeutig dort, wo es darum ging, die DDR zu verändern. Ich wollte die DDR erhalten und zu einem demokratischen Land machen, das wirklich solidarisch ist und wo jeder Mensch sagen kann, was er denkt, und seine Visionen leben kann. Wir hatten ja immer erklärt, dass wir so sind, waren es aber in Wirklichkeit nicht.

Ihnen ging es nicht um mehr materiellen Wohlstand?

Für mich nicht, damals nicht und heute auch nicht. Dafür wäre ich nicht auf die Straße gegangen. Mir ging es darum, einen wirklich menschlichen Lebensraum zu haben.

Sie sagten, dass Sie die Ebene des politischen Arbeitens verlassen haben.

Ich habe in der DDR auch schon geschrieben, Glossen für den *Sonntag* und meine ersten Geschichten, die veröffentlicht wurden. Ich habe damals immer gesagt: »Das ist mein politisches Engagement.« Damals habe ich gedacht, dass ich als politische Autorin den Auftrag habe, Dinge zu benennen, und habe das auch versucht. Ich bin aber nie in die Situation geraten, dass es zu einer wirklichen Konfrontation gekommen wäre. Ich weiß nicht, wie ich reagiert hätte, wenn man mir gesagt hätte: »So machen wir das nicht. Schreib das weg.« Das gab es für mich nicht. An diese Grenze bin ich nicht gestoßen. Ich habe dann im Westen gemerkt, dass es diesen Auftrag nicht mehr gibt, und war sehr verblüfft. Damit ist das Schreiben für mich nicht mehr so wichtig gewesen. Ich habe mich dann in Ruhe um meine Kinder gekümmert, habe *Die gefrorene Charlotte* geschrieben, was ich nicht mehr als politischen Auftrag empfunden habe. Dann kam die Frage, wie es für mich als Autorin weitergeht.

Was machen Sie heute?

Ich habe dann andere Gebiete betreten und bin in die Hospiz-Arbeit gekommen. Dort engagiere ich mich jetzt ganz heftig. Das hat im Grunde genommen auch wieder mit politischer Arbeit zu tun, aber auf einer ganz anderen Ebene: nicht mehr auf der ideologischen, sondern auf der zwischenmenschlichen. Ich mache und unterstütze ehrenamtliche Arbeit, setze mich für meinen Hospiz-Dienst ein, wo es nur geht. Für viele Menschen ist das immer noch ein Tabuthema. Wenn ich irgendwo sage, was ich mache, zucken viele zusammen und wenden sich ab. Ich möchte selber eine gute ehrenamtliche Arbeit machen und dadurch für Menschen zur Verfügung stehen, die in einer schwierigen Situation, wenn ein Angehöriger stirbt, einen Begleiter brauchen. Ich versuche aber auch, meinen Hospiz-Dienst in Potsdam öffentlich mit zu vertreten. Ich würde gerne mehr machen, aber ich mache schon ganz schön viel. Heute schreibe ich vor allem Berichte oder mal einen Artikel. Ich dachte auch, dass die Zeit, wo ich literarisch schreibe, vorbei ist. Inzwischen begreife ich, dass das vielleicht auch wieder kommt. Wenn ich in meinem Leben wieder Freiräume habe, möchte ich das wieder machen. Dann wird es wieder Geschichten geben. Jetzt gibt es gerade keine Geschichten. Es gibt meine praktische Arbeit. Ich halte Trauerreden. Dazu bin ich über den Hospiz-Dienst gekommen. Alles, was ich dort gelernt habe, bringe ich nun in meine Arbeit als Trauerrednerin ein. Ich helfe den Menschen, eine Feier zu machen, die wirklich ihre Feier ist, damit der Verstorbene wirklich einen Abschied bekommt. Das ist mir heute wichtig. Vielleicht ist das jetzt meine Art, mich zu engagieren: den vereinten Krankenkassen zu sagen, dass Hospize wichtig sind und wir längst noch nicht genug haben. Dazu halte ich gerne mein Gesicht hin, wenn es einen Preis für den Hospiz-Dienst gibt, und gebe Interviews. Damals, am 4.11., auf die Straße gehen, das konnten wir alle. Diese Arbeit kann nur ich machen.

Bücher von Dagmar Scharsich

Der grüne Chinese. Roman, 2008

Verbotene Stadt. Roman, 2002

Und jetzt noch mal ein Kind? Entscheidungen vor und nach der Wende. Tonband-Geschichten von Frauen. Gesprächsbuch, 1998

Die gefrorene Charlotte. Roman, 1993

Ich hielt die DDR für den besseren deutschen Staat

Michael Mäde[1]

Michael Mäde (geb. 1962 in Karl-Marx-Stadt) schreibt Lyrik und Prosa. Nach einem Studium der Filmwissenschaften und Dramaturgie an der HFF Potsdam arbeitete er als Dramaturg bei der DEFA sowie als künstlerischer und kaufmännischer Leiter in verschiedenen Medienunternehmen. 1990 war er Wahlkampfleiter der reformsozialistischen Initiative Vereinigte Linke für die Volkskammerwahl in Berlin. Heute betreibt er die Ladengalerie der linken Tageszeitung »junge Welt« in Berlin und verantwortet gemeinsam mit dem Berliner Maler Thomas J. Richter das Veranstaltungsprogramm.
Ein Gespräch über eine Jugend in der DDR, erste Umbrucherfahrungen, den Beginn und das Ende einer Dramaturgenlaufbahn, das Gedicht als Kampfmittel und die Notwendigkeit, etwas konkret politisch zu tun.

Können Sie etwas über Ihre Herkunft erzählen?

Ich komme aus einer kommunistisch orientierten Künstlerfamilie. Meine Mutter hat als Schauspielerin sowohl in Karl-Marx-Stadt als auch in Dresden die großen Rollen gespielt. Mein Vater war Regisseur am Berliner Gorki-Theater, wo er unter anderem die *Korrektur/Lohndrücker* von Heiner Müller inszenierte, was recht konfliktbeladen war. Später wurde er dann auch Generalintendant in Karl-Marx-Stadt und in Dresden.

Was sind die ersten Erinnerungen, die Sie damit verbinden, in einem Künstlerhaushalt aufzuwachsen?

1 Originalbeitrag für diesen Band

Das ist relativ verschwommen. Ich kann mich aber daran erinnern, wie ich mit fünf, Beine schaukelnd, auf einer Probe saß und mitbekam, wie dort kommuniziert wurde. Das ist ein bisschen anders als im Alltag, wenn man Brötchen kaufen geht. Da bleibt natürlich etwas hängen. Mich hat es aber nie selbst auf die Bühne gezogen. Das war relativ schnell klar. Ich war als Kind auch sehr krank, hatte schweres Asthma und war daher ziemlich bewegungseingeschränkt.

Wann regten sich bei Ihnen die ersten künstlerischen Impulse?

Recht früh, so ab zwölf … Mir war früh klar, dass es in die schreibende Richtung geht. Das Schreiben kam zyklisch, aber regelmäßig. Das waren damals ausufernde, etwas längere Prosastücke, über deren Inhalt ich lieber nichts mitteilen möchte.

Als Sie Jugendlicher waren, gab es im künstlerischen Bereich eine Abgrenzungsbewegung eines Teils der Jugend von der DDR. Wie war damals ihre Haltung dazu?

Mehr eine beobachtende. Als ich fünfzehn, sechzehn Jahre alt war, gab es hier in Berlin im Haus der jungen Talente einen ISKRA-Club, das war ein Jugendclub, der Kultur gemacht hat. Da sind unter anderem Mensching, Wenzel (»Karls Enkel«) und Anhang aufgetreten. Da ist viel diskutiert worden. Das war relativ freigeistig, aber eher linksradikal. Wir sind bei einer offiziellen Demo auf die Friedrichstraße gegangen, haben die gesperrt und gesagt: »Hier kommt keiner durch, der nicht für Vietnam gespendet hat.« Das war dann auch wieder irritierend, vor allem weil es eher von links außen kam.

Wie war denn damals Ihre politische Haltung?

Ich hielt die DDR für den besseren deutschen Staat, das war durchgängig so. Aber ich habe schon als Kind Veränderungen registriert und versucht, sie mir zu erklären. Mein erster Bruch kam mit der Ablösung Walter Ulbrichts. Da bin ich fast noch mit der Trommel unter dem Weihnachtsbaum gerannt, habe aber schon irgendwie verstanden, was da passiert. Ich bin 1962 geboren und dieser Bruch war 1972. Ich habe also mit zehn Jahren verstanden, dass da etwas nicht stimmt. Ich habe das schon als Kind als einen Sturz wahrgenommen und auch als ausgesprochen unflätig. Am schlimmsten war, als es 1973 während der Weltfestspiele, als Walter Ulbricht verstarb, von Staats wegen noch nicht mal einen Moment des Innehaltens gegeben hat. Das war ein Bruch in dem Sinne, was kulturell passierte, und in dem Sinne, wie sich Leute verändert haben. Die plötzlich gesagt haben, der alte Mann könne nichts mehr verstehen. Da gab es einen Punkt, wo ich gesehen habe, dass Leute an einem Tag so reden und am anderen Tag so. Auch zu Hause wurde darüber geredet. Mein Vater hatte eine nachhaltig andere Auffassung. Er hat die NÖS, das Neue ökonomische System, im Kern für den richtigen Weg gehalten. Dies ist aber abrupt abgebrochen und von Ulbrichts Nachfolger Erich Honecker und Günter Mittag beerdigt worden. Dann gab es die Hauptaufgabe: die Einheit von Wirtschafts- und Sozialpolitik, gegen die im Kern nichts zu sagen ist, wenn sie denn wirklich eine *Einheit* gewesen wäre und nicht zu Lasten der Investitionsquote, also auf Pump finanziert wird, und zwar auf West-Pump. In der Folge hat man ja dann gesehen, was das ausgelöst hat. In der Zeit der ersten spürbaren materiellen Engpässe habe ich dann Abitur gemacht und bin erst mal drei Jahre zur Armee. Danach habe ich ein Volontariat im DEFA-Studio für Spielfilme gemacht. Dort habe ich ein Jahr als Regie- und Dramaturgiehilfe gearbeitet.

Haben Sie in dieser Zeit auch selbst geschrieben?

Wenig. Während der Zeit des Volontariats in der Dramaturgie habe ich einen Filmentwurf geschrieben. Das war eine Filmadaption von Büchners *Lenz*. Das war der erste Text von mir, bei dem ich heute nicht unbedingt rot werden muss. Das war nach drei Jahren Militärzeit, die schon hart war, eine Art Anfang. Die das zu beurteilen hatten, fanden den Text dann auch so übel nicht.

Wie ging es nach dem Volontariat weiter?

Ich ging für vier Jahre auf die Hochschule für Film und Fernsehen nach Potsdam, um dort Filmwissenschaften und Dramaturgie zu studieren. Wir waren im Dramaturgiejahrgang nur sieben Studierende. Es gab damals sieben oder acht Bewerber auf einen

Platz. Das Aussiebsystem war schon ziemlich rigoros. Wir hatten dort aber traumhafte Bedingungen. Die 200 Filme, die man aus der Filmgeschichte unbedingt sehen muss, die haben wir dort alle in einer richtigen Filmvorführung gesehen. Dadurch, dass ab einem bestimmten Zeitpunkt Lothar Bisky dort auch Rektor war und es mit sehr viel Einfühlungsvermögen für den künstlerischen Prozess geschafft hat, die Studienstrukturen etwas zu entmüllen, war es ein schönes Arbeiten an der Filmhochschule.

Die meisten Filme, die heute an Filmhochschulen produziert werden, bekommt man als normaler Zuschauer gar nicht zu sehen. War das in der DDR anders? Haben diese Filme damals mehr Leute gesehen?

Nicht wirklich. Die Diplomfilme schon, denn die sind in der Regel auch im Fernsehen gezeigt worden, dann aber nur auf Festivals. Das war damals ähnlich wie heute. Dem Fernsehen war zu großen Teilen suspekt, was an der Hochschule produziert wurde, so dass es zu erheblichen Reibungen kam. Die Reibungen mit der DEFA waren wesentlich geringer. Für mich war die Situation damals nicht ganz einfach, weil mein Vater zu dem Zeitpunkt schon Generaldirektor der DEFA-Studios für Spielfilme war. Aber es gab nur eine Möglichkeit für jemanden, der Filme machen wollte, und die war dort. Ich wollte unter gar keinen Umständen zum Fernsehen, weil ich ungefähr wusste, wo es dort langging. Sonst gab es nur die DEFA-Studios für Dokumentarfilme und die für Spielfilme. Ich sehe mir gerne Dokumentarfilme an, wollte aber keine selber machen, und so blieb mir keine andere Wahl.

Wo lag denn das Problem beim Fernsehen?

Was die Führung dort anging, war das jenseits der Realität: Alles ist wunderbar in dem Land, alles ist schick und das stellen wir bitte schön auch dar. Gegenüber dem, wie sich das Filmschaffen in den siebziger und achtziger Jahren in der DEFA entwickelt hat, war das etwas ganz anderes. Das lag Welten auseinander. Der Gegenwartsfilm der DEFA in den Achtzigern war ja nicht aus Jux und Dollerei so erfolgreich, sondern deshalb, weil er bestimmte Probleme der Gesellschaft durchaus aufgenommen hat. Da gibt es eine ganze Reihe von Filmen auf einem bestimmten Niveau. *Bürgschaft für ein Jahr*, *Erscheinen Pflicht*, *Solo Sunny* und andere Filme haben versucht, die Widersprüche, die in diesem Land existierten, aufzunehmen. Natürlich von einem parteilichen Standpunkt aus, aber doch mit einem deutlich klareren Realitätsbezug als im Fernsehen. Deswegen war das Fernsehen für mich keine Alternative.

Was haben Sie nach dem Studium gemacht?

Ich war dann erst mal in der DEFA in der Dramaturgen-Gruppe Roter Kreis. Es gab damals fünf Gruppen, bestehend aus fünf, sechs Dramaturgen. Die haben mit Autoren zusammen kollektiv Stoffentwicklung gemacht. Jeder in der Gruppe hat das zu lesen bekommen, und dann gab es Diskussionen und Verteidigungen der jeweiligen Zwischenphasen mit dem Autor zusammen. Das war weitgehend konstruktiv.

Was heißt weitgehend?

Das kommt natürlich auf die Zusammensetzung der Gruppe an. Da gab es natürlich auch Eitelkeiten: »Du hast mir meinen Autor madig gemacht, jetzt geht es mal gegen deinen.« Dennoch habe ich das als sehr produktiv erlebt. Die leider viel zu früh verstorbene Thea Richter war die Leiterin dieser Gruppe. Das war ein wirklich guter Mensch, sehr bescheiden, sich nicht in den Vordergrund drängend, aber sehr kenntnisreich, sowohl was die Filmgeschichte angeht als auch die Stoffentwicklung. Von dieser Frau habe ich viel gelernt.

Die Zeit, in der Ihr Berufsleben anfing, war, von heute aus betrachtet, schon die Endphase des ersten sozialistischen Staates auf deutschem Boden. Haben Sie das damals schon gespürt?

Selbstverständlich habe ich zunächst die Stagnation gespürt. Ich bin von der DEFA sehr schnell weg. Ich habe dort nur ein Dreivierteljahr lang gearbeitet und dann hat mich Lothar Bisky als wissenschaftlichen Mitarbeiter noch mal an die Hochschule zurückgeholt, weil er mich für die dort angestrebten Veränderungen wohl brauchen konnte. Bisky hat sich damals bemüht, innerhalb der Struktur Reformen zu machen. Wir haben uns gut verstanden. Ich habe ihn übrigens damals schon immer »meinen Sozi« geschimpft. Aber was bestimmte inhaltliche Positionen hinsichtlich des Lehrbetriebes betraf, haben wir uns gut verstanden. Wir haben eine ähnliche Sicht auf die Wichtigkeit bestimmter mediensoziologischer Beobachtungen gehabt und auf die Frage, wie man Studieren nicht als Schule begreift, sondern als ein produktives Geben und Nehmen zwischen Studierenden und Lehrenden, als einen kreativen Prozess. In diesen Dingen waren wir uns sehr nahe.

Aber wenn Sie Bisky damals als Sozialdemokraten bezeichneten, war er für Sie dann nicht ein Konterrevolutionär?

Aber nein, da hatte ich ein etwas entspannteres Verhältnis. Wenn man sagte: »Eigentlich bist du ein Sozi«, dann war das für mich überhaupt kein Schimpfwort. Das war die Feststellung, dass wir Differenzen haben, und die hatten wir übrigens im politischen Feld wirklich. Aber dass es so, wie es war, nicht weitergehen konnte, das zeichnete sich schon vor 1988 deutlich ab. Nachdem Gorbatschow an die Macht gekommen war, war klar, dass der Druck im Kessel wächst und dass die ökonomischen Strukturen Stück für Stück unterminiert werden. Das konnte jeder sehen. Dass dort ein Problem ist und dass sich etwas ändern muss, war schon klar. Es stellte sich nur die Frage, was und wie. Das »hamletsche« Zögern bei vielen ehrlichen, vernünftigen und aufrechten Genossen hatte auch damit zu tun, dass man ahnte, dass, wenn sich das Ganze dreht, so etwas Ähnliches herauskommt, wie wir es jetzt haben. Insofern ist das Zögern nicht unverständlich.

Ist das auch eine Selbstbeschreibung Ihrer damaligen Haltung?

Das ist eine Selbstbeschreibung bis zu einem bestimmten Zeitpunkt.

Und der war?

Im Frühjahr 1989, als die Erklärung der Böhlener Plattform herauskam, die später weitgehend die inhaltliche Grundlage der Initiative Vereinigte Linke in der DDR wurde. Das war der Entwurf einer ernsthaften reformerisch-sozialistischen Entwicklung ohne

Parteidiktatur. Ich habe dieses Papier in die Finger bekommen und gedacht, das ist etwas, das ich mitmachen kann und wofür ich einstehen kann. Dann gab es noch im September ein Treffen in Berlin. Ich war dann gleichzeitig Mitglied in der Vereinigten Linken und in der SED. Bei der IVL ging das damals. Darin gab es ganz unterschiedliche Gruppen: Kirche von unten, die linken Leute aus den Friedensgruppen, aus Berlin auch Autonome und studentische Jugendgruppen. Auf dem Höhepunkt waren das republikweit ungefähr 4000 Leute, davon in Berlin ungefähr 600. In Berlin war ich für die Volkskammerwahl (18.3.1990) der Wahlkampfleiter. Heiner Müller hat sich damals positiv auf die IVL bezogen und sich sehr früh, aber ergebnislos für unabhängige Gewerkschaften eingesetzt. Er hat den Versuch gestützt, sich nicht einfach in den DGB zu begeben. Das hatte etwas damit zu tun, dass er schon ganz früh gesehen hat, wo das zwangsläufig einmal endet: in der Restauration kapitalistischer Verhältnisse. Wir übrigens auch. Leute wie Thomas Klein, der in der DDR im Knast gesessen hatte, sagten, wenn wir eine Chance haben wollen, müssen wir die Eigenständigkeit der DDR verteidigen und den Versuch unternehmen, das Ganze zu reformieren. Ich rechne uns in der DDR als schweren Fehler an, dass diejenigen, die die DDR von links kritisiert haben, dazu zähle ich Thomas Klein, aber auch zum Beispiel Thomas Brasch, am härtesten behandelt wurden. Das ist nun wahrlich kein Ruhmesblatt.

Was hat der Schriftsteller Michael Mäde in dieser Zeit gemacht?

In der Zeit vor dem Umbruch hat er relativ viel Lyrik geschrieben und dem Stillstand nachgespürt und versucht, sich schreibend Klarheit zu verschaffen. Während der sogenannten Wende hat er nur wenige Texte geschrieben. Da hat er Interviews gegeben und politische Texte verfasst, hat Organisationsarbeit gemacht und hat im Übrigen gesehen, dass er aus dieser Filmhochschule wegkam. Spätestens nach dem 18. März 1990, als Kollegen mit Stickern von der Allianz für Deutschland ankamen, hat er gedacht, dass es an der Zeit wäre, sich einen neuen Job zu suchen.

Wann ging es dann wieder los mit dem Schreiben?

1993 und 1994 ging es wieder los. Es gibt in der Vorwendephase eine Menge Texte, auch aus der Zeit 1988 und 1989. Einige davon habe ich dann in meinem Buch *Merkliche Veränderung* beim Horlemann-Verlag veröffentlicht.

Sind das Texte, die in dieser Zeit entstanden sind, oder nachträgliche Erinnerungen?

Die Zeitangaben in dem Buch sind exakt. Ich habe die Texte auch nicht nachträglich bearbeitet.

Sie haben dann Gedichte und Geschichten geschrieben, aber wohl nicht gedacht, dass Sie damit Ihren Lebensunterhalt würden bestreiten können.

Ein Jahr lang habe ich als Produzent von Dokumentarfilmen arbeiten können, das Projekt kam dann aber relativ schnell in finanzielle Schwierigkeiten, und so habe ich von 1991 bis 1996 meinen Lebensunterhalt als Kaufmann ganz anständig bestreiten können. Das war dann irgendwann aber auch genug.

Können Sie zu Ihrer heutigen Berufstätigkeit etwas sagen?

Ich arbeite bei der Tageszeitung *junge Welt*. Das ist zuvorderst natürlich auch eine politische Aufgabe. Ich betreibe dort in Berlin die *jW*- Ladengalerie und verantworte gemeinsam mit dem Maler und Grafiker Thomas J. Richter auch das Veranstaltungsprogramm. Wir machen inzwischen zwischen sechzig und siebzig Veranstaltungen im Jahr, Lesungen, politische Veranstaltungen, Kunstausstellungen, Konzerte und Kleinkunst. Wir machen vieles von dem, was fast niemand anderes mehr tut, auch im künstlerischen Bereich. Das alles frisst viel Zeit und ist chronisch unterfinanziert. Das ist aber für die linke Gegenkultur zurzeit normal und überhaupt kein Grund zu klagen.

Nicht selten ist es so, dass in Ihren Gedichten das Politische, Historische und Gesellschaftliche durch persönliche Beziehungen vermittelt erscheint. Ich denke da zum Beispiel an das Gedicht »Schwester«.

Das ist schon so, gilt aber nicht für alle Texte. Ich bin ein sehr politischer Mensch, auch ein Mensch, der selbst in einer Zeit, als er nicht überallhin reisen konnte, immer die Welt als die seine angeguckt hat, eigentlich schon als Kind. Also ging mich auch an, was auf dieser Welt vorgeht. Damit schlage ich mich rum, versuche damit rational umzugehen und vielleicht Menschen zu erklären, wie ich ticke und warum ich etwas an mich ranlasse, was man eigentlich nicht an sich ranlassen sollte. Gesellschaftliches vermittelt sich meistens am unmittelbarsten in den persönlichen Beziehungen. Ohne dieses Gesellschaftliche ist man schnell beim Kreisen um den eigenen Nabel. Das schreiende Unrecht auf dieser Welt bleibt für die meisten Menschen abstrakt und wird verdrängt. Man kann ja umschalten. Wozu gibt es eine Fernbedienung. Dagegen schreibe ich an. Das geht nicht, ohne persönlich betroffen zu sein.

Ich sehe in Ihren Texten eine sehr große Sensibilität und Verwundbarkeit für Dinge, die weit entfernt erscheinen.

»Das einzige mögliche Obdach ist die Welt«, hat Paul Éluard gesagt, und das traf für mich zu. Der einzige Weg für mich, damit umzugehen, ist also, etwas Konkretes zu tun. Nicht nur zu schreiben, sondern irgendetwas politisch zu machen. Das ist immer so gewesen und das kriege ich auch nicht weg. Man muss sich eine bestimmte Art von Härte zulegen. Sie darf aber die zwischenmenschlichen Beziehungen nicht so überlagern, dass man mit dem, was man selber empfindet, seine Mitmenschen ständig nervt. Aber das ist ein Kampf, vor allem mit sich selbst. Ein Resultat ist, dass ich nicht unbedingt ein gut auszuhaltender Zeitgenosse bin.

Gedichte als politisches Kampfmittel einzusetzen ist Ihre Sache nicht?

Es gibt Texte, in denen das anklingt. Am stärksten vielleicht in dem Band *Bomben und Landnahme*, ein lyrisches Tagebuch vor dem Golfkrieg römisch zwei. Aber insgesamt ist das meine Baustelle nicht. Diese Art von lyrischer Agitation kann ich nicht, bedaure aber, dass es so wenige Leute gibt, die das können, weil diese Art von Kunst eine Funktion hat und zu einer widerständigen Gegenkultur gehört.

Verfolgen Sie die Arbeit Ihrer Schriftstellerkollegen?

Sehr selektiv. Ich verfolge, um nur ein Beispiel zu nennen, recht genau, was Dietmar Dath schreibt, wie er denkt, formuliert und bestimmte Entwicklungen sieht. Ich finde, dieses kleine bescheidene Bändchen *Maschinenwinter* ist als Streitschrift auf einem Niveau, das man in den letzten Jahren mit der Lupe suchen musste. Dath ist ein frecher Hund, das, was er in seinem Rosa-Luxemburg-Buch macht, ist aufklärerisch geschrieben und mit einer sehr angenehmen Entsockelung dieser Frau verbunden. Das hat nichts damit zu tun, dass er etwa geringschätzen würde, was die Luxemburg geleistet hat. Er relativiert nicht, sondern klärt die Missverständnisse auf, die es sowohl von rechts als auch von links gibt, und spricht auch über ihre Irrtümer und Fehler. Dabei ist Dialektik so selbstverständlich für ihn, dass schließlich der Leser diese Art zu denken auch ganz selbstverständlich findet. Dath führt die Auseinandersetzung auf eine neue Ebene. Er schreibt in einer Sprache, die auch jemand versteht, der nicht durch den ganzen Lenin und Marx gegangen ist. Das Moderne ist, dass er verstanden hat, was an dem frühsozialistischen Versuch nicht funktioniert hat (und zu Teilen nicht funktionieren konnte), dass er aber auch in Erinnerung bringt, dass es ohne eine ernsthafte und verbindliche Organisation, die eine fundamentale Veränderung der Verhältnisse anstrebt, nicht gehen wird.

Bücher von Michael Mäde

don't be a stranger. Ein Bericht, Lyrik 2007

Balance am Rand. Lyrik, 2004

Wider die Ruhe. Lyrik, 2004

Bomben und Landnahme. Lyrik, 2003 (mit Anaximander, Vorwort von Jutta Ditfurth)

Spiel mit Maurice. Roman, 2001

Merkliche Veränderung. Lyrik, 2001

Über Ronald M. Schernikau: Die Revolution wäre für ihn das Unterhaltendste gewesen

Matthias Frings[1]

Matthias Frings (geb. 1953 in Aachen) lebt als Schriftsteller in Berlin. Er schrieb in den achtziger Jahren erfolgreich Sachbücher, arbeitete als Radiomoderator und Fernsehproduzent. Bekannt wurde er als Moderator der Fernsehsendung »Liebe Sünde«. Seine Biografie des Schriftstellers Ronald M. Schernikau (1960–1991) war 2009 für den Preis der Leipziger Buchmesse (Sachbuch/Essayistik) nominiert.

Ein Gespräch über den Schriftsteller Ronald M. Schernikau, das Schreiben einer Biografie, die Heiterkeit eines Kommunisten und den Zynismus der Medienmacher.

Zunächst ein Lob. Das Einzige, was mir an Ihrem Buch nicht gefällt, ist der Titel: *Der letzte Kommunist*. Wer hat sich den ausgedacht?

Da kann ich nur Helmut Kohl zitieren: »Wie viele gute Ideen ist auch diese Idee von mir.« Das ist natürlich ein Bild. Der Titel soll ganz deutlich sagen, worum es geht. Nämlich um einen Kommunisten. Er soll anzeigen, dass wir uns in einer Ideologie bewegen, die vielleicht jetzt nicht das Hippste vom Hippen ist.

Schwingt da ein bisschen Bedauern mit?

Nein. Das ist erst einmal nur konstatiert.

1 Erstveröffentlichung in *junge Welt* am 14.3.2009
Foto © Milena Schlösser

Wer war Ronald M. Schernikau?

Da könnte man 500 Seiten drüber schreiben. Das ist wirklich gefährlich, das so zu verkürzen. Wenn man es ganz brutal machen würde, könnte man sagen: »Ein Schriftsteller, ein Kommunist und ein Homosexueller.« Das waren die drei Teile seiner Persönlichkeit, die ihm am wichtigsten waren. Ich glaube, das hatte keine Hierarchie. Die liefen nebeneinander, gingen ineinander auf oder überlagerten einander. Würde man einen davon wegziehen, würde es Ronald Schernikau nicht geben. Alle drei sind zu seinem Leben nötig.

Was interessiert Sie an dem Schriftsteller?

Ich glaube, dass er ein Stück Zeitgeschichte formuliert hat. Er verfügte über eine intime Kenntnis des Westens und des Ostens. Es gibt ja nicht so furchtbar viele Leute, die in beiden Systemen gelebt haben. Er hat daraus eine Stilistik entwickelt, die immer wieder auf das jeweils andere Deutschland guckt und zurück. Das finde ich spannend bei ihm.

Haben Sie eine Vorstellung entwickelt, wie seine Arbeitsweise war?

Er ist immer ein Sammler und Jäger gewesen. Er hat alles gehortet, was ihn interessierte. Da ihn furchtbar viel interessierte, hat er furchtbar viel gehortet. Er war ein bekennender Allesleser. Er liebte zum Beispiel auch Trivialliteratur. Er hat Spionageromane sehr gern gemocht und kitschige Liebesromane gelesen. Das war für ihn alles Material, aus dem man noch etwas machen konnte. Er sagte: »Wenn du ein Shakespeare-Stück liest, kannst du daraus nichts Gutes mehr machen. Das geht nicht mehr besser.« Wenn man aber etwas verschönern will – verschönern war für ihn eine inhaltliche Kategorie –, dann kann man das Triviale fruchtbar machen.

Er las natürlich alles, was tagesaktuell war. Von der FAZ bis zur *taz*. Er hat Exzerpte gemacht aus dem *Spiegel*, aus dem *Stern*. Er hat natürlich *Die Wahrheit* gelesen. Wenn er etwas auch nur ansatzweise für wichtig hielt, hat er es gesammelt. Das ergab einen riesigen Haufen an Material, den er in vielen Durchgängen geordnet hat, um daraus ein Libretto, eine Erzählung, eine Novelle oder einen Roman zu machen.

Können Sie etwas zum Aufbau Ihres Buches sagen?

Ich hatte zunächst vor, eine konventionelle Biografie zu schreiben. Dann sagte mir meine Agentin am Telefon: »Hör mal. Du schreibst aber nicht so ein langweiliges Ding von A bis Z.« Ich sagte: »Warum nicht?« Sie sagte: »Weil du die ganze Zeit dabei warst. Deswegen schreibst du dich bitte selber da rein.« Ich habe völlig empört »Nein« gerufen. Ich fand das eine ganz furchtbare Idee: Weil es ungeheuer eitel ist. Weil man das nicht tut. Weil derjenige, der eine Biografie schreibt, da überhaupt nicht hineingehört. Ich habe mich daraufhin mit einem befreundeten Literaturkritiker getroffen und habe ihm davon erzählt. In der Hoffnung, dass er mir strengstens abrät. Aber er hat gesagt: »Kluge Frau, gute Idee.« Dann versteht man nämlich auch das, was man sonst bei Biografien nicht versteht. Dieses: »Woher weiß der denn das?« Ich war halt einfach oft dabei. Deshalb weiß ich sehr viel.

Ich war damit aber immer noch nicht sehr zufrieden. Ich fand immer noch, dass sich das im Grunde nicht gehört. Ich fand, dass die literarische Konvention an so einem Punkt zutrifft. Dann haben beide gesagt: »Schreib doch einfach mal drei Kapitel. Dann gucken wir uns das an und du kannst immer noch entscheiden.« Ich habe die drei Kapitel geschrieben, Freunde eingeladen und ihnen das Ergebnis vorgelesen. Aber eigentlich war mir schon während des Schreibens klar, das ist eine gute Form geworden. Weil der »Held« der Geschichte plötzlich einen Widerpart bekommen hat. Dadurch kommt ungeheuer viel Dynamik und Leben in das Buch rein. Letzten Endes muss ich sagen: Es ist immer noch eitel, aber es war eine gute Idee.

Es gibt in dem Buch einige Dialogszenen zwischen Schernikau und Ihnen. Ich habe mich gefragt: Woher weiß der Frings das noch?

Das war die vielleicht verrückteste Erfahrung beim Schreiben des Buches. Ich denke, dass ich mir eine gesamte Psychoanalyse erspart habe. Wenn man sich bei der Psychoanalyse in die Vergangenheit zu versenken beginnt, kommt ganz viel hoch. Beim Schreiben konnte ich mich plötzlich an ganze Gesprächssequenzen wieder erinnern. Manchmal hat Ronald Dialoge niedergeschrieben oder Situationen, die er erlebt hat. Ich habe als Autor und als Radiomoderator Interviews mit ihm gemacht. Freunde haben Interviews mit ihm gemacht. Der Schriftsteller Schernikau hat außerdem immer sehr nah an seiner Realität geschrieben. Das ist natürlich mit Vorsicht zu genießen, weil es Literatur ist, aber es ist sehr nah an seinem Leben, an seinem Sprechen und Denken. Ich habe schon auch Kunstgriffe eingesetzt und mal etwas aus diesem Interview mit etwas aus einem anderen Interview zusammengerührt. Ich habe das aber auch überprüft.

Ich habe etwas gemacht, was ich zuvor noch nie getan habe und von nun an immer machen würde: Ich habe im Grunde das ganze Buch meinen Freunden vorgelesen, immer wieder in anderen Konstellationen, in verschiedenen Zusammensetzungen. Davon habe ich ungeheuer profitiert. Durch die anschließenden Gespräche habe ich viele Ideen bekommen.

Die Szenen, die in Leipzig spielen, habe ich von Ronalds Kommilitonen überprüfen lassen. Ich habe mir so viel Korrektive geholt, wie es nur irgend möglich ist. Ich war sehr erstaunt, dass selbst bei Dialogszenen, die pur aus meiner Erinnerung kommen, fast nie eine Kritik daran kam. Die Leute haben immer genickt und gesagt: »Genau so hat er geredet, genau das hat er gesagt.«

Ronalds Mutter, Ellen Schernikau, kennt das Buch in seinen verschiedenen Stadien, sein Lebensgefährte Thomas Keck auch. Ich habe von den beiden von Anfang an jede Form von Unterstützung erhalten, die überhaupt nur denkbar ist. Ich hatte vollkommen freien Zugang zum gesamten Nachlass, zum gesamten Bildmaterial, zu allem, was Ronald irgendwann einmal ausgeschnibbelt hat, Theaterkarten, Kinokarten.

Ich habe das große Glück gehabt, dass ich beide seit 1980 kenne und daher ein Vertrauensverhältnis besteht. Ich habe beide zigmal interviewt. Das geht überhaupt nicht ohne Vertrauen. Wenn man sich einmal nur die grauenhafte Notwendigkeit vorstellt, jemanden nach einer Sterbesituation zu befragen. Ich musste mich darauf einlassen und diese Fragen stellen. Wenn ich mir vorstelle, ich hätte dazu Leute befragen müssen, die ich nicht gut kenne, dann wäre mir das noch viel schwerer gefallen, als es ohnehin war.

Sie selbst kommen in Schernikaus Schriften als literarische Gestalt vor. Wie war das für Sie, sich selbst auf diese Weise zu begegnen und nun darüber wieder zu schreiben?

Mir war das furchtbar peinlich, offen gestanden. Der erste Impuls ist: »Um Gottes willen, redest du wirklich so viel Unsinn?« Dann fühlt man sich ertappt. Ronald hatte ja einen Hang zum Apodiktischen. Er konnte sehr pointiert sein. Dann stellt man sich ganz praktische Fragen: »Wie hat er das denn eigentlich gemacht?« Ist er aufs Klo gegangen und hat sich Sätze aufgeschrieben, die gerade gesprochen worden waren? Oder hat er sich am nächsten Morgen hingesetzt? Denn das war schon ziemlich eins zu eins, was er da geschrieben hat.

Sie haben zwei geradezu entgegengesetzte Karrierewege gemacht. Im Laufe der ungefähr zehn Jahre, die Sie befreundet waren, machten Sie eine Karriere als Buchautor und Radiomoderator. Schernikau blieb dagegen so etwas wie ein Geheimtipp. Die Verlage trauten sich nicht, seine Manuskripte zu veröffentlichen. Hat diese Situation Auswirkungen auf Ihr Arbeitsverhältnis oder Ihre Freundschaft gehabt?

Erstaunlicherweise nicht. Dabei wäre das eigentlich das Menschliche, das Normale gewesen. Während der eine »Karriere« macht, kann der andere so gut wie gar nichts veröffentlichen, kriegt wenig Rückmeldungen und wenig Wind unter die Flügel. Normalerweise würde man sagen: »Da kracht es dann.« Das war aber nicht so. Das hatte damit zu tun, dass wir verschiedene Genres bedient haben. Ronald ist ein Romancier, ist ein Literat, und ich habe Sachbücher gemacht. Damit sind wir uns schon mal nicht in die Quere gekommen. Aber er hatte auch die innere Größe, und das war das Frappante. Ich habe ganz oft den Hut gezogen vor ihm. Er hat mich immer unterstützt. Er hat meine Sachen immer auf eine ungeheuer konstruktive Art gelesen. Er hat gesagt: »Du kannst mehr. Mach mal Belletristik.« Er war einfach immer ein Förderer. Das hat mir Hochachtung abgenötigt. Insofern ist das Buch auch ein Buch über Freundschaft. Obwohl die Biografien extrem auseinandergehen und letzten Endes auch die Länder auseinandergehen, kann Freundschaft bestehen. Das hat etwas Tröstliches.

Schernikau kommt auch schon in einigen Ihrer früheren Bücher vor. Was war das für eine Zusammenarbeit?

Wohl wissend, dass er zu dieser Zeit nicht publiziert wurde, habe ich versucht, ihm ein Forum zu geben, wo er etwas veröffentlichen konnte. Ich habe ein paar Bücher als Herausgeber betreut. Da war es selbstverständlich, dass Schernikau als Autor dabei war. Ich habe damals ein Buch zur AIDS-Krise gemacht: *AIDS – Dimensionen einer Krankheit* (1986). Ich wusste, dass Ronald in Krankenhäusern aufgewachsen war.

Seine Mutter Ellen Schernikau war Krankenschwester.

Ich wusste auch, dass sein Blick ein gesellschaftlicher Blick war. Mit diesen beiden Prämissen habe ich ihn auf eine AIDS-Station geschickt. Ich wollte genau diese Doppelung des Blickes da drinhaben. Jemand, der das Kranksein angucken kann, also davor nicht zurückscheut, und die gesellschaftliche Dimension dabei im Kopf hat. Ich finde, wenn das in diesem Kontext nicht zynisch klingen würde, dass das einer seiner schönsten Texte geworden ist. Er heißt: »Das Personal«. Mir fällt dazu noch eine Anekdote ein, die typisch für Schernikau ist. Er hat dem Text ein Brecht-Gedicht vorangestellt. Die Kernbotschaft: Man sollte nicht mitleiden, sondern etwas tun. Erst viele Jahre später hat mir seine Mutter erzählt, dass er das Gedicht schlicht und einfach erfunden hat. Das waren seine kleinen Späßchen.

Es gibt eine Reihe von Dialogen, in denen Sie sich mit Ronald Schernikau politisch streiten. Da geht es um die Einschätzung der DDR, die Form, die ein Sozialismus haben sollte, und Ähnliches. Aber nie gewinnt man den Eindruck, dass Sie im Nachhinein recht behalten wollen. Wie haben Sie das hingekriegt?

Ich glaube, man nennt das Selbstzensur. Eines ist ja klar. Wenn ich diese Figur Schernikau pur durch meine Brille begucke und ihn die ganze Zeit bewerte und kommentiere: Das wird das langweiligste Buch der Welt. Das kann nicht funktionieren. Wenn man versucht, etwas anderes zu machen, kann das übrigens auch nicht funktionieren. Denn ich kann ihn ja gar nicht anders angucken als durch meine Brille. Das heißt: Ich habe über mehrere Fassungen, gerade bei den Dialogen, immer wieder versucht, möglichst viel an Wertungen wieder herauszunehmen. Ich habe mich selbst korrigiert. Das ist übrigens auch eine Form des Respekts vor den Lesern. Denen muss man nämlich nicht sagen, was sie davon zu halten haben. Entweder sie sind mit Schernikau einer Meinung oder sie sind gar nicht mit ihm einer Meinung oder, und das wird häufiger vorkommen, sie sind teilweise mit ihm einer Meinung. Ich finde, er war ein sehr kluger Mann, vielleicht einen Tacken zu idealistisch. Aber seine Analyse der Art und Weise, wie im Westen das, was soziale Marktwirtschaft heißt, als Kapitalismus gelebt wird, die stimmt. Man kann sich natürlich sehr darüber streiten, was seine Gegenvorschläge einer anders verfassten Gesellschaft betrifft.

Die erste öffentliche Präsentation des Buches fand am 25. Februar im Berliner Quatsch-Comedy-Club statt. Was sollte das denn?

Die Deutschen immer mit ihren Schubladen (lacht). Wir haben einen Ort gesucht, der etwas Östliches hat. Das ist die Kleine Revue des Friedrichstadtpalastes. Das war einer der wenigen Orte in Ostberlin, wo es frivoles Entertainment gab: barbusige Damen, die getanzt haben. Das hätte Ronald ungeheuer gut gefallen. Unterhaltung war für ihn eine Kategorie, die ganz oben stand. Er wäre nie in der Lage gewesen, in Unterhaltung etwas Negatives zu sehen, das einen vom großen Kampf, von der Revolution nur abhalten würde. Ganz im Gegenteil. Ich glaube, die Revolution wäre für ihn das Unterhaltendste gewesen, was überhaupt denkbar ist. Deswegen habe ich einen Ort gesucht, der einerseits östlich ist und andererseits der Heiterkeit und Munterkeit entspricht, die Schernikau ja auch verkörpert.

Gehörte der Gründer des Quatsch-Comedy-Clubs, Thomas Hermanns, zum Freundeskreis?

Zu meinem. Thomas Hermanns und Schernikau haben sich eigenartigerweise nicht kennengelernt. Das ist aber Zufall. Thomas wohnte damals in München. Für mich war er eine prägende Person, weil er mir das in Deutschland vorherrschende schlechte Gewissen gegenüber Unterhaltung ausgetrieben hat. Er hat eine amerikanische Sicht auf dieses Thema, und das ist eine handwerkliche Sicht, die ich sehr schätze. Er kommt daher in meinem Buch vor und begrüßte bei der Buchpräsentation das Publikum, was ich sehr nett fand.

Sie haben die erfolgreiche Fernsehsendung *Liebe Sünde* moderiert und produziert. Warum haben Sie damit aufgehört?

Im Gegensatz zu dem, was die ganze Welt anzunehmen scheint, ist es nicht sehr angenehm, eine öffentliche Person zu sein. Mir hat das jedenfalls keinen Spaß gemacht. Wenn man in der Sekunde, in der man seine Haustür verlässt und auf die Straße tritt, unweigerlich jeden Tag immer wieder angeglotzt, angesprochen, um Autogramme gebeten wird, das stiehlt einem das Leben. Ich fand das Leben als »Promi« einfach nur furchtbar. Ich wollte sehr gerne wieder Privatmann sein. Mich hat das ein paar Jahre gekostet, mir das wieder zu erarbeiten. Das ist gar nicht so einfach.

Die Erfahrung mit den Medien war die vielleicht wichtigste Erfahrung in meinem Leben. Ich glaube, dass kaum etwas unsere Sichtweise auf die Dinge mehr bestimmt als die Medien. Das von innen heraus kennenlernen zu dürfen, die kreative, die wirtschaftliche und die ideologische Seite – das war ungeheuer spannend. Aber das hat man nach einer Weile kapiert, wie das funktioniert.

Können Sie eine Art Resümee Ihrer Fernseherfahrung als Moderator und Produzent ziehen?

Ich war am meisten überrascht, dass die Programmmacher ihr Publikum nicht nur unterschätzen, sondern häufig geradezu hassen. In vielen Sätzen, wenn es um das Publikum ging oder das, was man denkt, dass das Publikum gerne hätte, war so ungeheuer viel Verachtung. Das hat mich einfach baff gemacht. Das hätte ich in dieser Form nicht angenommen. Nun ist das ein Gewerbe, das sehr viel Kraft und sehr viel Durchsetzungsfähigkeit erfordert. Möglicherweise geht es gar nicht anders, als dass man sich nach einigen Jahren so viel Zynismus zulegt. Ich wollte das nicht. Mir war das zu viel Zynismus. Ich bin offen gestanden, nennen Sie mich ruhig einen Idealisten, der Meinung, dass das Publikum nicht dumm ist. Ich glaube, wenn man den Leuten etwas anbietet, das nicht eindimensional ist, sind sie sehr wohl in der Lage, das je nach Fähigkeit zu nehmen und zu goutieren.

Für welche Sender haben Sie damals gearbeitet?

Hauptsächlich für Vox und für ProSieben.

War es leicht, einen Verlag für das Schernikau-Buch zu finden?

Ich würde mal sagen: Jeder große deutsche Verlag hat das Buch abgelehnt. Gewundert hat mich die Form der Ablehnung. Die war etwa folgendermaßen: »Lieber Herr Frings. Ich habe Ihr Manuskript furchtbar gerne gelesen. Das hat großen Spaß gemacht. Ich würde das Buch sofort machen. Aber wir glauben nicht, dass wir von diesem Buch etwas verkaufen können.« Wenn man dann nachgefragt hat, hat man etwas gehört in der Preisklasse: »Na ja, dass der ein unbelehrbarer Kommunist ist, das ist ja schon schwierig genug. Aber muss er jetzt auch noch schwul sein.«

Unglaublich.

So war's.

Gibt es noch Texte im Nachlass Ronald Schernikaus, von denen Sie meinen, dass sie veröffentlicht werden sollten?

Eigentlich nicht. Es gibt noch einen Text, den er selber wohlweislich nicht veröffentlicht hat. Der heißt »Fritz.Liebesfilm«. Darin arbeitet er eine große Eifersucht auf. Der Text ist nicht durchgeformt genug, dass man ihn veröffentlichen müsste. Da ist Hass, Eifersucht und viel Ressentiment.

Bücher von Matthias Frings

Der letzte Kommunist. Das traumhafte Leben des Ronald M. Schernikau. Biografie, 2009

Aids. Dimensionen einer Krankheit. Sachbuch, 1986 (als Herausgeber)

Bücher von Ronald M. Schernikau

legende. Roman, 1999

Dann hätten wir noch eine Chance. Briefwechsel mit Peter Hacks. Texte aus dem Nachlass, Konkret Texte 1, 1992

die tage in l. – darüber, dass die ddr und die brd sich niemals verständigen können, geschweige mittels ihrer literatur, 1989

kleinstadtnovelle. Novelle, 1980

Danksagung

Danken möchte ich Alexander Reich für die Erlaubnis, das von uns gemeinsam mit Dietmar Dath geführte Gespräch für dieses Buch zu verwenden. Ohne die Unterstützung der Tageszeitung *junge Welt* wäre manches Interview so nicht möglich gewesen. Insbesondere danke ich Rüdiger Göbel, Stefan Huth sowie Arnold Schölzel für ihre Kooperationsbereitschaft. Der Redaktion der Zeitschrift *Hintergrund* danke ich für die Wiederabdruckgenehmigung, Regine Naeckel für ihr immer offenes Ohr, Jan Rehmann für seine erfolgreiche Vermittlung, Else Laudan für ihren Enthusiasmus und ihre Anregungen sowie Richard Gebhardt für seine Ermutigung.

Ohne das Engagement und die Gesprächsbereitschaft der Autorinnen und Autoren hätte dieses Buch freilich nicht entstehen können.

Politische Literatur vom Feinsten

Dominique Manotti

Dominique Manotti (geb. 1942 in Paris), ist Historikerin und war Professorin für Wirtschaftsgeschichte an der Universität Paris VIII in Saint-Denis. Seit 1995 hat sie sieben Romane geschrieben, zwei davon wurden bisher ins Deutsch übersetzt: »Hartes Pflaster« (Assoziation A, 2004) und »Letzte Schicht« (Argument Verlag, 2010).

»Ich gehöre einer politisierten und aktivistischen Generation an. Zur Zeit des Algerienkrieges war ich Jugendliche, damals fing ich an mich zu engagieren. Ich war lange Jahre Gewerkschafterin, aber als Mitterrand 1981 gewählt wurde, bin ich richtig verzweifelt. Viele Leute haben an die linke Regierung geglaubt, ich keinen einzigen Moment. Ich bin nicht mehr aktiv, weil ich in Frankreich keine Organisation finde, die zu dem passt, woran ich geglaubt habe und wozu ich beitragen wollte. Ich habe eine ›schwarze‹ (*noir*) Sicht auf die Dinge, weil ich glaube, dass meine Generation die sozialen Veränderungen, die ich wollte und von denen ich träumte, nicht mehr erleben wird. Die nächste Generation vielleicht, aber meine nicht. Schreiben bedeutet für mich die Fortführung meines Engagements in anderer Form, weil die vorherige Form nicht mehr existiert, aber es ersetzt keinesfalls das politische Engagement, der Mangel bleibt.«

»Manotti ist eine Klasse für sich: lebensnah, realistisch, vertrackt. Der Krieg der Konzerne in den kleinen Städten. Superb.« KrimiWelt-Bestenliste

Letzte Schicht
Ausgezeichnet mit dem Duncan Lawrie International Dagger 2008
Aus dem Französischen von Andrea Stephani
Ariadne Kriminalroman 1188
ISBN 978-3-86754-188-6

Politische Literatur vom Feinsten

Hanna Mandel

Hanna Mandel (1927–2003), geboren in Ungarn, wurde als 17-Jährige in die Vernichtungslager deportiert. Sie überlebte als Einzige ihrer Familie und kam 1945 über Rumänien und Österreich nach Deutschland. Seit Mitte der 1970er Jahre sprach sie in Schulen und auf öffentlichen Veranstaltungen über ihre KZ-Erfahrungen und über die Frage, wie Gewalt in der Gesellschaft überwunden werden kann.

Gespräche über das Leben: Hanna Mandels Erinnerungen, im Wortlaut dokumentiert, sind von verblüffender Präzision und voller Lebensklugheit. Eine Geschichte, die wir nicht vergessen wollen.

»Immer wieder wird davon gesprochen, dass man vergeben müsse; und verschiedene Bundespräsidenten haben in Polen und Israel die Menschen im Namen der Deutschen um Vergebung gebeten. Was hältst du davon?«

»Um Vergebung zu bitten ist absolut lächerlich. Wer soll denn die Bitte erfüllen? Die Toten? Die können es nicht mehr. Die Angehörigen? Also ich könnte es nicht. Ich kann verzeihen, was mir selber angetan worden ist, aber ich könnte das nicht im Namen meiner Eltern und Geschwister tun. Ich dürfte es nicht. Ich weiß ja gar nicht, was sie mitgemacht haben, was sie erlitten haben. Wie sollte ich dann verzeihen?

Ich glaube, diese Leute, die so viel von Verzeihen reden, müssen lernen, das auszuhalten, was gewesen ist. Und statt Vergebung zu verlangen, sollten sie sich Gedanken machen, was sie für eine bessere Gesellschaft tun können. Es wird keinen feierlichen Akt geben, der alles wegwischt. Niemals. Sie müssen lernen, mit ihrer Geschichte zu leben. Das ist das Einzige, was ich mir vorstellen kann. Ich musste es auch. Ich habe gelernt, mit meiner Geschichte zu leben – ohne Hass. Ich mache niemandem einen Vorwurf. Mein Leben gehört mir, mit allem, was drin war.«

Beim Gehen entsteht der Weg
Gespräche über das Leben vor und nach Auschwitz
Aufgezeichnet von Norbert Reck
Literaturbibliothek
ISBN 978-3-88619-484-1

Politische Lektüre/Sachbuch

Taschenbücher zu Brennpunktthemen

Afrikas Antwort mit eigener Stimme:

Peter Cichon, Reinhart Hosch, Fritz Peter Kirsch (Hg.)

Der undankbare Kontinent?

Afrikanische Antworten auf europäische Bevormundung

ISBN 978-3-88619-484-1

Das Vietnam-Tagebuch der Globalisierungs-Ära:

Erich Wulff

Vietnamesische Versöhnung

Tagebuch einer Vietnamreise 2008
zu Buddhas und Ho Chi Minhs Geburtstag

ISBN 978-3-88619-484-1

Horror: Viel Spaß auf der Schutthalde der Zivilisation!

Moldenhauer, Spehr, Windszus (Hg.)

On Rules and Monsters

Essays zu Horror, Film und Gesellschaft

ISBN 978-3-88619-484-1

Wie stellen sich Schüler/innen ihre Zukunft vor?

Frigga Haug, Ulrike Gschwandtner

Sternschnuppen

Zukunftserwartungen von Schuljugend

ISBN 978-3-88619-484-1

Die aktuelle Not historisch deuten:

Ton Veerkamp

Der Gott der Liberalen

Eine Kritik des Liberalismus

ISBN 978-3-88619-484-1

Lernen aus dem Kopftuchstreit:

Frigga Haug, Katrin Reimer (Hg.)

Politik ums Kopftuch

ISBN 978-3-88619-484-1

Die Glosse als Waffe:

Frigga Haug (Hg.)

Nachrichten aus dem Patriarchat

ISBN 978-3-88619-484-1